# C++와
# CUDA C로 구현하는
# 딥러닝 알고리즘 Vol.2

# C++와
# CUDA C로 구현하는
# 딥러닝 알고리즘 Vol.2

복소수 영역에서의 오토인코더 이해와 구현

티모시 마스터즈 지음 | 이승현 옮김

i!i
에이콘

# 이 책을 시작하기에 앞서

이 책에 관련된 소스 코드들을 포함해, 모든 내용이 최대한 올바르게 수록될 수 있게 많은 노력을 들였다. 하지만 오타나 일부분이 생략되는 실수를 범했을 수도 있다. 실제로 그랬을 가능성이 매우 높다. 이 책에서 다루는 소스 코드들은 전문적인 연구 자료로써 제공하기 위해 제작한 것이 아니다. 따라서 이 책과 관련된 모든 내용과 코드에 오류가 없다고 보장할 순 없으며, 이러한 자료들을 사용하는 것과 연관된 모든 손실에 대한 법적 책임은 독자에게 있음을 명시한다. 이 책에서 설명하는 알고리즘과 Deep 프로그램에 구현된 기법들은 실험적인 것들이며, 외부 전문가를 통한 검증을 받거나 엄격하게 테스트되지 않았다. 따라서 이 자료들은 있는 그대로 다뤄주길 바란다.

# 지은이 소개

**티모시 마스터즈**Timothy Masters

수리 통계학 분야에서 수치 계산numerical computing 전공으로 박사 학위를 받았다. 그 이후, 독립적인 컨설턴트로서 정부 및 산업 기관과 함께 지속적인 업무 경력을 쌓았다. 초기 연구 분야는 고고도high-altitude 촬영 사진에서 자동으로 특징feature을 추출하는 기능과 관련된 것들이며, 홍수와 가뭄 예측, 숨겨진 미사일 저장탑 탐지, 위협적인 군사용 차량 확인 등의 다양한 애플리케이션들을 개발했다. 그후에는 침생검needle biopsies상에서 유익한 세포와 유해한 세포를 구별해내는 알고리즘 개발을 위해 의료 연구원으로 근무했다. 이후 12년 동안, 주로 자동화된 금융 거래 시스템을 평가하기 위한 알고리즘을 개발했다.

지금까지 예측 모델을 실무에 적용하는 방법에 대한 내용으로 『Practical Neural Network Recipes in C++』(Academic Press, 1993), 『Signal and Image Processing with Neural Networks』(Wiley, 1994), 『Advanced Algorithms for Neural Networks』(Wiley, 1995), 『Neural, Novel, and Hybrid Algorithms for Time Series Prediction』(Wiley, 1995), 『Assessing and Improving Prediction and Classification』(CreateSpace, 2013), 『C++와 CUDA C로 구현하는 딥러닝 알고리즘 Vol.1』(에이콘, 2016), 『C++와 CUDA C로 구현하는 딥러닝 알고리즘 Vol.3』(에이콘, 2016) 등을 저술했다. 이 책에서 활용하는 코드는 그의 홈페이지 TimothyMasters.info에서 다운로드할 수 있다.

# 옮긴이 소개

이승현(dedoogong@gmail.com)

한국 항공대학교 기계공학부를 졸업하고, 삼성 소프트웨어 멤버십과 산업통상자원부 소프트웨어 마에스트로를 수료했다. MDS 테크놀로지에서 자동차의 ISO26262 국제 안전 표준과 AUTOSAR 관련 기술 지원을 담당했으며, 현재 시어스랩에서 모바일 환경에서의 DCNN 구동을 위한 압축 알고리즘 연구에 매진하고 있다. 한양대학교 컴퓨터공학과에서 석사 과정을 밟고 있으며, 딥러닝 기반 실시간 영상처리 기술을 다양한 도메인의 소프트웨어에 적용하는 연구를 하고 있다. 양질의 원서를 하루라도 빨리 우리글로 옮겨 국내 개발자들에게 도움을 주고자 번역계에 발을 들였다. 에이콘출판사에서 펴낸 『윈도우폰 7 게임 프로그래밍』(2012), 『안드로이드 앱 인벤터』(2013), 『데이터 마이닝 Data Mining』(2013), 『C++와 CUDA C로 구현하는 딥러닝 알고리즘 Vol.1』(에이콘, 2016), 『C++와 CUDA C로 구현하는 딥러닝 알고리즘 Vol.3』(에이콘, 2016)를 번역했다.

# 옮긴이의 말

4년 전, 우연히 처음 데이터 마이닝 분야를 접하게 된 이후 줄곧 데이터 속에서 특정한 패턴을 찾아내는 기법이 얼마나 놀라운 속도로 발전하고 있는지 구경하는 것만으로도 상당한 재미가 있었다. 예전에는 '인공지능'이란 말이 그저 〈스타크래프트〉와 같은 게임 소프트웨어를 만드는 데만 국한돼 사용되는 것 같았지만, 요즘에는 부쩍 자동차 소프트웨어나 사용자와 대화하는 소프트웨어, 주식 거래 자동화 소프트웨어, 의료 영상이나 바이오 인포매틱스 등에 활발하게 적용되면서 왠지 모를 보람을 느끼고 있다.

이 책은 이러한 인공지능 기술의 가장 중심에 해당하는 '딥러닝' 알고리즘의 핵심인 'Deep Belief Network'를, 'CUDA'와 함께 다룸으로써 딥러닝의 구조와 원리를 이해하고, 이러한 알고리즘이 GPGPU에서 동작하기 위해 어떠한 개념과 기법이 적용되고 있는지 확인해볼 수 있는 좋은 진입점이라 할 수 있다. 내 좁은 시각으로 보면, 알파고나 구글카의 자율 주행 기술들에 딥러닝이 적용되는 것은 그야말로 시작에 불과한 것 같다.

딥러닝이 빅데이터의 어깨 위에 서서 이 세상이 돌아가는 역학적 원리를 학습하기 시작한다면 이 알고리즘의 본 면모가 제대로 드러날 것 같다. 요즘 '구글라이프'라는 말을 종종 듣곤 하는데, 이러한 기술을 우리나라 엔지니어들도 빠르게 습득해 이런 볼만한 구경거리를 그저 바라보고만 있지 말고 직접 그 무대에 올라서서 같이 퍼포먼스를 보여줬으면 한다. 나도 아직 딥러닝의 모든 것을 제대로 이해하고 있는 것은 아니기 때문에 번역에 어려움이 많았지만, 이렇게 1권부터 3권까지 이어지는 시리즈를 모두 마치고 나니 한숨 돌릴 것 같다.

혹시 이 책을 읽고, 딥러닝 기술을 실시간 영상처리에 적용하는 데(되도록 자동차 분야에 국한해) 관심이 있으신 독자가 있다면 기꺼이 교류하고 싶다. 아무쪼록 시리즈의 마지막 한 권으로 독자께 인사드리게 돼 큰 영광이며, 이후에도 딥러닝과 관련된 서적들을 통해 지속적으로 인사드릴 수 있었으면 한다. 참고로, 이 책을 번역하면서 나름대로 그림을 그리며 정리한 자료가 있는데, 원한다면 링크드인(http://kr.linkedin.com/in/seunghyun-lee-0845528b)에서 찾을 수 있다. 독자분들이 이 책을 읽으면서 자료를 함께 참고해 학습 시간을 절약할 수 있었으면 한다.

이승현

# 차 례

# 1

# 소개

1권의 내용에 이어서 더 발전된 내용을 설명한다. 1권에서 수많은 레퍼런스들을 다뤘으므로, 나는 독자들이 1권에서 다뤘던 자료들을 조금이라도 익숙해질 수 있게 복습하길 바란다.

2권에서 제시하는 모든 기법들은 알고리즘과 관련된 방정식들을 포함해서, 최근의 수학적 근거를 밑바탕으로 하고 있다. 하지만 이러한 알고리즘의 배경이 되는 수학적 이론들을 꼭 이해하고 있어야 할 필요는 없다. 그러므로 기본적인 선형 대수 연산 이상의 수학적인 배경은 몰라도 된다.

하지만 2권에서 지향하는 주요 목적은 중요한 딥러닝 알고리즘과 철저하게 상세한 수준으로 데이터 전처리 알고리즘을 제시하고, 이러한 알짜 알고리즘을 개발자들이 올바르고 효과적인 방식으로 프로그래밍할 수 있게 가이드해주는 것이다. CUDA를 활용하지 않는 구현 소스의 관점에서 봤을 때, 완전한 C++ 패러다임을 이용하지 않고도, 기본적인 C 언어만으로 C++가 갖는 대부분의 유용한 측면들을 추가적으로 활용한다는 측면에서 CUDA C를 종종 '개선된 버전의 C'라고도 부르고 있다. 그러므로 사용자는 이상적으로 C와 C++에 익숙해야 한다(그렇다고 해도 나는 어떤 언어를 쓰든지, 여기서 제시하고 있는 알고리즘들을 충분히 명확하게 이해하고 사용자가 쉽게 구현할 수 있었으면 한다).

이 책은 크게 네 부분으로 나뉜다. 첫 번째는 클래스의 생성적 모범exemplar을 찾아낼 수 있는 방식을 통해, 특징 셋에 클래스 레이블들을 내장시키는 기법에 대해 다룬다. 그다음에는 Deep Belief Nets에 효과적인 입력을 제공하기 위한 신호 전처리 및 이미지 전처리 기법을 다룬다. 복소수 정의역 피처를 만들어내는 전처리 방식에 각별히 신경을 쓸 것이다. 세 번째로, 기본적인 오토인코더에 대한 개념을 다루면서, 복소수 정의역에서 전체적인 오토인코딩에 대해 강조한다. 이러한 기법은 특히 신호 처리나 이미지 처리와 관련된 여러 분야에서 유용하게 사용할 수 있다. 마지막으로 DEEP 프로그램의 운용 방법에 대해 다룬다. 이 프로그램은 내 홈페이지에서 무료로 다운로드할 수 있다.

# 2

## 내장된 클래스 레이블

하나의 그림은 천 개의 단어에 해당하는 가치를 갖는다. 어떨 때는 훨씬 더 큰 가치를 가질 때도 있다. 여러 애플리케이션에서 분류 모델이 보는 것이 무엇인지 보는 능력은 매우 유용한 가치를 지닌다. 특히 모델이 천성적으로 시각적으로 정보를 표현하는 이미지나 신호를 처리할 때 더욱 그렇다. 개발자가 모델이 각 클래스와 연관짓는 피처들의 예시들을 연구할 경우, 개발자가 운이 좋다면 모델이 갖는 강점과 약점에 대한 단서를 얻을 수도 있다. 이번 장에서는 어떻게 이런 일들이 처리되는지 살펴볼 것이다.

1권에서 하나 이상의 RBM 레이어(대부분 여러 개임)를 탐욕적으로 훈련시키고, 이 레이어들 다음에는 하나 이상(대부분 하나임)의 감독 훈련된 피드 포워드 레이어들이 이어지는 과정을 수반한다고 제시했던 분류 패러다임은 궁극적으로 SoftMax 분류를 수행한다.

이러한 접근 방식에 존재하는 한 가지 문제점은, 생성적 샘플링을 하면 전체 데이터 셋의 분포로부터 랜덤하게 추출한 예제들$^{examples}$이 나온다는 것이다. 물론 이 예제도 유용하다. 하지만 클래스 분포에서 한 번에 하나씩 샘플링을 취할 수 있다면 더없이 좋을 것이다. 이런 식으로 우리는 모델이 개개의 클래스들과 연관시키니는 특징들을 확인해볼 수 있으며, 이렇게 해서 모델의 내부 동작을 이해할 수 있게 된다.

이는 간단히 처리될 수 있다. 그저 두 개 이상의 레이어를 쌓은 다음, 평상시처럼 탐욕적으로 각 레이어들을 아래에서부터 훈련시킨다. 하지만 가장 상단에 위치한 RBM에 도달할 때는 입력층에 바이너리 클래스 레이블을 첨가한다(물론 이 레이어는 최상단 바로 아래에 있는 전체 신경망에서 보면 두 번째에 해당하는 레이어다). 그림 2.1에 세 개의 레이어와 두 개의 클래스를 학습하는 작은 신경망을 예시로 들어서 이 과정을 보여주고 있다.

최하단 레이어는 입력 데이터에 해당한다(클래스 레이블을 무시하는 단순히 예측기에 해당). 탐욕적 훈련(1권 4장 참조) 이후에는 비감독 훈련 알고리즘을 사용해서 아래에 위치한 두 개의 레이어를 RBM으로써 훈련시킨다. 이 RBM은 입력 공간의 최하위 레벨의 특징들을 함축한다. 세 개 이상의 레이어가 있다면, 윗방향으로 탐욕 훈련을 지속해나간다.

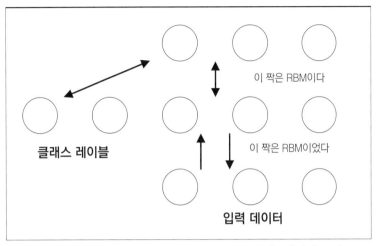

그림 2.1 세 개의 층으로 구성된 신경망에서 클래스 레이블을 포함시키는 모습

탐욕적 훈련 과정이 최상단에 위치한 RBM(즉 최상위에 위치한 2개의 레이어)에 도달하면 이 RBM의 입력층(이전 레이어의 출력)에 개개의 클래스에 해당하는 뉴런을 이어준다. 훈련 과정을 거치면서 개개의 케이스들이 RBM으로 전달되므로, 해당 케이스의 클래스에 대응하는 뉴런을 1.0으로 설정하고, 이 외에 클래스에 해당하는 뉴런들은 0.0으로 설정한다.

최상위에 위치한 2 레이어들은 거의 일반적인 방법에 의해 RBM으로 훈련을 수행한다. 중요한 것은, 0.0에 해당하는 클래스 레이블은 Contrastive Divergence 알고리즘에서 사용하는 깁스 샘플링을 거치면서 정확하게 하나의 뉴런만 1.0에 해당하고 다른 모든 뉴런들은 0.0을 갖는 형태로써, 반드시 특정 클래스를 지칭하는지시자 역할을 해야 한다는 점이다. 힌턴^Hinton 교수의 2006년 논문인 「A Fast Learning Algorithm for Deep Belief Nets」에 따르면, 식 (2.1)로 임의로 선택한 클래스 $k$가 1.0으로 설정된 클래스일 확률 $P_k$를 정의한다. 이 식에 따르면, $x_k$는 뉴런 $k$의 알짜 입력(식 (2.5)로 계산됨)에 해당한다.

$$P_k = \frac{e^{x_k}}{\sum_i e^{x_i}} \tag{2.1}$$

RBM의 기본적인 내용을 다시 살펴보기 위해, $v$를 가시층 활성화 벡터라고 해보자. 현재 문맥에서 이 벡터는 이전(아래에 접해 있는) 레이어의 활성화 값들로 구성돼 있으며 클래스 레이블들이 추가돼 있다. 식 (2.2)는 현재 문맥에서 신경망의 최상위 레이어에 해당하는 은닉층의 활성화 확률 벡터를 계산해준다. 역으로, 식 (2.3)은 주어진 은닉층 뉴런의 활성화 셋에 대응하는 가시층 활성화 확률을 정의한다. 두 방정식 모두 $f(.)$는 식 (2.4)로 주어지는 로지스틱 함수를 의미하며, 항별로element-wise 적용돼 계산된다. 이 부분이 명확하게 이해되지 않는다면, 1권의 3장에서 다루는 자세한 개념들을 복습하길 바란다.

$$h = f(c + Wv) \tag{2.2}$$

$$v = f(b + W'h) \tag{2.3}$$

$$f(t) = \frac{1}{1 + e^{-t}} \tag{2.4}$$

하지만 식 (2.1)에서는 알짜 입력들을 활성화 함수로 분해해야 한다. 주어진 은닉층 뉴런의 활성화 셋에 대해, 식 (2.5)는 이 방정식에 필요한 값을 정의한다.

$$x = b + W'h \tag{2.5}$$

Contrastive Divergence 학습이 식 (2.2)와 (2.3)을 번갈아가며 한 번 이상의 깁스 샘플링을 수행하면서, 항상 랜덤 샘플링을 이용해서 은닉층 활성화를 설정하고, 선택적으로(평균 영역mean field 옵션에 따라) 랜덤 샘플링을 이용해서 가시층 활성화를 설정한다는 점을 상기하자. 하지만 평균 영역 근사치들을 사용한다고 해도

(즉, 가시층에 대한 샘플링이 없는), 여전히 부가적인[appendage] 클래스 레이블에서의 뉴런들을 임의로 샘플링한다. 특히, 클래스 레이블들에 대응하는 가시층 알짜 입력들이 기하급수적으로 증가하고(식 (2.5)에 의해) 식 (2.1)에 따라 확률을 분할한다. 이 방정식의 분모는 클래스 레이블들만을 대상으로 합산한다.

## 내장된 레이블들을 학습하는 코드

이제 내장된 레이블들을 처리하게 수정된 Contrastive Divergence 학습을 구현한 코드를 검토할 차례다. 1권의 3장에서 비-내장 알고리즘에 대해 상세하게 다루는 내용을 복습하길 강력하게 권장한다. 여기서는 앞서 이미 살펴봤던 내용은 생략하고, 내장된 클래스 레이블을 처리하는 부분만 집중적으로 다뤄볼 것이다. 스레드 기반으로 구현된 함수에서 사용되는 호출 파라미터 리스트는 다음과 같으며, 1권에 나와 있는 내용과 거의 같다.

```
static void rbm2_threaded (
   int istart ,              // 현재 배치상에서의 첫 번째 케이스
   int istop ,               // 마지막 케이스 직후의 케이스
   int ncols ,               // 데이터의 열 개수
   int n_inputs ,            // 입력 개수
   int embedded ,            // 내장된 클래스 레이블에 해당하는 입력 개수
   double *data ,            // 입력 데이터, 훈련 케이스 행 개수xncols 열 개수; 0-1
   int nhid ,                // 은닉층 뉴런 개수
   int n_chain ,             // 마르코프 체인의 길이
   int mean_field ,          // 랜덤 샘플링 대신 평균 필드를 사용할 것인가?
   int greedy_mean_field ,   // 탐욕적 훈련에 평균 필드를 사용할 것인가?
   double *w ,               // 가중치 행렬, nhid x n_inputs 크기
   double *in_bias ,         // 입력 바이어스 벡터
   double *hid_bias ,        // 은닉층 바이어스 벡터
   int *shuffle_index ,      // 뒤섞인 데이터를 처리하기 위한 포인터
   double *visible1 ,        // n_inputs만큼의 길이를 갖는 작업 벡터
   double *visible2 ,        // n_inputs만큼의 길이를 갖는 작업 벡터
   double *hidden1 ,         // nhid만큼의 길이를 갖는 작업 벡터
   double *hidden2 ,         // nhid만큼의 길이를 갖는 작업 벡터
```

```
    double *hidden_act ,        // nhid만큼의 길이를 갖는 작업 벡터
    double *in_bias_grad ,      // 입력 그레디언트 누적 변수
    double *hid_bias_grad ,     // 은닉 그레디언트 누적 변수
    double *w_grad ,            // 가중치 그레디언트 누적 변수
    double *hid_on_frac ,       // 각 은닉층 뉴런이 활성화되는 순간적인 시간을 누적하는 변수
    double *error               // 재구조화 평가 기준 값 누적 변수
)
```

이제 코드를 부분별로 나눠서 간략하게 설명할 것이다. 첫 번째 단계는 난수 생성에 적용할 시드값을 각 배치와 각 에포크마다 다른 값으로 초기화하는 것이다(뉴런 활성화를 샘플링하기 위한). 그다음 각 배치에 걸친 데이터를 누적할 메모리 영역을 0으로 설정한다.

```
{
    int k, randnum, icase, ivis, ihid, ichain ;
    double sum, *wptr, *dptr, P, Q, frand ;
    randnum = (istop + shuffle_index[0]) % IM ;
    if (randnum == 0)    // 난수 생성에 대한 예외 처리
        randnum = 1 ;
    /*
    현재 배치상에서 그레디언트와 오차 값들을 누적할 배열을 0으로 설정
    */

    for (ihid=0 ; ihid<nhid ; ihid++) {
        hid_bias_grad[ihid] = 0.0 ;
        hid_on_frac[ihid] = 0.0 ;
        for (ivis=0 ; ivis<n_inputs ; ivis++)
            w_grad[ihid*n_inputs+ivis] = 0.0 ;
    }
    for (ivis=0 ; ivis<n_inputs ; ivis++)
        in_bias_grad[ivis] = 0.0 ;
    *error = 0.0 ;
```

현재 배치상에 존재하는 모든 케이스에 걸쳐서, 현재 에포크에 대해 인덱스를 뒤섞어 놓은 벡터에 따라 임의로 선택된 케이스로 루프를 돈다.

1권에서 소개한 코드와 비교했을 때, 이번 코드에서는 탐욕적 훈련과 관련된 한 가지 작은 차이점이 존재한다. 4장의 첫 번째 절에서 논의했던 내용을 상기해보

면, 탐욕적으로 훈련을 받고 있는 레이어의 입력을 선택적으로 샘플링할 수도 있다. 이 부분은 아래에 나와 있는 코드와 같이 1권에서의 탐욕적 훈련 코드와 동일하지만, 이 부분이 RBM 루틴으로 옮겨진 것을 크게 신경 쓸 필요는 없다.

```
for (icase=istart ; icase<istop ; icase++) {
   dptr = data + shuffle_index[icase] * ncols ; // 데이터 셋의 현재 데이터를
가리킨다.
   for (ivis=0 ; ivis<n_inputs ; ivis++)        // 현재 데이터를 얻어온다.
      visible1[ivis] = dptr[ivis] ;

if (! greedy_mean_field) {   // 탐욕적 훈련 과정동안 선택적으로 샘플링
   for (ivis=0 ; ivis<n_inputs ; ivis++) {
      k = randnum / IQ ;
      randnum = IA * (randnum - k * IQ) - IR * k ;
      if (randnum < 0)
         randnum += IM ;
      frand = AM * randnum ;
      visible1[ivis] = (frand < visible1[ivis])  ?  1.0 : 0.0 ;
   }
}
```

각 은닉층 뉴런의 활성화 값을 계산하고 컴파일러 플래그가 느리지만 정확한 방식으로 설정된 경우, 재구조화 오차를 계산한다. 실질적으로는 이렇게 하면 안 되지만, 재구조화 오차상에 존재하는 정확도가 중요한 요소는 아니며, 이런 일을 수행하는 것과 연관된 부가적인 작업이 꽤나 많은 시간을 소비할 수 있다.

```
for (ihid=0 ; ihid<nhid ; ihid++) {
   wptr = w + ihid * n_inputs ;              // 현재 뉴런에 대한 가중치 벡터
   sum = hid_bias[ihid] ;
   for (ivis=0 ; ivis<n_inputs ; ivis++)
      sum += wptr[ivis] * visible1[ivis] ;
   Q = 1.0 / (1.0 + exp(-sum)) ;             // 확률 계산
   hidden1[ihid] = hidden2[ihid] = Q ;   // 아래 CD-k 루프 hidden2를 사용
   hid_on_frac[ihid] += Q ;                  // 희소 패널티(sparsity
penalty)에 적용하기 위해 이 값을 사용
}
```

```
#if RECON_ERR_DIRECT

   // 결정적(deterministic)이지만 비용이 큰 방식으로 재구조화 오차를 계산한다.
   for (ivis=0 ; ivis<n_inputs ; ivis++) {
      sum = in_bias[ivis] ;
      for (ihid=0 ; ihid<nhid ; ihid++)
         sum += w[ihid*n_inputs+ivis] * hidden1[ihid] ;
      P = 1.0 / (1.0 + exp(-sum)) ;

#if RECON_ERR_XENT
   *error -= visible1[ivis] * log (P+1.e-10) + (1.0 - visible1[ivis])
* log(1.0-P+1.e-10) ;
#else
   double diff = visible1[ivis] - P ;
   *error += diff * diff ;
#endif
   }
#endif
```

이제 마르코프 체인 알고리즘에서 사용되는 깁스 샘플링 루프를 살펴보자. 매번 루프를 거치면서 첫 번째 단계로 하는 일은 은닉층 뉴런의 활성화의 필수적인 랜덤 샘플링을 수행하는 것이다.

```
for (ichain=0 ; ichain<n_chain ; ichain++) {
   // Q[h|x]로 샘플링해 다음 (바이너리) 은닉층을 구한다.

   for (ihid=0 ; ihid<nhid ; ihid++) {
      k = randnum / IQ ;
      randnum = IA * (randnum - k * IQ) - IR * k ;
      if (randnum < 0)
         randnum += IM ;
      frand = AM * randnum ;
      hidden_act[ihid] = (frand < hidden2[ihid])  ?  1.0 : 0.0 ;
   }
```

지금까지 살펴본 알고리즘 구현은 탐욕적 훈련을 위한 선택적 샘플링을 제외하면 1권에 나와 있는 기본 버전과 동일하지만, 이번에는 가시층을 계산할 때 반드시 내장된 클래스 레이블을 해야 하기 때문에, 이 다음부터 새로운 내용이 나온다.

다음 페이지에 나와 있는 코드에서 먼저 식 (2.5)를 이용해서 가시층 뉴런에 전달되는 알짜 입력을 '일반적인' 케이스에서와 같이 정확하게 계산한다. 하지만 그런 다음에는 두 가지 경우들 중 하나에 해당한다. 이전 레이어의 활성화를 포괄하는 입력 벡터의 첫 번째 부분을 처리하는 경우엔 '일반적인' 방식에 따라 처리한다. 그게 아니라, 입력 벡터의 끝을 향해 도달하면서 내장된 클래스 레이블을 처리하는 경우, 반드시 식 (2.1)을 사용할 수 있게 사전 준비를 해둬야 한다. 재구조화 오차를 계산하고, 클래스 레이블들을 제외시키기 위해 임의로 선택한다.

```
for (ivis=0 ; ivis<n_inputs ; ivis++) {
   sum = in_bias[ivis] ;
   for (ihid=0 ; ihid<nhid ; ihid++)  // 식 (2.5)
      sum += w[ihid*n_inputs+ivis] * hidden_act[ihid] ;

   if (ivis >= n_inputs-embedded) {   // 클래스 레이블들을 다루는 경우, 반드시 정확
하게 1을 설정한다.
      if (sum > 300.0)      // 드물지만, 안전하게 코드를 구현하기 위한 부분
         visible2[ivis] = exp ( 300.0 ) ;
      else
         visible2[ivis] = exp ( sum ) ;   // 식 (2.1)을 준비
      continue ;            // 더 이상 수행할 내용이 없다.
   } // 입력 벡터의 내장된 클래스 레이블 섹션

P = 1.0 / (1.0 + exp(-sum)) ;  // '일반적인' 케이스; 즉, 확률 값 계산

#if ! RECON_ERR_DIRECT
   // 재구조화 오차를 계산. 통계적인 접근이나 빠르다.
   // 주의: 내장된 레이블들은 포함되지 않는다!
   // 좋은 것일 수도, 아닐 수도 있다.

   if (ichain == 0) {
#if RECON_ERR_XENT
   *error -= visible1[ivis] * log (P+1.e-10) + (1.0-visible1[ivis]) *
log(1.0-P+1.e-10) ;
#else
   double diff = visible1[ivis] - P ;
   *error += diff * diff ;
#endif
```

```
    }
#endif
  if (mean_field)
     visible2[ivis] = P ;
  else {
     k = randnum / IQ ;
     randnum = IA * (randnum - k * IQ) - IR * k ;
     if (randnum < 0)
        randnum += IM ;
     frand = AM * randnum ;
     visible2[ivis] = (frand < P)  ?  1.0 : 0.0 ;  // 활성화 샘플
  }
} // 각 가시층 뉴런에 대해, 뉴런의 확률을 계산하고 mean_field가 참이 아니면 샘플링한다.
```

지금까지는 입력층에 존재하는 모든 뉴런들에 대한 값들을 계산해왔다. 입력 벡터에서 초기의 이러한 뉴런들에 대해 이전 레이어의 출력, 이러한 값들은 확률 값들(평균 필드 근사치가 사용된 경우)이거나 확률 값에 따라 취해지는 바이너리 형태(0 또는 1)의 샘플 값이다(평균 필드 근사치가 사용되지 않은 경우). 입력 벡터의 마지막 부분에서 내장된 클래스 레이블에 대응하는 이러한 요소들의 값들은 은닉층에 의해 식 (2.5)로 도출되는 활성화의 거듭제곱$^{power}$으로 증가한다.

이제 식 (2.1)을 사용해서 임의로 선택한 클래스 $k$가 1.0으로 설정된 클래스일 확률인 $P_k$를 정의한다. 이는 다음과 같이 구현된다.

```
if (embedded) {
  sum = 1.e-60 ;  // 아래 2개의 루프는 visible2 변수를 누적 확률로 변환한다.
  for (ivis=n_inputs-embedded ; ivis<n_inputs ; ivis++)
     sum += visible2[ivis] ;           // 식 (2.1)의 분모 합

  for (ivis=n_inputs-embedded ; ivis<n_inputs ; ivis++) {
     visible2[ivis] /= sum ;           // 확률 값으로 변환
     if (ivis > n_inputs-embedded)     // 첫 번째 클래스 이후, 확률 값 누적
        visible2[ivis] += visible2[ivis-1] ;
  }

  k = randnum / IQ ;
  randnum = IA * (randnum - k * IQ) - IR * k ;
```

```
if (randnum < 0)
randnum += IM ;
frand = AM * randnum ;

for (ivis=n_inputs-embedded ; ivis<n_inputs-1 ; ivis++) { // 1로 설정
할 대상을 찾는다.
    if (frand <= visible2[ivis])
    break ;
}

for (k=n_inputs-embedded ; k<n_inputs ; k++)
    visible2[k] = (k == ivis) ? 1.0 : 0.0 ;
} // 내장된 경우
```

첫 번째 단계는 식 (2.1)의 분모를 합산하는 것이다. 그다음 각 항을 이들의 합으로 나눠서 확률 값을 구한다. 요소별로 합산해 누적 분포 함수(CDF)를 얻은 다음, 0-1 사이의 난수 값을 생성한다(이 난수 생성기에 대해서는 1권에서 더욱 자세히 살펴봤다).

이들의 확률 값들에 따라 경쟁 클래스들 중에서 선택하는 표준 알고리즘은 바로 이 누적 분포 함수를 진행해나가면서, 난수 값과 같거나 큰 첫 구간(bin)에서 멈추는 것이다. 다음 코드에서 이러한 내용이 루프 형태로 구현됐다. 마침내 선택된 클래스에 해당하는 가시층 뉴런을 1.0으로 설정한 다음, 다음 모든 뉴런들을 0.0으로 설정한다.

이제 1권에서 깊이 있게 다뤘던 '일반적인' 알고리즘으로 다시 돌아가보자. 계산이 완료되면서 가시층에서 다시 은닉층으로 되돌아감으로써, 마르코프 체인이 완료된다.

```
for (ihid=0 ; ihid<nhid ; ihid++) {
  wptr = w + ihid * n_inputs ;  // 제 뉴런의 가중치 벡터
  sum = hid_bias[ihid] ;
  for (ivis=0 ; ivis<n_inputs ; ivis++)
    sum += wptr[ivis] * visible2[ivis] ;
  hidden2[ihid] = 1.0 / (1.0 + exp(-sum)) ;
```

```
      }
   } // 마르코프 체인
```

이번 루틴은 가중치 행렬에 대한 그레디언트와 바이어스 벡터를 계산하면서 마무리된다. 이 연산에 대한 내용은 이미 설명했으므로, 넘어가겠다.

```
for (ihid=0 ; ihid<nhid ; ihid++) {
   if (mean_field) {
      hid_bias_grad[ihid] += hidden1[ihid] - hidden2[ihid] ;
      for (ivis=0 ; ivis<n_inputs ; ivis++)
         w_grad[ihid*n_inputs+ivis] += hidden1[ihid] * visible1[ivis] -
                                    hidden2[ihid] * visible2[ivis] ;
   }
else {
   k = randnum / IQ ;
   randnum = IA * (randnum - k * IQ) - IR * k ;
   if (randnum < 0)
      randnum += IM ;
   frand = AM * randnum ;
   hidden_act[ihid] = (frand < hidden1[ihid]) ? 1.0 : 0.0 ;
   hid_bias_grad[ihid] += hidden_act[ihid] - hidden2[ihid] ;
   hidden_act[ihid] * visible1[ivis] - hidden2[ihid] * visible2[ivis]
;
   for (ivis=0 ; ivis<n_inputs ; ivis++)
      w_grad[ihid*n_inputs+ivis] += hidden_act[ihid] * visible1[ivis] -
                                 hidden2[ihid] * visible2[ivis] ;
   }

}

for (ivis=0 ; ivis<n_inputs ; ivis++)
   in_bias_grad[ivis] += visible1[ivis] - visible2[ivis] ;
   } // 현재 배치상에서 각 케이스별로 루프
}
```

## 케이스 분류

모델 아키텍처에 하나 이상의 비감독 훈련된 레이어들이 존재하고, 그다음 하나 이상의 감독 훈련된 레이어들이 존재한다면, 하나의 케이스를 분류하는 건 쉽다. 간단히 케이스의 예측기 변수들을 레이어들 거치면서 출력 레이어에 도달할 때까지 전파시키고 가장 높은 출력 값을 갖는 클래스를 선택한다. 하지만 입력 데이터에 클래스 레이블들이 함께 내장된 경우 상황은 좀 더 복잡해진다.

제프리 힌튼 교수의 고전적인 논문인 「A Practical Guide to Train Restricted Boltzmann Machines」(2010)에서는 효율적인 접근 방법에 대해 강조하고 있다. 여기서 제시하는 아이디어는 각 클래스에 대해 한 번씩 모델에 케이스를 제시present해주는 것이다. 매번, 서로 다른 클래스 레이블 뉴런을 활성화(on)로 설정하고, 나머지는 모두 비활성화(off)로 남겨둔다. 가장 낮은 자유 에너지를 갖는 표현presentation이 선택된 클래스가 된다.

자유 에너지를 서술하는 표현식expressions들은 이론적 명확성과 연산 복잡도에 따라 여러 가지 수준으로 다양하게 존재하는데, 연산 측면에서 가장 효율적인 공식은 식 (2.7)과 같다. 여기서 $x_j$ 항은 식 (2.5)에 정의된 벡터의 구성 요소들이다. 명확성을 보장하기 위해, 이 항은 식 (2.6)과 같이 정의되기도 한다. 이러한 방정식에서 $b$는 은닉층 바이어스 벡터이고 $a$는 가시층 바이어스 벡터이다.

$$x_j = b_j + \sum_i W_{ji} v_i \qquad (2.6)$$

$$F(v) = -\sum_i v_i a_i - \sum_j \log\left(1 + e^{x_j}\right) \qquad (2.7)$$

이 공식이 연산 측면에서 특히 좋은 이유는 대부분의 노력이 한 번만 수행되면 다시 각 표현마다 반복될 필요가 없기 때문이다. 거의 모든 실질적인 애플리케이션에서 예측기의 개수는 클래스의 개수를 광범위하게 초과한다. 그러므로 모든 예측기에 걸쳐서 식 (2.6)의 합을 미리 계산할 수 있다. 개개의 시도용$^{trial}$ 클래스에 대해 하나의 $v_i$가 1.0이고 다른 모든 항목들은 0.0이기 때문에, 단지 가중치 행렬의 단 하나의 요소만 더하는 합산은 완료된다.

게다가, 식 (2.7)의 첫 번째 항은 대부분의 모든 시도용 클래스들에 대해 같은 값을 갖는 수량(예측기 항)들을 합하는 작업을 수반한다. 그러므로 연산 파트는 완전히 무시해버릴 수 있다. 이러한 부분을 고려해 필요한 계산을 구현한 코드는 다음과 같다.

```
n_layer_inputs = 마지막 (최상단) 레이어에 전달되는 pre-class 입력 개수
ntarg = 클래스 개수
nhid = 식 (2.7)에서 j로 인덱싱하는 은닉층 뉴런 개수로 인덱싱
wtptr = 가중치 행렬(nhid행 x n_layer_inputs+ntarg)
hbptr = 은닉층 바이어스 벡터
vbptr = 가시층 바이어스 벡터


for (icase=istart ; icase<istop ; icase++) {
   rptr = tmp_inputs + icase * max_neurons ; // 로컬 저장소에 존재하는 현재 케이
스를 가리킨다.

   // 식 (2.6)의 xj에 대해 각 j번째 pre-class 합을 계산한다.
   for (j=0 ; j<nhid ; j++) {
      wptr = wtptr + j * (n_layer_inputs + ntarg) ; // 이를 위한 가시층 가중치
      sum = hbptr[j] ;
      for (i=0 ; i<n_layer_inputs ; i++) sum += rptr[i] * wptr[i] ;
         rbm_work_vec1[j] = sum ;   // 식 (2.6)의 부분합을 저장한다.
   }

   // 개개의 시도용 클래스에 대한 F(v) 계산 (첫 번째 항의 pre-class는 예외)
   for (itarg=0 ; itarg<ntarg ; itarg++) {
      crit = vbptr[n_layer_inputs+itarg] ;
      for (j=0 ; j<nhid ; j++) {
         wptr = wtptr + j * (n_layer_inputs + ntarg) ;
         crit += log ( 1.0 + exp ( rbm_work_vec1[j] + wptr[n_layer_
inputs+itarg] ) ) ;
      }
      if (itarg == 0 || crit > largest) {
         ipred = itarg ;
```

```
            largest = crit ;
         }
      }
...  선택된 클래스(ipred)로 작업 수행
} // 모든 케이스들에 대해 루프 수행
```

하나의 케이스를 처리하기 시작하면서, 이 케이스의 예측기 벡터를 rptr 포인터 변수로 가리킨다. 대게 일반적인 경우, 이는 이 최상단에 위치한 내장된 클래스 레이블이 존재하는 RBM 레이어 이전에 위치한 레이어의 활성화가 된다.

이제 첫 번째 단계는 식 (2.6)의 부분합을 계산해 rbm_work_vec1 변수에 저장하는 것이다. 이들은 내장된 클래스 레이블이 시작하는 곳까지, 모든 예측기들에 걸쳐 계산된 합산 결과다. 물론, 모든 연속적으로 이어지는 시도용 클래스들에 대해 이러한 합산이 동일하게 진행되기 때문에, 한 번 계산한 이후엔 현재 시도용 클래스에 대해서는 그대로 이 값을 유지한다.

이제 시도용 클래스 루프 작업부터 시작한다. crit 변수가 시도용 클래스에 대응하는 뉴런에 대한 가시층 바이어스 항이 되도록 초기화한다. 이 부분을 이해하기 위해, 다시 식 (2.7)의 첫 번째 항을 검토하자. 예측기에 대응하는 이러한 합산의 대상이 되는 구성 요소들은 모든 시도용 클래스들에 대해 동일하므로, 무시된다. 또한, 시도용 클래스를 제외한 모든 클래스는 자신의 가시층 활성화를 정의에 의해 0값으로 갖는다. 그러므로 남은 것은 이 합산에서 단 하나의 컴포넌트인 시도용 클래스에 해당하는 바이어스뿐이다.

이 알고리즘에서 유일한 고비용 연산은 식 (2.7)의 두 번째 항인 $j$항들(은닉 뉴런들)을 합산하는 것이다. 이전 단계에서 미리 예측기에 대한 식 (2.6)의 합을 계산하고 저장해두었다. 주어진 은닉층 뉴런과 시도용 클래스에 대한 합산을 완료하기 위해 할 일은 가중치 행렬의 해당 요소를 더하는 것이다(시도용 클래스에 대응하는 $v_i$는 1.0 이고 다른 모든 클래스들의 경우 0.0임을 상기하자).

남은 일은 최고의 평가 기준을 갖는 시도용 클래스를 지속적으로 추적하는 것이다. 주목할 점은 식 (2.7)을 최소화하는 값을 찾으려 하지만 이 연산에 있어서 두 항 모두 부호를 뒤바꾼다는 점이다. 그러므로 이 코드에서 계산되는 평가 기준 값은 최댓값을 찾는 셈이다.

시도용 클래스 루프가 완료되면, ipred 변수는 선택된 클래스를 확인한다. 이러한 데이터를 가지고 원하는 작업을 마음껏 하면 된다.

## 클래스 조건적인 생성적 샘플링

클래스 레이블들을 내장시켜서 분류 작업을 하는 한 가지 중요한 이유는 개발자로 하여금, 모델이 각 개별 클래스에 대해 내포하는 특징들의 예제를 볼 수 있게 허용해주는 것이다. 이제 이런 과정이 어떻게 수행되는지 살펴보자.

클래스-조건적인 생성적 샘플링의 과정은 무조건적 샘플링과 매우 유사하다. 이 주제는 1권의 4장에서 깊이 있게 다루므로, 여기서는 같은 내용을 중복해서 다루지 않을 것이다. 차이점이 있다면, 마르코프 체인 알고리즘에서 사용하는 깁스 샘플링 과정에 있다. 이 단계에서, 기존의 완전한 알고리즘은 우선 체인을 구현하기 전에 사용자가 제공하는 입력을 전체 레이어들을 상향으로 거치면서 전파시킨 다음, 다시 역으로 하향 전파시키는 과정을 거친다. 명확하게 이 부분을 보여주기 위해, 이러한 '전향', '역향' 단계는 생략했다. 1권에서 이 단계를 상세하게 다룬다. 또한, 이 알고리즘을 구현한 완전한 소스 코드는 저자의 홈페이지에서 무료로 다운로드할 수 있다. 이제는 핵심 연산에 해당하는 깁스 샘플링에만 집중해보자.

일반적인 깁스 샘플링이 레이어들을 반복해서 전후 이동하며 샘플링한다는 점을 상기하자. 가시층으로부터 은닉층의 확률값을 계산하고 그에 따라 샘플링을 한다. 그다음, 은닉층으로부터 가시층 확률값을 계산한다. 생성적 샘플링에서는 이런 방식이 불필요한 랜덤성을 유도하기 때문에, 다르게 샘플링한다.

고정된 클래스로부터 샘플링하는 과정을 수정하기 위해, 우리가 해야 할 일은 클래스-레이블 뉴런을 기대치에 맞게 잘라내는$^{clamp}$ 것이 전부다. 이 기대치는 학습된 클래스에 대해서는 1.0이고 다른 모든 클래스들에 대해서는 0.0이 될 것이다. 다른 말로 하면 매번 은닉층에서 가시층으로 이동할 때마다, 클래스-레이블 뉴런에 대해 가중치 행렬로부터 계산된 활성화 값과 은닉 활성화 값(식(2.3))을 무시해버린다. 대신, 클래스-레이블 뉴런에 대한 가시층 활성화 값을 바이너리 값으로 고정한다.

이제는 깁스 샘플링을 구현한 코드를 살펴보자. 이 코드는 클래스-조건적 샘플링 개념을 적용하게 수정됐다.

샘플링 체인은 다음과 같이 정의되는 여러 가지 변수들을 이용한다.

nin – 현재 RBM 레이어로 전달되는 입력 개수, 클래스 레이블은 고려 안 함

nhid – 은닉층 뉴런 개수

embedded – 클래스 개수

input_vis – 사용자가 첫 입력 샘플 데이터를 제공할지, 랜덤화된 은닉 값들을 제공할지 판단할 변수

w – RBM의 가중치 행렬

hbptr – 은닉층 바이어스 벡터

vbptr – 가시층 바이어스 벡터

vis_layer – 가시층 활성화 벡터

hid_layer – 은닉층 활성화 벡터

clamp – 단일 클래스로 잘라낼지 판단할 변수(현재 문맥에서는 항상 참이다)

clamped_class – 잘라낼 클래스 인덱스

이 체인 연산의 첫 번째 단계는 가시층으로부터 은닉층 활성화 값을 계산하는 것이다.

```
for (ichain=0 ; ichain<nchain ; ichain++) {
  if (ichain || input_vis) {  // 랜덤한 은닉층인 경우 첫 번째 가시층->은닉층 생략
    for (ihid=0 ; ihid<nhid ; ihid++) {  // 샘플링과 함께 가시층 ->은닉층 전달
      wptr = w + ihid * (nin + embedded) ;  // 현재 뉴런에 대한 가중치 벡터

      sum = hbptr[ihid] ;  // 현재 은닉층 뉴런의 바이어스
      for (ivis=0 ; ivis<nin ; ivis++)  // 식 (2.2)
        sum += wptr[ivis] * vis_layer[ivis] ;

      if (embedded) {  // 현재 문맥에서는 항상 참이다.
        if (clamp)     // 일반적인 경우에 해당
          sum += wptr[nin+clamped_class] ;
        else {  // 사용자 내장은 하지만 잘라내지는 않는 경우
          for (ivis=nin ; ivis<nin+embedded ; ivis++)
          sum += wptr[ivis] * vis_layer[ivis] ;
          }
        }

    Q = 1.0 / (1.0 + exp(-sum)) ;
    frand = 0~1 사이의 균등한(Uniform) 난수
    hid_layer[ihid] = (frand < Q) ? 1.0 : 0.0 ;
    }
  }
}
```

첫 번째 체인 루프를 수행한 다음이나, 사용자가 체인 수행을 시작하기 위한 가시층 입력 데이터를 직접 지정한 경우, 체인 루프를 시작하는 코드 블록이 수행된다. 보통 훈련 케이스가 이러한 입력에 해당한다. 사용자가 은닉층에 대해 랜덤한 활성화 값을 정의하는 좀 더 일반적인 경우, 우리는 명확하게 루프를 거치면서 처음에 정의되지 않은 가시층을 전파시키는 걸 원하지 않을 것이다!

가중치 행렬에는 nin + embedded개의 열을 갖게 되므로, 이런 사실을 고려해서 현재 계산 중인 은닉층 뉴런에 대한 가중치 벡터를 포인터로 가리키게 만든다.

코드에서는 내장 및 비내장 아키텍처 모두를 처리하게 구현돼 있으므로, 둘 중 어떤 구조를 따르는지 체크해야 한다. 여기서는 내장된 아키텍처를 고려하므로, 현재 문맥에서는 항상 클래스의 개수인 embedded가 참인 경우가 되어 수행된다.

사용자가 생성적 샘플을 만들 때, 사용자가 지정한 clamped_class 클래스에 대해서만 조건적으로 샘플링되도록 거의 언제나 사용자가 이러한 클래스를 결정한다고 했었다. 고정된 클래스의 뉴런은 활성화 값이 1.0이고, 다른 모든 종류의 레이블을 갖는 뉴런들은 활성화 값이 0.0이기 때문에, 식 (2.2)와 같은 합을 계산하기 위해서 할 일은 해당 가중치를 더해주는 것뿐이다.

이 루틴은 사용자가 특별한 클래스가 고정되기 원하지 않도록 상황에서 모델이 내장된 아키텍처를 갖게 해주는 확률을 허용한다. 이런 상황에서 생성적 샘플링은 단 하나의 클래스에만 국한되는 게 아니라, 전체 훈련 셋과 모든 클래스 분포를 대상으로도 적용될 수 있다. 여기까지 완료된 다음 사용자가 랜덤한 은닉층 뉴런이 아니라 가시층 입력으로 체인 연산을 시작하려고 하면 이 루틴의 호출자는 반드시 vis_layer의 예측기와 클래스 레이블에 정보가 제대로 채워져 있게 해줘야 한다. 하지만 실질적으로, 초기화 단계가 그렇게 중요한 건 아니다. 즉, 모두 0으로 설정될 수도 있다. 마르코프 체인이 충분한 길이를 갖기 때문에, 반복을 거치면서 레이블 뉴런의 초깃값을 잘 처리해줄 것이다.

이 단계의 마지막은 로지스틱 활성화 함수를 적용해서 샘플링하는 것이다.

마르코프 체인에서 다음 단계는 은닉층의 활성화 값을 통해 재구조화된 가시층 활성화 값을 계산하는 것이다. 먼저, 식 (2.3)의 합을 계산하는 일부터 시작한다. 가시층의 예측기를 처리하는 코드 영역에서(즉, else 조건 절 영역), 단순히 합산 결과를 활성화 함수에 적용해 활성화 확률 값을 구한다. 불필요한 랜덤한 성분이 원하지 않게 유입될 수 있으므로, 샘플링하지 않는다.

하지만 가시층의 클래스 레이블 처리 코드부터는 (즉, ivis >= nin인 경우) 주의를 기울여야 한다. 사용자가 클래스를 고정한다면, 우리가 할 일은 끝난 것이다. 이전 코드 블록을 다시 살펴보자. 여기서 가시층에서 은닉층으로 이어지는 계산을 수행한 다음, 클래스를 고정하는 경우, 가시층 벡터의 레이블 영역을 무시한다. 하지만 사용자 클래스를 고정하지 않아서 모든 클래스들이 생성적 샘플링으로 표현될 수

있게 하는 경우, 레이블 코드 영역에서는 랜덤 샘플링이라는 특수한 경우에 대해
준비해야 한다. 다음 코드 블록을 살펴보자.

```
for (ivis=0 ; ivis<nin+embedded ; ivis++) { // 은닉층 ->가시층
  sum = vbptr[ivis] ;   // 가시층 바이어스
  for (ihid=0 ; ihid<nhid ; ihid++)  // 식 (2.3)
    sum += w[ihid*(nin+embedded)+ivis] * hid_layer[ihid] ;
  if (ivis >= nin) {   // 클래스 레이블링을 하는 경우, 반드시 정확히 1을 설정한다.
    if (clamp)         // 아닌 경우, 레이블들을 확률에 따라 임의로 설정한다.
      break ;  // 하지만 클래스를 고정하는 경우, 처리할 건 전혀 없다.
    if (sum > 300.0)  // 예외 처리
      vis_layer[ivis] = exp ( 300.0 ) ;
    else
      vis_layer[ivis] = exp ( sum ) ;
    }
  else
    vis_layer[ivis] = 1.0 / (1.0 + exp(-sum)) ;
}
```

이제 마르코프 체인 루프에서 깁스 샘플링을 수행하는 코드의 마지막 부분을 살펴
볼 차례다. 완전한 내용이 다음 페이지에 나와 있지만, 앞에서 이미 알고리즘을 다
뤘기 때문에 반복 설명은 생략한다. 이 코드는 클래스 고정을 하지 않는 내장 아키
텍처에서만 동작한다. 이런 상황에서 체인 루프는 SoftMax 샘플링을 이용해서 가
시층의 레이블 영역을 재구조화해야만 한다.

```
if (embedded  &&  ! clamp) {  // 클래스 고정은 레이블 영역을 무시해버리므로
                              // 이를 안하는 경우만 유용하다.

  sum = 1.e-60 ;  // 아래 2개의 루프는 vis_layer를 누적 확률로 변환한다.
  for (ivis=nin ; ivis<nin+embedded ; ivis++)
    sum += vis_layer[ivis] ;
  for (ivis=nin ; ivis<nin+embedded ; ivis++) {
    vis_layer[ivis] /= sum;
    if (ivis > nin) // 첫 번째 클래스 다음부터 확률 누적
      vis_layer[ivis] += vis_layer[ivis-1] ;
    }

k = randnum / IQ ;
```

```
randnum = IA * (randnum - k * IQ) - IR * k ;
if (randnum < 0)
  randnum += IM ;
frand = AM * randnum ;

for (ivis=nin ; ivis<nin+embedded-1 ; ivis++) { // 1로 설정된 요소를 찾는다.
  if (frand <= vis_layer[ivis])
    break ;
}
for (k=nin ; k<nin+embedded ; k++)
  vis_layer[k] = (k == ivis) ? 1.0 : 0.0 ;
} // 내장된 아키텍처와 클래스가 고정되지 않은 경우에 대한 루프
```

앞에 나와 있는 코드는 가시층의 레이블 영역의 샘플링된 재구조화 처리를 한다. 앞의 알고리즘을 복습한 다음에 이 알고리즘의 완전한 논의를 위해 이어지는 다음 설명을 살펴보길 바란다. 클래스를 고정하는 경우, 은닉층을 계산할 때 레이블 영역이 무시되기 때문에 가시층의 레이블 영역을 재구조화할 필요가 없어진다는 점을 상기하자.

# 3

# 신호 전처리

예측 및 분류 작업을 위한 신호 전처리라는 주제로 저술된 책들이 많이 존재한다. 이 책에서는 이 커다란 주제를 피상적인 이해 수준으로만 다룰 것이다. 사실상 전문적인 테크닉 자료도 전혀 다루지 않을 것이다. 관심 있는 독자라면 이와 관련된 특수한 주제들을 찾아보길 바란다.

그보다 이번 장에서는 Deep Belief Nets(이 밖의 여러 모델들도 포함해서)에 적합한 입력들을 만드는 변수들을 계산하기 위해 시계열 데이터를 전처리하는 여러 가지 특수한 방법들을 제시해볼 것이다. 여기서 소개하는 방법들은 간단히 내가 지금까지 연구 개발을 해오면서 즐겨 쓰던 것들이다. 흔하게 사용되는 기법들은 제외했는데, 이것들이 결코 수준이 낮아서 그런 게 아니다. 사실 이 책를 연속해서 시리즈로 출간하면서 추가적인 알고리즘을 더 다루고 싶다.

먼저 가장 쉬운 기법부터 제시해보겠다. 즉, 시계열 원본 데이터를 이용하는 것이다. 물론 시계열의 그다음 값을 예측하기 위해 로그 값이나 차이 값으로 가공해서 이용해볼 수 있다. 이렇게 하는 게 아주 근사해보이진 않지만, 사실 엄청나게 강력할 수 있으며 특히 패턴 검출 능력이 탁월한 Deep Belief Nets에 사용하면 좋은 효과를 낼 수 있다.

두 번째 방법은 시계열 함수를 정의하기 때문에 약간 더 복잡하다. DEEP 프로그램에서 이 함수는 시계열 데이터들에 걸쳐 어떤 형태가 될 수도 있지만, 최근의 시간 범위 사이에 있는 윈도우 영역 안에서는 선형 기울기를 갖는다. 그런 다음 이 함수는 시각이 지나면서 이동한다. 이 함수 값들을 고려했을 때, 근방에 놓인 값들은 모델에 전달되는 입력이다. 모델은 이런 방식으로 시간이 흘러감에 따라 변화하는 이 함수 '경로'를 보게 된다. 함수가 변화하는 비율 정보도 유용하게 사용될 수 있다.

세 번째 방법은 이동 윈도우를 이산discrete 푸리에 변환에 적용하는 것이다. 마지막 방법은 하나의 이동 윈도우 안에서 몰렛 웨이블릿Morlet wavelet을 계산해 시계열 데이터에 준quasi 주기적으로 나타나거나 사라지는 컴포넌트의 상태와 속도를 확인하는 것이다.

# 최소 변환

Deep Belief Nets(혹은 다른 대부분의 모델들도 포함해서)을 통한 가장 간단한 시계열 데이터 처리 방식은 그저 시계열 데이터 원본을 그대로 사용하는 것이다. 시간 흐름에 따라 열거되는 윈도우상에 시계열 데이터가 놓여 있기 때문에 가능하다. 때로는 시계열 값에 로그를 취해서 원본 데이터에 비례해 증가하는 표준 편차와 관련한 일반적인 경우들을 처리할 수 있다. 아니면 시계열 데이터 값으로는 아무런 예측을 할 순 없지만, 샘플과 샘플 사이의 변화 양상을 관찰하면 유용한 경우도 있다. 마지막으로 위 두 가지 경우 모두 유용할 때가 있다. 즉, 각 시계열 데이터에 로그를 취한 다음 이러한 로그 값들의 차이 값을 구해서 예측기뿐만 아니라 예측해야 할 대상으로도 사용될 수 있다.

주가equity price를 분석하는 일은 로그를 취하고 차이 값을 이용하는 전형적인 대상이다. A 기간 동안의 평균 주가가 B 기간 동안의 평균 주가의 10배라고 가정해 보자. 그러면, 다른 모든 조건들은 동일하게 둔다고 했을 때, 우리는 일반적으로 B 기간의 10배 정도 되는 A 기간 동안의 증감하는 매일의 변화를 관찰하게 된다. 그러므로 전체 시계열 구간 동안에 걸쳐서 매일 일어나는 가격 변동을 안정화시키기 위해 이 가격에 로그를 취해야 한다.

게다가, 실제 주가가 최근의 주가 변동을 반영하지 않는다. 그보다는 가격 변동이 더 유용하다. 그러므로 가격 변동에 로그를 취해 예측기를 계산한다. 또한, 이러한 가격 변동이 유용한 대상이 될 수 있다. 누군들 오늘 미리 내일의 가격 변동 예상하고 싶지 않을까?

지금이 주가 변동처럼 원본 데이터 값에 비례하는 변화율을 보이는 시계열 데이터상의 변화에 따른 일반적인 오차를 논의하기 위한 적절한 타이밍인 것 같다. 금융 거래 시스템 개발자들은 직관적으로 수익률 퍼센트를 먼저 떠올린다. 1000에서 1020으로 가격이 변하면 수익률 퍼센트는 100 * (1020 - 1000) / 1000 = 2퍼센트가 된다. 그러므로 개발자들은 차감액의 로그 대신 이러한 변환 정보를 더 사용하려는 경향이 있다. 하지만 비 대칭성은 이러한 접근 방식이 갖는 문제점이다.

즉, 어느 정도의 퍼센트 이익이 난 다음 같은 크기의 퍼센트 손실(또는 역순)이 나면 결국 알짜 변화는 0이다. 이러한 비 대칭성은 훈련 및 테스팅 모델상에서의 바이어스와 오프셋 문제를 야기한다. '로그의 차이'를 활용하는 방법은 정확하게 대칭성을 가지며 더 나은 거동을 보여준다.

## 생성적 샘플들의 차이 값 출력

생성적 샘플링 개념은 1권에서 소개한 적 있으며, 이번 판에서는 이를 내장된 모델 버전으로 확장한다. 시계열 값 자체를 예측기로 사용할 때는 생성된 시계열 표현 정보를 출력하는 것이 쉽다. 그리고 로그 형태로 출력하는 일은 실질적으로 필요하지도 않다(적어도 내 경험상 그렇다). 언제든 변동을 안정화시키기 위해 로그 변환이 필요한 데이터의 본질 때문에, 어찌됐든 로그 형태로 시계열을 시각적으로 출력하는 게 더 이해하기 쉽다. 생성된 변화를 그대로 출력하는 것도 간단한 일이다. 하지만 이러한 차이 값을 계산할 때, 생성된 차이 값들의 샘플들을 기반으로한 '사전 차이pre-differenced'를 시각적으로 나타내는 것은 더욱 까다롭다.

명확한 이해를 위해 시계열 데이터의 차이 값(로그 변환을 한 이후가 될 것이다)을 예측기(그리고 예측 모델을 갖는 경우 목표가 된다)로 정의한다고 가정해보자. 일반적으로 차이 값보다는 시계열 데이터 자체로 생성된 샘플들을 출력하는 것이 가장 유익한 정보의 시각화다. 사람의 두뇌는 출력된 차이 값들을 시각적으로 합하는 식으로 시계열 정보를 재구조화하는 일에 미숙하다. 일반적으로 '사전 차이' 도메인의 샘플들이 훨씬 더 직관적이다. 이제 이러한 일을 수행하기 위한 효과적인 방법에 대해 살펴보자.

이번 논의에서 로그 변환은 무시할 것이라는 점을 명심하길 바란다. 즉, 데이터를 로그 변환으로 안정화시켰다면, 시각적 표현도 로그 형태로 기록돼 대부분의 경우 더욱 이해하기 쉬워진다.

첫 번째로 다뤄야 할 이슈는 스케일링이다. 출력될 신호가 올바르게 시계열상의 실질적인 변동을 반영하게 하고 싶을 것이다. 시간 윈도우에 걸쳐 존재하는 시계열 데이터상의 작은 변동은 적절한 특성<sup>characteristic</sup>이 될 수 있다. 하지만 만약 모든 샘플들이 그래프의 전체 수직 범위에 걸쳐 분포하게 스케일링한다면, 이러한 필수적인 정보를 잃게 될 수 있다. 이런 이유로, 반드시 전체 훈련 셋을 거쳐나가면서 시계열 데이터의 사전 차이 데이터의 최대 범위를 찾아야 한다. 출력되는 모든 생성적 샘플들은 이러한 범위를 기준으로 스케일링된다. 다음 코드는 이렇게 간단한 프로시저를 설명해준다. 이 코드에서 개개의 케이스에 대한 포인터 변수인 inptr은 이러한 차이 값, 모델에 대한 예측기를 가리키며, 각 케이스마다 nvis(윈도우 길이)만큼의 데이터가 존재한다.

```
max_range = 0.0 ;
for (icase=0 ; icase<n_cases ; icase++) {
  inptr = ... ;                        // 훈련 셋에서의 현재 케이스를 가리킨다.
  sum = xmin= xmax = 0.0 ;             // 시계열 원본은 0으로 초기화한다.
  for (icol=0 ; icol<nvis ; icol++) { // 윈도우를 거쳐가면서 시계열 길이
    sum += inptr[icol] ;              // 원본 데이터를 누적
    if (sum < xmin)
      xmin = sum;                      // 윈도우상의 원본 데이터의 최솟값
    if (sum > xmax)
      xmax = sum;                      // 윈도우상의 원본 데이터의 최댓값
  }
  if (xmax - xmin > max_range)         // 모든 훈련 케이스들에 걸친 최대 범위
    max_range = xmax - xmin ;
}
```

이제 하나의 샘플을 생성했고 그 샘플의 윈도우 길이인 nvis 값이 배열 변수인 genptr에 저장돼 있다고 해보자. RBM을 훈련시키기 위해서 RBM에서 사용하는 범위인 0-1 사이로 실제 예측기를 다시 스케일링했다는 점을 숙지하자. 자연스럽게, 생성된 샘플은 이렇게 0-1로 동일하게 재스케일링된 범위로 들어올 것이다. 하지만 앞서 소개한 코드에서 훈련 데이터로부터 xmin과 xmax들을 구한 다음, 0~1 사이 범위로 재스케일링한다. 그러므로 genptr 요소들을 다시 원래의 척도로 재스케일링하고 나서, 다음 코드를 수행해야 한다는 점을 잊지 말자. 그런 다음에 나와 있는 것처럼 생성된 시계열의 최댓값/최솟값을 계산한다.

```
sum = xmin = xmax = 0.0 ;  // 생성된 시계열 데이터를 0.0으로 초기화
for (icol=0 ; icol<nvis ; icol++) {  // image_cols = nvis+1
  x = genptr[icol] ;        // 현재 윈도우 위치에 대한 값
  sum += x ;                // 시계열 데이터를 얻기 위한 원본 데이터 누적
  if (sum < xmin)           // 최댓값/최솟값 계산
    xmin = sum;
  if (sum > xmax)
    xmax = sum;
}
```

위 코드는 윈도우에 걸쳐서 계산을 수행하면서 생성된 차이 값들을 합산 혹은 누적해undifferencing 다시 원래의 정의역으로 돌아오도록 한다. 이렇게 현재 샘플 시계열의 범위를 알아낸다.

앞서 얘기했듯이, 원본 데이터의 원래의 스케일에 따라 생성된 샘플들의 척도를 맞춰서 출력하려고 한다. 그러므로 image_rows/max_range의 행 범위의 출력 크기에 맞출 수 있게 생성된 시계열의 xmin-to-xmax 범위를 계산했다. 여기서 image_rows는 출력 영역의 행의 개수이며, max_range는 훈련 셋상의 시계열 데이터의 최대 범위가 된다. 이런 식으로, 훈련 셋에서의 최댓값에 정확하게 맞아 떨어지는 생성된 시계열은 출력 크기의 최대 범위를 차지하게 될 것이다.

출력 상자의 아래에 위 출력 내용을 위치시킬 수도 있지만, 출력 상자의 수직 방향으로 중심이 되는 곳에 이 시계열 데이터를 놓는 것이 시각적으로 더 보기가 좋다고 본다. 이렇게 하기 위해서, 현재 샘플이 얼마나 많은 행을 차지하고, 차이 값을 분할할지 계산해야 한다. 그다음은 스케일링과 이미지를 중앙에 놓도록 하는 코드가 이어진다.

```
scale = image_rows / max_range ;          // 출력 상자에 시계열 데이터를 매핑하기
위한 스케일링 값
ioff = (int) (scale * (xmax - xmin)) ;    // 그래프에서 차지하는 행의 수
ioff = (image_rows - ioff) / 2 ;          // 박스 중앙에 그래프를 놓기 위해 차이 값
을 분할
```

마지막 단계는 이미지 출력 상자에 시계열 데이터의 척도를 매핑해 맞춰주는 것이다. 다음은 이를 구현한 코드다. 열을 따라 좌에서 우로 이동하면서 생성된 차이 값들을 합산해나가고 시계열을 출력 상자에 그린다.

```
sum = 0.0 ;                                     // 누적 값을 0으로 초기화
for (icol=0 ; icol<image_cols ; icol++) {    // 출력할 열 개수 = nvis+1
  for (irow=0 ; irow<image_rows ; irow++)     // 현재 열을 흰색으로 초기화
    image_ptr[irow*image_cols+icol] = (unsigned char) 255 ;  // 흰색 값
은 255
  irow = (int) (scale * (sum - xmin)) + ioff ;   // 현재 포인트에 해당하는 행
  if (irow >= image_rows)                    // 예외 처리
    irow = image_rows - 1 ;
  irow = image_rows - 1 - irow ;           // 수직방향 대칭;
  image_ptr[irow*image_cols+icol] = (unsigned char) 0 ;   // 검은색
  if (icol < nvis) {                          // 데이터 길이만큼 누적
    x = genptr[icol] ;                        // 현재 열의 차이 값
    sum += x ;                               // 시계열을 구하기 위해 누적
  }
} // 모든 열들을 루프 순환
```

위 코드는 전체 출력 상자를 흰색으로 설정하고, 각 열마다 하나의 검정 포인트들을 찍는다. 이 검정 포인트의 행은 해당 열에서의 시계열 값을 의미한다.

첫 번째 열이 차이가 없는 시계열 값들의 초깃값인 0에 대응하기 때문에, 생성된 차이보다 하나 더 많은 이미지 열column이 생겨난다는 점에 주목하자. 그래서 루프 마지막에 if(icol<nvis) 조건문을 통해(nvis는 윈도우 길이, 즉 생성된 차이 값들의 개수를 의미). 이렇게 체크함으로써 마지막 열에 데이터가 없는 경우 액세스하지 않도록 사전에 방지할 수 있다.

또한, 그래프 출력에서 시계열의 값이 클수록 높은 지점에 찍히는 일반적인 규약을 따르고 있다. 그러므로 수직 방향으로 대칭적인 복사mirror를 해 시계열 데이터가 뒤집혀서 출력되는 일이 없도록 한다.

그림 3.1은 생성적 패턴의 예시를 보여준다. 여기서 RBM은 S&P 100인덱스 OEX 구간에서 20일동안의 윈도우를 학습한 결과다. 로그 값을 빼서 예측기로 사용했다.

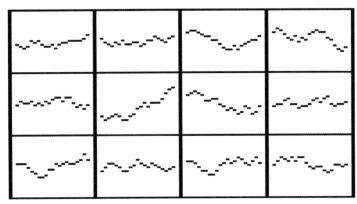

그림 3.1 OEX상의 20일 윈도우 주기 동안의 생성적 패턴

## 함수의 경로

모델에 입력으로 전달하기 적절한 변수들을 계산하기 위해 시계열 데이터의 시간상으로 최근에 해당하는 값들에 함수를 적용하는 것은 매우 일반적이다. 예를 들어 금융 시장 예측에 있어서, 최근의 트렌드와 변동성volatility을 측정하려 할 수 있다. 아마도 매일 최근 10일간의 시장 트렌드를 지속적으로 관찰할 것이다. 또한, 변동성을 동일하게 10일 정도 간격으로 관찰할 것이다. 그러면, 이러한 두 가지 변수들은 예측 모델에 입력으로 적용될 수 있다(아마도 다른 변수들도 마찬가지일 것이다).

하지만 Deep Belief Net처럼 모델이 과적합될 위험도가 상대적으로 낮은 경우, 함수가 최근에 어떻게 진화하는지 관찰함으로써 방대한 양의 정보를 추가할 수도 있다. 예를 들어 10일 주기로 변하는 트렌드를 함수로 정의해서 만들 수도 있다. 그러면 이 함수로 오늘 날짜까지 10일간에 해당하는 값을 계산하고, 다시 그 이전

10일 동안에 해당하는 값을 계산하는 식으로 진행할 수 있다. 이러한 10일 구간별 데이터 집합은 현재의 변화 트렌드가 시기 적절한지 뿐만 아니라, 최근 며칠 간 현재의 트렌드가 어떻게 진화돼 왔는지도 보여준다. 이러한 트렌드는 꾸준하게 증가할 수도 있고 그 반대일 수도 있다.

이러한 정보를 표현하는 방법은 기본적으로 2가지 정도 있다. 이러한 시간 흐름에 따른 측정 기간 동안의 데이터 셋을 기반으로 한 함수의 실제 값들이 어떤지 살펴볼 수도 있고, 아니면 함수에서 매일마다 값이 어떻게 바뀌는지(속도) 검토할 수도 있다. 명백한 사실은, 이러한 두 가지 접근 방법들은 거의 완벽하게 중첩돼 버린다는 것이다. 그러한 값을 알면, 첫 번째 값을 제외한 모든 변화를 알게 되고, 그러한 변화를 알게 되면, 모든 변화 값들을 누적시킨 첫 번째 값을 제외한 값들을 알게 된다. 하지만 이러한 중복에도 불구하고, 내 경험상 데이터 원본 값과 변화 속도를 모두 표현하는 것을 거의 언제나 유용하게 느껴왔다. 변화율은 원래의 데이터를 상당히 다른 형태로 표현해주기 때문이다.

## 이동 윈도우에서의 푸리에 계수

시계열 데이터가 하나 이상의 주기적 컴포넌트들의 중요한 수량을 담고 있을 때, 현재 시점에서 끝나는 짧은 기간(일반적인 경우)의 윈도우로부터 생성되는 푸리에 계수가 예측 정보를 담고 있을 수 있다.

몇몇 경우, 계수의 크기만으로 유용한 정보를 얻을 수 있다. 즉, 단계phase는 무관해진다. 예를 들어 시계열 데이터가 기계 장비의 음향 출력을 표현할 수도 있다. 일반적으로, 고주파수 구성 요소들은 크기가 작다. 하지만 기계적 탈락failure이 암묵적으로 내재된 경우, 내구성이 약해진 기어가 고주파수의 음향을 생성할 수도 있다. 그러한 음향의 존재 여부만이 중요한 부분이다.

하지만 단계phase가 중요한 정보로 작용할 때가 더 흔하게 있다. 예를 들어 어떤 두드러진 주기적 컴포넌트가, 컴포넌트가 점차 감소하는 윈도우의 끝 단계에 있다면, 앞으로 다가올 미래에는 트렌드가 점차 감소세를 보이게 될 것이라고 예상할 것이다. 물론, 그 반대도 참이다. 그런 상황에서 단계 정보가 부족하면 곧 애플리케이션이 제 기능을 못하게 될 것이다.

이런 이유로 나는 항상(또는 최소한 기본적으로) 실수부와 허수부로 이뤄진 모델을 구성하는 권장한다. 크기와 단계가 비록 같은 정보를 정확하게 전달해주겠지만, 이러한 구성 요소들 대신 크기magnitude와 위상각phase 모델에 제공하는 게 좋을 것이라는 유혹에 빠지지 말자. 대부분의 모델들이 쉽게 크기 정보를 처리한다고 해도, 단계 측정phase measurement[1]에 존재하는 비연속성은 매우 희박하게나마 고도로 특화된 애플리케이션들을 제외한 거의 모든 애플리케이션들에 있어서 단계를 거의 무용지물로 만들어 버린다.

거의 모든 애플리케이션에서는 두루마리wraparound 효과와 사이드 로우브side lobes 효과를 완화시키기 위해서, 윈도우 안에서 원본 데이터를 점점 가늘어지도록 만드는 게 중요하다. 내가 즐기는 방법은 식 (3.1)과 같이 주어지는 웰치welch 윈도우를 이용하는 것이다. 이 방정식에서 n은 윈도우상에 존재하는 데이터 포인트들의 개수이다. 이 함수는 중앙값이 1이고, 끝자락은 거의 0으로 감소한다.

$$m_i = 1 - \left( \frac{i - 0.5(n-1)}{0.5(n+1)} \right)^2, \quad i = 0, ..., n-1 \qquad (3.1)$$

윈도우에 의해 생성되는 하향 바이어스를 보완하기 위해 푸리에 계수를 정규화할 수 있게, 그리고 윈도우 길이와 데이터 값들을 서로 독립적으로 만들기 위해, 일반적으로 식 (3.2)에 나와 있는 것처럼 윈도우 방정식을 수정한다.

$$m_i' = \frac{m_i}{\sqrt{n \sum_{i=0}^{n-1} m_i^2}} \qquad (3.2)$$

---

1  실수부와 허수부로 이뤄진 복소 영역과 크기(magnitude)와 위상각(phase)으로 이뤄진 주파수 영역 간의 맵핑을 이야기하고 있다. – 옮긴이

데이터 분포의 중심이 0 근처에 있는 상태였다면, 우리가 걱정해야 할 부분은 이 것뿐이다. 하지만 데이터가 0에서 크게 벗어나는 오프셋을 갖는다면, 이를 분포의 가장자리 영역을 0으로 줄이는 일은 정보를 왜곡시키는(spurious) 저주파 성분을 유도하게 된다. 예를 들어 꽤 평평한 형태와 큰 양수 값을 평균치로 갖는 시계열 데이터를 고려해보자. 이 시계열 데이터를 0에 가깝게 점차 줄이기 위해 웰치 윈 도우를 사용한다면, 그림 3.2와 같은 최종 결과물을 얻게 된다. 이 그림을 통해, 단 순히 가장자리를 줄이는 것이 얼마나 악영향을 끼치는지 분명하게 알 수 있다. 이 런 경우엔 반드시 윈도우 원본 시계열 데이터의 평균에 가중치를 적용한 값을 식 (3.3)으로 계산해야 한다. 이 수치들은 웰치 윈도우 적용이 이뤄지기 전에 개개의 원본 데이터 포인트로부터 추출된 것이다.

$$\bar{x} = \frac{\sum_{i=0}^{n-1} m_i x_i}{\sum_{i=0}^{n-1} m_i} \tag{3.3}$$

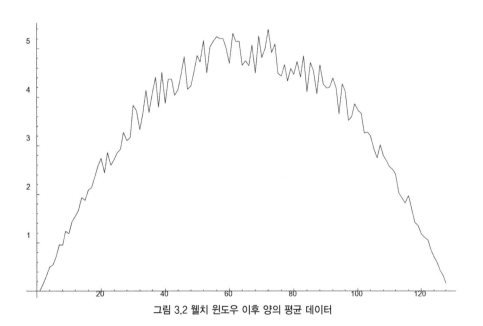

그림 3.2 웰치 윈도우 이후 양의 평균 데이터

이러한 연산을 수행하는 코드가 다음에 나와 있다. 이 코드에서 xr 배열에는 n개의 데이터 포인트들이 존재한다.

```
wsum = dsum = wsq = 0.0 ;
for (i=0 ; i<n ; i++) {
  win = (i - 0.5 * (n-1)) / (0.5 * (n+1)) ;
  win = 1.0 - win * win ;              // 웰치 데이터 윈도우: 식 (3.1)
  wsum += win ;                         // 식 (3.3)
  dsum += win * xr[i] ;                 // 식 (3.3)
  wsq += win * win ;                    // 식 (3.2)
}
wsq = 1.0 / sqrt ( n * wsq ) ;         // 식 (3.2)
dsum /= wsum ;                          // 식 (3.3)

for (i=0 ; i<n ; i++) {
  win = (i - 0.5 * (n-1)) / (0.5 * (n+1)) ;
  win = 1.0 - win * win ;              // 웰치 데이터 윈도우: 식 (3.1)
  win *= wsq ;                          // 식 (3.2)
  xr[i] = win * (xr[i] - dsum) ;       // 식 (3.3)으로 중앙에 위치시킨 윈도우
}
```

실수 시계열 데이터의 완전한 푸리에 변환은 $n$개의 복소수를 도출한다. 이 값들은 특정 대칭성과 중복을 갖게 되며, 이 결과 값들을 모델에 입력시킬 때 반드시 이런 성질을 고려해줘야 한다. 이 값들은 다음과 같이 합산될 수 있다.

n이 짝수면 다음과 같다.

Re[0] = 사전 변환 데이터의 합

Im[0] = 0

Re[$n/2$] = Nyquist(가장 높은 확률의 주파수) 컴포넌트

Im[$n/2$] = 0

Re[$i$] = Re[$n-i$]   다른 모든 $i$ 값들에 대해

Im[$i$] = -Im[$n-i$] 다른 모든 $i$ 값들에 대해

$n/2+1$개의 고유한 복소수가 존재하며, 총 $n+2$개의 변환된 값들을 갖는다는 점에 주목하자. 하지만 이들 중 2개 값들은 항상 0이므로, $n$개의 값들이 나오게 되며, 이는 우리가 입력하는 것과 같은 개수가 된다. 수학적으로 정말 놀랍지 않은가?

$n$이 홀수면

Re[0] = 사전 변환 데이터의 합

Im[0] = 0

Re[$i$] = Re[$n-i$]   다른 모든 $i$ 값들에 대해

Im[$i$] = -Im[$n-i$] 다른 모든 $i$ 값들에 대해

Re[$n/2$]와 Im[$n/2$]는 거의 Nyquist한 구성 요소들($n/2$은 $n$의 절반으로, 소수점으로 나눠 떨어진다)이다.

이번에도 $n$개의 고유한 값들이 나오며, 이는 입력한 데이터 개수와 같다.

식 (3.3)을 이용해서 중앙에 위치시키는 경우 사전에 변환된pre-transform 합이 0이돼 Re[0] = 0이 된다는 점을 상기하자.

모델에 불필요하게 중복되는 정보를 제공해서는 안 될 뿐만 아니라, 차후에 항상 0이 되버릴 것임을 이미 알고 있는 값들을 입력으로 사용해선 안 되기 때문에 이러한 사실들을 중요하게 고려해야 한다.

내 홈페이지에서 다운로드할 수 있는 소스 파일을 열어 보면, 고속 푸리에 변환을 구현한 일련의 루틴들을 찾을 수 있다. 이 루틴들은 임의의 길이를 갖는 완전한 복소수 급수도 처리해줄 수 있을 것이다. 이러한 루틴을 독자들이 이용할 수 있게 MRFFT.CPP의 도입 부분에 주석으로 완전하게 가이드해줄 수 있게 하고 있다. 또한, 이러한 루틴들은 복소수 변환에 대한 실/허수 입력으로써 실수 값으로된 급수 형태의 입력을 포장해서 균일한 길이의 실수 값으로 된 급수들을 효과적으로 변환시켜줄 수 있다. 이렇게 다소 개선된 효율의 기법을 서술한 문서도 소스 파일과 함께 찾아볼 수 있다.

# 몰렛 웨이블릿

종종 주기적인 거동을 보이는 프로세스를 다룰 때가 있다. 이러한 효과를 도출하는 것과 관련된 어떤 물리적 구조(예를 들어 진동하거나 회전하는 컴포넌트)가 존재할 수도 있고, 아니면 '울림ringing'은 어떤 예측하지 못한 분열의 결과일 수도 있다. 심오한 이 세계의 이벤트가 '공정한' 값 이상으로 빠르게 튀어오르는 가격 변동을 야기할 때, 금융 시장에서 다루는 전형적인 예제에서는 반대 방향으로 과대한 보정과 가격이 안정화 되기 전에 어느 정도 더 줄어드는 진동이 뒤따른다.

그러한 적용 사례에서는 다음과 같은 질문들에 대해 답하고 싶을 수도 있다.

- 주기적 현상이 언제 시작됐는가?

- 그러한 현상이 언제 멈추는가?

- 현재는 이 현상의 변화 주기상에서 어디에 위치하는 것인가?(꼭짓점, 상승/하강, 골trough 등)

몰렛 웨이블릿은 이러한 질문들에 대한 답변을 하기 위한 효과적인 방법을 제공한다. 이러한 주제는 사실 너무 많은 내용을 담고 있어서 이 책에서 다루긴 힘들 것같다. 하지만 몇 가지 요점들을 종합하고 핵심적인 수학적 내용과 이를 계산하는 소스 코드를 제시할 것이다. 몇몇 눈에 띄는 포인트들은 다음과 같다.

- 몰렛 웨이블릿은 시간 축에서의 변동에 대해 강건하다. 이 현상이 언제 나타나는지와 무관하게, 그 신호는 일정하게 남아 있을 것이다. 이는 유명한 도브쉬 Daubechies 웨이블릿 변환과 같이 직교 웨이블릿에 대한 경우가 결코 아니다.

- 이상적인 세계에서 우리는 종종 정확하게 현상의 주기적 거동을 정의하려고 하며, 이 거동의 시작과 끝을 정확하게 짚어내려고 할 것이다. 안타깝게도, 하이젠베르그의 불확실성 원리Heisenberg Uncertainty Principle에 따르면, 이 두 가지를 동시에 수행하는 것은 불가능하다. 주기를 정확하게 정의할 순 있지만, 그 시작과 끝은 애매모호하게만 찾아낼 수 있다. 혹은 현상의 시간 범위를 짚어낼 순 있지만, 그 주기성periodicity의 폭이 넓을loose 경우에만 해당한다. 이러한 원리는

우리가 이 두 가지 모두를 얼마나 잘 할 수 있는지에 대한 제한을 엄격하게 지정한다. 몰렛 웨이블릿만이 유일하게 이러한 한계에 도달한다(혹은 아주 아주 근접하게 도달한다).

몰렛 웨이블릿을 시간 도메인에서 서술한 식은 식 (3.4)와 같다. 이 식에서 $w$는 중심 주파수를 결정하고 $s$는 스케일링 인자를 의미한다. 전형적인 몰렛 웨이블릿의 형태가 그림 3.3(실수부)과 그림 3.4(허수부)에 나와 있다. 몰렛 웨이블릿 변환을 계산하기 위해 처리 중인 시계열 데이터와 시간 도메인에서 표현된 데이터의 내적을 수행할 수 있다. 하지만 몰렛 웨이블릿을 계산하는 것은 주파수 영역에서 하는 것이 더 직관적이라 곧 살펴볼 것이다.

$$h(t) = \pi^{-\frac{1}{4}} \left( e^{2\pi iwt} - e^{-(\pi ws)^2} \right) e^{-t^2/s^2} \tag{3.4}$$

**그림 3.3 몰렛 웨이블릿의 실수부**

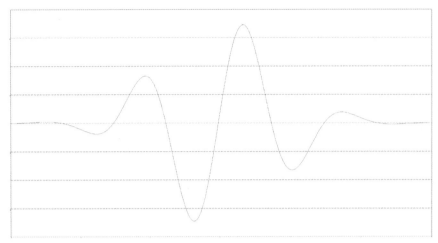

그림 3.4 몰렛 웨이블릿의 허수부

몰렛 웨이블릿 변환은 원본 시계열 데이터를 푸리에 변환하고 주파수 영역에서의 함수에 가중치를 부여하고(식 (3.4)의 푸리에 변환에 상수 값을 곱하는 것과 같다), 시간 도메인으로 다시 역변환함으로써 정확한 추정치를 찾아낼 수 있다. 실수부에 대해서 주파수 영역은 식 (3.5)로 주어지고, 허수부에 대한 식은 식 (3.6)으로 주어진다. 이러한 방정식에서 $f$는 계산 중인 변환 가중치에 대한 주파수 변수고, 그 범위는 0~0.5(즉, Nyquist 주파수)가 된다. 완전한 복소수 변환을 직접적으로 다루는 경우 다루게 될 수도 있는 0.5~1.0 사이의 주파수에 대해서, 실수부는 0.5를 기준으로 대칭적 형태를 띠며, 허수부는 반대칭anti-symmetric적이다.

$w$는 필터의 중심 주파수를 의미하며, 같은 범위를 갖는다. 스케일 인자인 $r$은 필터의 너비를 제어하며, 값이 작을수록 더 좁은 형태의 응답을 생성한다. 식 (3.4)에서 시간 도메인에서의 스케일링 인자 s와 주파수 도메인에서의 스케일링 인자 r과의 관계는 $sr=1/\pi$으로 표현될 수 있다.

$$H_{Re}(f) = e^{-\left(\frac{f-w}{r}\right)^2} + e^{-\left(\frac{f+w}{r}\right)^2} - 2\,e^{-\left(\frac{f^2+w^2}{r^2}\right)} \qquad (3.5)$$

$$H_{Im}(f) = i * \left[ e^{-\left(\frac{f-w}{r}\right)^2} - e^{-\left(\frac{f+w}{r}\right)^2} \right] \tag{3.6}$$

실수부와 허수부는 상호 보완적인 관계를 갖는다. 그림 3.3과 3.4를 다시 보고 이들 개개의 요소들을 적어도 대략적으로 자신들의 주기성을 갖는 하나의 시계열 요소를 내적하는 것을 상상해보자. 이러한 웨이브 파형과 정렬을 정확하게 이루는 실수부가 존재할 때, 그 중심에 있는 최대 꼭짓점은 곧 시계열의 최대 꼭짓점이 되고, 내적 결과는 이때 최댓값이 된다. 꼭대기에서 골로 이어지는 부분과 나란히 정렬될 때, 이는 최솟값이 되며, 가장 큰 음수 값을 갖는다. 4분의 1 주기만큼 구간 이동(shift)되면, 이는 0이 될 것이다. 그러므로 실수부는 우리가 이 구간 동안 어디에 위치한지 말해줄 수 있다.

허수부의 중심(0을 지나는)이 시계열 데이터의 최대 꼭짓점이나 골과 나란히 정렬될 때, 그 내적값은 대칭성으로 인해 0이 된다. 이 중심이 시계열에서 0을 지나는 부분과 나란히 맞춰지면 내적값은 최댓값을 갖는다. 그러므로 허수부는 곧 주기적 요소가 변화하는 비율인 '속도'를 말해준다.

## 주기, 너비, 지연(Lag)

식 (3.5)와 (3.6)에 나와 있는 항들은 계산을 위해 필요하지만, 이런 식들은 일반적으로 0~0.5의 범위의 주파수를 벗어나는 샘플 포인트 항들만을 중심으로 고려하는 대부분의 사용자들에게는 조금 혹은 너무나 이론적인 측면이 강하기도 하다. 주파수가 주기의 역수라는 점을 상기하자. 그러므로 사용자가 말하자면 10개의 샘플들이 이루는 주기로 반복되는 현상에 흥미가 있다면, 앞의 식에서 $w$항은 0.1 값을 갖는다.

또한, 소스 시계열상에 존재하는 샘플 포인트 항들에서 필터의 너비에 대해 생각해보는 것이 가장 쉽다. 이론적으로, 몰렛 웨이블릿 변환은 무한개의 샘플 포인트들을 수반한다. 하지만 실질적인 조건에서 계산된 웨이블릿 변환의 실수부와 허수부에 미치는 샘플 포인트들의 영향은 상대적으로 짧은 시간을 커버한다. 이런 내용은 그림 3.3과 3.4에서 명확하게 드러난다. 필터는 하나의 중앙점을 갖고 있으며, 이 지점에 해당하는 샘플은 계산된 몰렛 웨이블릿에 최대 영향을 미친다. 그리고 샘플 포인트들의 영향은 중심점으로부터 더 멀리 떨어질수록 줄어든다. 중심의 각 측면상에 있으면서, 연산에 대상이되는 샘플 포인트의 개수를 여기서나 DEEP 프로그램에서는 '너비'라고 부르고 있다. 이 개수는 대략적으로 전체 필터 범위의 절반을 차지하기 때문에 수많은 표준 레퍼런스들은 이를 '절반 너비'라고 지칭하고 있다.

이 책이나 DEEP 프로그램에서 사용할 목적으로, 앞서 논의했듯이 0.8을 너비 값으로 나눠서 주파수 도메인의 스케일링 인자인 r을 우리가 편리하게 정의할 수 있다는 사실이 증명돼 있다. $sr = 1/\pi$인 관계를 기억하자. 간단하게 대수적으로 대입해보면, 식 (3.4)로 주어지는 몰렛 웨이블릿의 시간 도메인에서의 표현식이 '너비'와 같은 시간 t를 가지며, 방정식의 오른쪽에 있는 기하급수적으로 줄어드는 곱셈기는 자연지수인 $e^{-0.8\pi}$로 0.002 정도 될 것이며, 이로 인해 함수 값이 급속도로 줄어들게 되므로, 중앙에서 너비만큼 떨어진 시기에 필터의 응답이 거의 0이 된다고 말하는 것이 이상한 건 아니다! r을 '0.8/너비'로 정의하는 것은 순전히 그냥 주어진 이유를 근간으로 해서 휴리스틱적으로 정한 것이지만, 실제로 잘 동작한다.

주기에 상대적인 너비는 시간 축에서 주기적인 이벤트를 찾아내는 것과 이 이벤트를 정의하는 주파수 축에서의 특수함specificity 사이의 트레이드 오프 관계를 제어한다. 그림 3.3과 3.4는 주기의 두 배가 되는 너비를 기반으로 하는데, 이는 실험을 해보기 위한 적절한 시작점이다. 웨이블릿이 근본적으로 사라지기 전까지, 중앙의 각 측면상에서 웨이블릿이 두 주기 구간 안에서 가까스로 완료된 상태라는 점에 주목하자.

너비가 증가하면 웨이블릿은 주파수 응답에서 더욱 선택적인 상태가 된다. 현상에 대해 주파수(또는 주기)가 명확하게 정의되는 애플리케이션에서는 이런 점이 유익할 것이다. 하지만 비용이 적으면 웨이블릿이 시간이 지나면서 더 퍼지기 때문에,

언제 이벤트가 시작하고 멈추는지를 정확하게 판단하기 위해 들어가는 능력도 줄어든다. 역으로, 지정된 주기가 사실에 근거하기보다는 추측<sup>hunch</sup>에 더욱 의존하고, 전형적으로 광범위한 변동성<sup>variability</sup>을 보여주는 애플리케이션의 경우, 너비를 더 작게 줄일수록 웨이블릿이 주기적 현상을 더 넓은 범위로 검출할 수 있게 해준다. 게다가, 시간상의 이벤트를 찾아내는 능력이 향상될 것이며, 이는 항상 유익하다.

웨이블릿이 중심을 기준으로 양측면 모두의 샘플들을 필요로 한다는 점을 기억하자. 미래에 어떤 변화가 생길지 모르기 때문에, 웨이블릿의 중심을 '현재' 시간에 두는 건 불가능하다. 그렇게 하는 것은 사실상 중앙 왼쪽에 있는 시계열 값들이 모두 0이되도록 강제하는 것이라, 아주 심한 왜곡을 가하게 될 것이다. 엄격히 말해서, 완전한 보충 샘플들을 갖기 위해서는 현재 시점에서 '너비' 크기의 샘플들 이전 지점만큼으로 중심을 둬야만 한다. 다시 말해, 주기적 컴포넌트에 대해 얻은 위치 및 속도 정보는 '너비'만큼 지연된 위치에 오게 된다.

거의 언제나 우리가 가진 정보가 가능한 현재의 데이터가 되는 걸 원하기 때문에, 이런 일은 성가신 문제가 된다. 약간 속임수를 써서 웨이블릿을 너비보다 조금 덜 지연시켜도 다소 용인될만 하다. 즉, 암묵적으로 연산 대상이 되는 0 시계열 데이터들은 아마도 가중치 값들이 작은 중심으로부터 여전히 충분하게 멀리 떨어져 있을 것이다. 이번에도 다시 그림 3.3과 그림 3.4를 살펴보면서 감소<sup>dropoff</sup>율에 대한 대략적인 개념을 이해해보도록 하자. 하지만 너비보다 적은 임의의 지연이 오차를 유도하게 됨을 기억하게 하자. 신중해져야 한다.


## 몰렛 웨이블릿 구현 코드

우선, 곧 살펴볼 코드에서 두 가지 사소한 수준의 비효율적인 코드가 존재한다는 것을 명확히 하려 한다. 사실 나는 이런 코드들의 비중이 하찮은 수준이며, 단지 코딩 난이도를 쉽게 해준다는 측면과 독자가 알고리즘을 이해하기 위한 가독성을 높여준다는 점을 강조하고 싶다. 하지만 다음에서 아무런 숨김 없이 이 두 가지 부분을 설명한다.

- 가정된 애플리케이션에서 신호 급수가 엄밀하게 실수부로 이뤄진다고 해도, 완전한 복소수 변환을 적용한다. 완전한 복소수 표현 길이의 절반만큼 실수 값을 복소수 벡터로 표현하는 방법이 이를 가능케 한다. 변환을 수행하고(연산 시간의 절반 동안) 데이터를 풀어낸다. 나의 웹사이트에서 다운로드할 수 있는 MRFFT.CPP 루틴은 이러한 능력을 포함하고 주석으로 완전하게 문서화했다. 흥미가 있는 독자들은 원하는 대로 약간의 수정을 가해도 좋다. 나는 증가된 복잡도를 고려할 가치가 있다고 생각하지 않지만, 그렇다고 나의 의견을 따를 필요는 없다.

- 내가 1995년도에 저술한『Neural, Novel, and Hybrid Algorithms for Time Series Predicition』에서 상대적으로 복잡하지만 탁월한 수준으로, 비록 완전한 복소수 변환이 필요하지만 실수부와 허수부를 동시에 만드는 몰렛 웨이블릿 변환의 근사치를 계산하는 방법을 설명한다. 이 방법은 복잡도가 너무 높기 때문에 여기서 사용하진 않는다.

그래서 다음 코드는 완전한 복소수 변환을 이용하며 실수부와 허수부를 별개로 나눠서 계산한다. 요즘처럼 빠른 컴퓨팅이 가능한 시대에 내가 알고 있는 모든 애플리케이션들을 생각해보면 더 효율적인 알고리즘으로 시간이 절약된다면 그건 가시층 레이어에서 일어나며, 명확성이 가장 중요하다.

이번에 다루는 소프트웨어 패키지는 내 홈페이지에서 무료로 다운도르할 수 있으며, MRFFT.CPP 코드와 완전한 복소수 기반의 고속 푸리에 변환을 수행하는 두 개의 도우미 루틴을 찾아볼 수 있다. 이 코드들과 함께 설명 문서도 존재한다. 다음 코드들은 이와 같은 모듈들을 사용한다.

호출 파라미터 리스트는 다음과 같다.

```
void compute_morlet (
   FFT *fft ,   // FFT 연산을 수행하는 클래스 포인터
   int period , // 원하는 필터의 (1/center frequency) 주기
   int width ,  // 중심을 기준으로 두 측면에 놓인 너비
   int lag ,    // 필터 중심에 대해 현재로부터의 지연, 이상적으로 너비와 동일
```

```
int lookback ,        // 입력 버퍼에 존재하는 샘플 개수
int n ,               // 2의 제곱에 가장 근사하게 튀어나온 양의 패드를 돌이켜보자.
double *buffer ,      // 입력 데이터
double *realval ,     // 반환된 값을 가리키는 실수 포인터
double *imagval ,     // 반환된 값을 가리키는 허수 포인터
double *xr ,          // n만큼의 길이를 갖는 작업 벡터
double *xi ,          // 상동
double *yr ,          // 상동
double *yi )          // 상동
```

첫 번째 단계는 사용자의 연속적인 입력 데이터를 로컬 작업 영역에 복사하는 것이다. 변환 루틴이 이 입력 데이터를 변환시켜 저장할 것이다. 나중에는 가장 최근의 관찰 값이 작업 벡터의 첫 번째에 오도록 시계열 데이터의 시간 순서를 역순으로 바꿈으로써 연산을 간단하게 만든다.

또한 잘라내기[wraparound] 효과에 영향을 받지 않기 위해, 시계열 데이터의 마지막 부분(시간 순으로 가장 오래된 데이터)을 '악영향을 주지 않는[innocuous]' 값들로 패딩 처리한다. 시계열 데이터의 이론적 평균이나 0과 같은 더 나은 종류의 값도 알려져 있긴 하지만 보통 시계열 데이터의 평균치를 사용한다. 우연히 혹은 어리석게도 사용자가 너비보다 더 적은 지연(lag)을 선택한 경우에만 이러한 패딩 처리가 필요하다. 이런 점을 보든 안 보든(FFT 메서드상에서는 보이지 않는다!), 입력 시계열 데이터와 합성곱 되는 암묵적인 시간 도메인 필터가 시계열의 반대쪽 끝을 잘라내기[wrap around]하는 효과를 낳는다는 점을 상기하자. 이렇게 잘라진 값들이 가능한 있는 그대로의[innocent] 성질을 갖도록 하는 게 더 나을 것이다.

예를 들어 가장 최근의 관찰이 0번 인덱스에 놓이고, 필터의 너비는 10이고 지연은 8이라고 해보자. 그러면 가장 먼저 필터의 중심인 8번 인덱스부터 값을 계산하기 시작한다. 암묵적인 시간 영역 필터는 10 이후/이전 케이스들을 평가할 것이다. 이후 케이스들은 문제가 없지만, 10개의 이전 케이스들이 놓인 인덱스는 7, 6, 5, 4, 3, 2, 1, 0, -1, -2 등이 된다. 인덱스에 음수가 올 순 없다! 사실 마지막 2개는 가장 오래된 샘플들이다! 그러므로 시계열 데이터의 마지막은 적용해도 무방한 값들로 패딩 처리한다.

마지막으로 엄밀하게 필요한 건 아니지만, 2의 제곱으로 길이를 맞추기 위해 패딩을 확장시킨다. 이렇게 하면 거의 항상 변환 속도를 향상시킬 수 있으며, 때로는 큰 속도 향상이 가능해진다(모든 인자들이 가능한 작을 때, 고속 푸리에 변환이 가장 효율적이기 때문). 사실, 소수$^{prime}$ 개수의 시계열 데이터의 '고속' 푸리에 변환은 전혀 빠르지 않다! 다음 코드는 compute_morlet()를 호출하기 전에 수행되면서 패딩과 확장 기능을 수행한다. 또한, FFT 오브젝트를 할당한다.

```
lookback = 2 * width + 1 ;    // 필요한 데이터 개수
pad = width - lag ;               // 잘라내기 효과를 방지하기 위한 패딩 크기

for (n=2 ; n<MAXPOSNUM/2 ; n*=2) { // n을 2의 제곱수로 늘린다.
  if (n >= lookback+pad)
    break ;
  }

fft = new FFT ( n , 1 , 1 ) ;
```

이제 compute_morlet() 루틴으로 돌아오자. 역순의 시간 흐름으로 시계열 값들을 복사하고 평균치로 패딩 처리하는 코드가 다음에 나와 있다. 또한, 몇 가지 나중에 필요할 상수들을 계산한다.

```
nyquist = n / 2 ;        // 변환 그리고 함수들은 이를 중심으로 대칭성을 갖는다.
freq = 1.0 / period ;   // 주파수의 정의
fwidth = 0.8 / width ;  // 앞서 논의했던 휴리스틱적으로 선택된 값

mean = 0.0 ;
for (i=0 ; i<lookback ; i++) {
  xr[i] = buffer[lookback-1-i] ;
  xi[i] = 0.0 ;
  mean += xr[i] ;
}

mean /= lookback ;

while (i<n) {
  xr[i] = mean ;
  xi[i++] = 0.0 ;
}
```

몰렛 웨이블릿의 실수부를 계산하기 위해, 반드시 주파수 영역으로 변환한 다음 식 (3.5)로 주어지는 값을 곱한다. 그다음 다시 시간 영역으로 변환한다. 이 상수 곱셈 인자는 그저 주파수 영역의 가중치가 최대 1.0이 되도록 정규화하게 의도된 것이다. 비록 방해 없이 주파수 중심을 지나가는 게 타당해 보이지만 이 곱셈 인자 값은 다소 임의적으로 선택한다.

먼저, 엄격하게 주파수 값이 0에서 나이퀴스트[Nyquist] 주파수인 0.5 사이의 범위를 갖는 대칭부를 처리한다. 필요 없을 수도 있지만, 0으로 나누는 경우가 생기지 않도록 하기 위해 곱셈기의 분모에 작은 수를 더해준다. 이는 내가 오래 전부터 해온 습관이다.

```
fft->cpx ( xr , xi , 1 ) ;        // 주파수 영역으로 변환
multiplier = 1.0 / (morlet_coefs ( frequancy , frequancy, fwidth , 1
) + 1.e-140 ) ;

for (i=1 ; i<nyquist ; i++) {    // 대칭부를 처리
  f = (double) i / (double) n ; // 현재 주파수
  wt = multiplier * morlet_coefs ( f , frequancy , fwidth , 1 ) ; //
식 (3.5) yr[i] = xr[i] * wt ;
  yi[i] = xi[i] * wt ;
  yr[n-i] = xr[n-i] * wt ;
  yi[n-i] = xi[n-i] * wt ;
} // 모든 고유 주파수 (엄격하게 0~나이퀴스트 범위를 갖는)를 대상으로 루프
```

f=0일 때의 몰렛 계수는 0이므로, yr[0]과 yi[0]을 0으로 설정한다. 또한, yi[nyquist]에 저장되는 나이퀴스트 허수 값은 정의에 의해 항상 0이다. 이는 실수부 변환이므로 yr[nyquist]에 실수부 나이퀴스트를 가중해야 한다.

```
yr[0] = yi[0] = yi[nyquist] = 0.0 ;   // 기본적으로 항상 0이다.
wt = multiplier * morlet_coefs ( 0.5 , frequncy , fwidth , 1 ) ;
yr[nyquist] = xr[nyquist] * wt ;
```

마지막 단계는 다시 시간 영역으로 역변환하고 지연된 값을 반환하는 것이다. 이 때, 시계열 데이터의 시간 순서를 역순으로 바꿨었다는 점을 상기하자.

```
fft->cpx ( yr , yi , -1 ) ; // 시간 영역으로 역변환
*realval = yr[lag] / n ;
```

허수부 역시 거의 동일하게 처리된다. 하지만 곱셈을 수행하는 함수는 식 (3.6)에 허수 i를 곱하는 것이며, 이는 나이퀴스트 좌표 주변에서 반-대칭<sup>anti-symmetric</sup> 구조를 가지므로, 주파수 영역상에서의 곱셈에서 이 부분을 고려해야 한다. 또한, 이러한 반대칭 구조 때문에 함수의 실수부는 나이퀴스트 좌표를 지나가므로 0, 0.5 주파수 좌표에서의 값들은 모두 0이다.

```
multiplier = 1.0 / (morlet_coefs ( frequncey , frequncey, fwidth , 0
) + 1.e-140 ) ;

for (i=1 ; i<nyquist ; i++) {        // 대칭부를 처리한다.
  f = (double) i / (double) n ;      // 현재 주파수 값 계산
  wt = multiplier * morlet_coefs ( f , frequncey , fwidth , 0 ) ;   //
식 (3.6)
  yr[i] = -xi[i] * wt ;// i * i = -1임을 상기하자.
  yi[i] = xr[i] * wt ;
  yr[n-i] = xi[n-i] * wt ;// i * i = -1이지만 함수는 반 비대칭 구조
  yi[n-i] = -xr[n-i] * wt ;
} // 엄격하게 0과 나위퀴스트 주파수 범위 안에서의 모든 고유 주파수 값들에 대해 루프 순환

yr[0] = yi[0] = yr[nyquist] = yi[nyquist] = 0.0 ;   // 정의에 의한 기본값
```

마지막으로 시간 영역으로 역변환한 다음 지연된 값을 반환한다. 이 루틴을 시작하면서 시간 순서를 역순으로 바꿨기 때문에, 이를 보상하기 위해 부호를 뒤바꿔야 한다. 허수부는 반-대칭 구조이므로 시간 흐름은 중요한 부분이다. 허수부는 중심을 기준으로 대칭 구조를 가지므로, 시간의 흐름 순서는 중요하지 않다.

```
fft->cpx ( yr , yi , -1 ) ;   // 다시 시간 영역으로 역변환
*imagval = -yr[lag] / n ;
```

주파수 영역 가중치를 계산하는 루틴인 morlet_coefs() 함수를 지금까지 간과해 왔다. 이 루틴은 단순하게 식 (3.5)과 (3.6)을 계산하며, 다음과 같다.

```
static double morlet_coefs ( double freq , double fcent , double
fwidth , int is_real )
{

   double x, term1, term2  ;

   x = fabs ( freq - fcent ) / fwidth ;
   term1 = exp ( -x * x ) ;

   x = (freq + fcent) / fwidth ;
   term2 = exp ( -x * x ) ;

   if (is_real) {
   x = (freq * freq  +  fcent * fcent) / (fwidth * fwidth) ;
   return term1 + term 2 - 2.0 * exp ( -x * x ) ;  // 식 (3.5)
}

else
   return term1 - term 2 ;  // 식 (3.6)
}
```

# 4

## 이미지 전처리

모델에 이미지를 제시하기 위해 미리 처리해주는 알고리즘이 매우 광범위하게 존재한다. 이번 장에서는 이들 중 하나만 골라서 논의한다. 종종 어떤 레퍼런스에서는 이 알고리즘의 계산과 관련된 상세한 내용을 대략적으로만 다룬다. 여기서는 깊은 내용에 대해서 다루지 않을 것이며, 이런 부분들은 다른 책을 통해 알아보길 바란다. 대신 실질적인 구현 과정에 대해 상세하게 다룰 것이며, 이런 내용은 다른 책에서 찾아보기 힘들 것이다.

## 2차원 공간에서의 푸리에 변환

1차원 공간에서의 푸리에 변환은 이미 살펴봤다(다시 내용을 검토해봐도 좋다). 종종 시계열 데이터 분석에 이런 방식이 유용하게 사용된다. 또한, 전체 시계열 데이터에 존재하는 모든 정보를 전체 시간 주기를 포함하는 일련의 수로 융화시켜주는 속성을 갖는다. 신호의 주파수 정보에서의 시간 종속적인 변화들은 모든 실질적인 목적을 위해 제거된다. 이는 몰렛 웨이블릿 변환이라는 기법을 공부하게끔 유도해준다. 하지만 때때로 그러한 정보 융합이 어떤 애플리케이션에 적절하게 적용될 수 있다. 시계열 데이터의 주파수 정보가 주파수 범위에 걸쳐서 실질적으로 일정하다고 가정할 수 있는 경우, 일반적으로 푸리에 변환을 적용한다는 게 허용된다. 이는 이미지 처리에도 동일하게 적용된다. 이번 절에서 우리는 2차원 이산discrete 푸리에 변환(혹은 DFT)을 도입해 개별 이미지에 적용해본다.

1차원 DFT는 잘 알려져 있으며 여기서 반복해서 다루진 않을 것이다. 이를 조금 더 복잡하게 일반화시켜서 2차원으로 확장한 두 가지 방정식이 식 (4.1)과 (4.2)로, 각각 전방향forward 변환과 역inverse 변환에 해당한다.

$$H\left(f_x, f_y\right) = \sum_{x=0}^{n_x-1} \sum_{y=0}^{n_y-1} h(x, y)e^{\left[i\frac{2\pi x f_x}{n_x}\right]} e^{\left[i\frac{2\pi y f_y}{n_y}\right]} \tag{4.1}$$

$$h(x, y) = \frac{1}{n_x \, n_y} \sum_{f_x=0}^{n_x-1} \sum_{f_y=0}^{n_y-1} H(f_x, f_y) e^{\left[-i\frac{2\pi x f_x}{n_x}\right]} e^{\left[-i\frac{2\pi y f_y}{n_y}\right]} \qquad (4.2)$$

1차원과 유사하게, 방정식에 존재하는 $f_x$는 $n_x$개의 서로 다른 정수 값을 갖는다. 각 정수 값들은 주파수에 해당한다. 이미지의 각 수평 범위 별로 완전한 사이의 개수에 해당하는 값이다. 앨리어싱 없이 분해될 수 있는 나이퀴스트 주파수에 해당하는 최대 수평 주파수는 $n_x/2$이다. 이는 2개의 픽셀의 주기에 해당한다. 배열의 인덱싱 처리를 쉽게 하기 위해서, 일반적으로는 더 간단하지만 효율성은 낮은 규약을 사용한다. 즉, 변환 알고리즘을 프로그래밍할 때, $f_x$ 범위를 0에서 $n_x - 1$로 둔다. 나이퀴스트 제한 값을 넘어서는 $f_x$ 값은 음의 주파수에 해당한다. 이번 절의 남은 부분에서는 상황에 따라 가장 편리한 것으로 판단되는 이러한 두 가지 방식(음 혹은 양의 과거 나이퀴스트)들 중 하나를 택해서 사용할 것이다.

수직 범위 주파수도 이와 같은 해석이 적용된다. 최대 수직 방향 주파수는 수직 방향 범위마다 $n_y/2$ 사이클과 같으며, $f_y$는 $n_y$개의 서로 다른 정수 값들을 갖는다.

식 (4.1)과 (4.2)로 표현되는 2차원 DFT는 길이도 길고 복잡해 보이지만, 사실은 그렇지 않다. 각 기하급수 항들은 $cosine + i\,sine$ 파형을 그린다. 첫 번째 항은 $f_x$로 결정되는 주파수에서 $x$ 방향을 따라 변한다. 나머지 항은 $f_y$에 의해 결정되는 주파수에서 $y$ 방향을 따라 변한다. 이는 그저 두 가지로 나뉘는 별개의 변환 함수일 뿐이다. 즉, 하나는 수평 방향을 따라 진행되는 함수고, 다른 하나는 수직 방향을 따라 변화하는 함수다. 다른 방향을 따라 변하는 이미지 변화는 수평/수직 방향의 구성 요소들을 갖게 될 것이며, 이들의 상대적 강도strength에 따라 선택될 것이다.

이 부분에 대해 좀 더 생각해보면서 변환의 본질에 대해 더 이해할 수 있게 해보자. $f_x = 0$인 경우부터 고려해보면, 변환 방정식에 존재하는 첫 번째 기하급수 항은 모든 x에 대해서 1이 되므로, 이는 무시될 수 있다. $H(0, f_y)$가 일반적인 푸리에 변환의 모든 열(x 값들로 된)에 대한 합이라는 점도 확인될 수 있다. 각 변환은 하나의 열을 이루는 행들의 1차원 변환이다. 다시 말해서, $H(0, f_y)$는 수직 범위에 따라

$f_y$ 사이클의 주기에서 상하로 요동치는 이미지상의 전반적인 변이를 나타내준다. 비슷하게, H($f_x$, 0)도 수평 방향으로의 변이를 나타낸다.

위와 같은 성질은 일반화될 수 있다. 간단하게 정리하기 위해, 이미지는 정사각형 형태를 가진다고 가정해보자. 즉, $n_x = n_y = n$이다. $e^a e^b = e^{a+b}$임을 상기하자. 극좌표 공간에서 변환 변수들은 식 (4.3)과 같이 표현할 수 있다.

$$\left( f_x, f_y \right) = (k \cos \theta, k \sin \theta) \tag{4.3}$$

이제 변환 공식에서 기하급수 항의 곱에 대해 고려해보자. 곱셈 법칙을 적용해서 극좌표 공간에서 주파수를 표현해보자. 그러면 곱셈 항을 식 (4.4)와 같이 나타낼 수 있다.

$$e^{\left[ i \frac{2\pi x f_x}{n} \right]} e^{\left[ i \frac{2\pi y f_y}{n} \right]} = e^{\left[ \frac{2\pi i}{n} (x\, k \cos \theta + y\, k \sin \theta) \right]} \tag{4.4}$$

이 표현식은 매우 유용하게 정보를 나타내준다. 즉, 단위 거리당 $k$ 사이클에서 하나의 주파수 지점에 놓인 이미지 변이와 $k$ 방향을 따라 진행하는 변이가 H($k \cos \theta$, $k \sin \theta$)로 검출될 수 있다는 것이다. 수학적으로 좀 더 엄격하게 식을 유도하고 싶어하는 독자들은 다음 예제를 살펴보자. 단위 거리당 $k$ 사이클의 한 주파수에서 방향으로 진행하는 웨이브를 수식으로 표현해보자. 삼각법<sup>trigonometry</sup>을 사용해서 수평 및 수직 방향으로 단위 거리당 사이클의 개수를 계산한다. 그러면 이러한 수량의 각 변이의 영향을 식 (4.1)로 표현된다. 결과는 동일할 것이다. 나는 좀 더 직관적인 접근 방식으로 개개의 변환 항을 특정 주파수에서 특정 방향에 따라 개별 웨이브의 진행을 투영하는 방식으로 나타내는 걸 선호한다.

실제로는 여기서 설명한 간단한 공식보다는 상황이 좀 더 복잡해진다. 여기서 제시한 공식은 데카르트<sup>Cartesian</sup> 좌표상에서 단 하나의 이산 격자에서만 직교 <sup>orthogonal</sup>성을 갖는다. 그러므로 극좌표 공간 항들을 변환하는 걸 파라미터화하는 일은 쉽게 이해되지 않을 것이다. 또한, 측엽$^{side\ lobe}$과 관련된 이슈들은 회피해왔다. 이 부분에 대해서는 뒤에서 더욱 상세하게 논의할 것이다. 하지만 근사치만으로도 매우 훌륭하며, 직관적인 매력도 탁월하다. 실질적으로, 이러한 해석은 전적으로 편이성이 좋다.

이 공식에 관해서 눈여겨 볼만한 한 가지 모호성이 존재한다. 이미지 변이의 방향각은 오른손 법칙에 의해 시계 방향으로 측정된다고 가정한다. 이는 아래 방향으로 나아가면서 행이 증가하기 때문이며, 데카르트 좌표계와 반대 방향이다. 대부분의 컴퓨터 프로그램들뿐만 아니라 다음 절에서 제시하고 있는 프로그램에서도 이와 같은 상하 방향에서 변환이 이뤄진다. 명시적인 방향 성분이 중요하다고 판단되면, 이런 사항을 잘 염두에 두고 있어야 한다.

예제를 통해 변환 계수를 해석하는 방법에 대해 명확하게 이해해보자. 먼저, 오른쪽 아래 방향, 즉 오른쪽에서 시계 방향으로 30도 회전한 방향으로 일어나는 변이를 검출하는 데 특히 관심을 갖는다는 가정하에, 우리가 다룰 애플리케이션의 물리적 원리에 대해서는 알고 있다고 해보자. 또한, 이러한 변이가 전형적으로 변환된 사각형의 한 변의 길이당 6개의 사이클을 이루는 주파수를 갖는다고 가정해보자. 코사인 및 사인 30도에 각각 6을 곱해서 $f_x$와 $f_y$ 값을 얻는다. 이 주파수가 바로 위 변이에 가장 민감하게 반응하는 값이다. 즉, $f_x$ = 5.2이고 $f_y$ = 3이다. 대부분의 경우 DFT는 정수 값을 이용해서 주파수(사실 꼭 그럴 필요는 없지만)를 계산하기 때문에, H(5, 3)이 바로 관심 대상 변이에 가장 민감하게 반응하는 변환 계수가 될 것이라는 걸 확인할 수 있다. 측엽 이슈는 이러한 주파수 값들에 대응하는 어느 정도의 에너지가 다른 항에서 나타나도록 하는 원인이 되지만, 대부분의 에너지는 이 하나의 항으로 갈 것이다. 또한, 이번 장에서 뒤로 가면 정사각형으로 제한한 것을 없앨 것이다.

주파수를 꼭 정수로 표현해야 하는 건 아니다. 이는 단지 '빠른' 알고리즘이 임의의 실수 값으로 표현하기가 어렵거나 불가능하기 때문이다. 보기 드문 경우지만, 종종 애플리케이션이 몇 가지 매우 특수한 주파수를 수반하는 경우, 무작위 연산

(brute force 계산)을 이용해서 관심 주파수를 구하기 위해 식 (4.1)을 명시적으로 계산해볼 수 있다. 이렇게 하면 몇 개의 계수를 찾아내야 하는 경우 속도는 느려지지만, 고속 DFT를 이용해서 모든 계수 값들을 계산하고 이들 중 대부분을 버리는 방식과 잘 조화를 이루게 할 수도 있다! 그리고 정확한 주파수 값들을 0으로 만듦으로써 정확도가 증가할 수 있는데, 노력해볼 가치가 있다.

이미지가 실수일 때, 2차원 푸리에 변환에서 한 가지 중요한 대칭성이 존재한다. 임의의 $(f_x, f_y)$ 좌표에서의 변환 값은 두 축 위에서 모두 반영되는 해당 지점에서의 변환의 켤레 복소수 값이다. 이는 식 (4.5)를 보면 명확하게 드러난다.

$$H\left(f_x, f_y\right) = \bar{H}\left(-f_x, -f_y\right) \tag{4.5}$$

이전 페이지에서 주어졌던 예제에서 대칭성의 존재를 눈치챘을 독자들이 많았을 것으로 기대한다. 앞서, 30도의 방향각으로 오른쪽 하향으로 변이가 일어난다고 했었다. 하지만 근본적으로 왼쪽 상향으로도 같은 변이가 발생한다. 즉 30 + 180 = 210도로 말이다. 같은 공식을 이용하면 H(-5, -3)이 나온다. 복소수 켤레는 사인 함수가 기함수[odd function]라는 성질로부터 기인되는 것이므로, 방향이 변하면 부호도 변함을 알 수 있다. 수학적으로 식 (4.1)의 $f_x$와 $f_y$의 부호를 뒤바꿔서 식 (4.5)를 유도한다(코사인 함수는 우함수[even function]이므로 부호가 변하지 않지만, 기함수인 사인 함수는 부호가 뒤바뀐다).

이러한 대칭성이 내포하는 것은, 단지 $n_x * n_y$ / 2개의 복소수 항들만으로 변환을 완전하게 서술할 수 있다는 것이다. 원래의 데이터 블록이 $n_x * n_y$개의 실수들로 이뤄진다는 점을 생각하면 많다고 놀랄 일도 아니다. 변환이 절반만큼의 복소수를 갖는다면(각각 실수부와 동등하게 쌍을 이뤄서), 정보가 보존되고 모든 측면에서 문제가 없다.

신경망에 제시되는 데이터의 양을 최소화하기 위해, 대칭이 갖는 의미를 완전하게 이해할 필요가 있다. 나는 습관적으로 양과 음의 수평 방향 주파수에 모두 해당하는 $f_x$의 모든 $n_x$개의 값들에 대한 변환을 계산한다. 하지만 수직 방향의 경우 양수에 해당하는 $f_y$값들만 총 $n_y$ / 2 + 1개 계산한다. 이렇게 하면 너무 많은 숫자들이 도출된다. $n_x * n_y$ / 2개만 필요하나, ($n_y$ / 2 + 1) * $n_x$개를 계산하는 꼴이다. 여분의 숫자들은 어디서 온 것들인가? 식 (4.5)를 다시 살펴보자. $f_y$ = 0일 때, 이 방정식은 양과 음의 수평 방향 주파수에 해당하는 $n_x$개의 항들이 그러한 잉여항들을 만드는 원인임을 말해준다. 음수 주파수에 해당하는 이러한 항들은 음의 주파수 항들의 켤레복소수들이다. 나이퀴스트 주파수는 부호를 갖지 않으므로, 수직 방향의 나이퀴스트 주파수인 $f_y$ = $n_y$ / 2에도 동일하게 적용된다. 그러므로 $f_y$ = 0이거나 $f_y$ = $n_y$ / 2일 때, 음의 $f_x$ 값에 대응하는 항들을 무시해버릴 수 있다. 이러한 항들은 잉여항들이다.

이러한 대칭성에 대해 좀 더 알아보자. 독립적인 변환 항들의 개수가 $n_x * n_y$ / 2라는 것이 너무 많다고 느끼는 독자들이 분명 많을 것이라 생각한다. 이제 네트워크 상의 입력 뉴런 개수를 결정한다는 측면에서 정확하게 얼마나 많은 개수가 존재하는지 알아야 할 때다. 또한, 정보의 엄격한 보존을 위해 $n_x * n_y$개의 실수부를 담고 있는 임의의 입력과 잘 조화시킬 수 있을까? 이제 그렇게 해볼 차례다.

1부터 $n_y$ / 2 - 1까지 개개의 $f_y$ 값들에 대해서, 모든 $n_x$개의 $f_x$ 값들은 완전한 복소수 값들을 도출한다. 이는 결국 ($n_y$ / 2 - 1) * $n_x$개의 복소수를 만든다(신경망의 입력 개수). $f_y$ = 0인 경우, $n_x$ / 2 + 1개의 잉여항이 아닌 개수가 나오지만, 첫 번째(0)와 마지막(나이퀴스트)은 엄격하게 실수 값이다. 다른 항들은 모두 일반적으로 복소수다. 수직 방향의 나이퀴스트 주파수인 $f_y$ = $n_y$ / 2일 때도 동일하게 적용된다. 그러므로 수직 방향의 0과 나이퀴스트 셋은 총 $n_x$ + 2개의 복소수 신경망 입력을 만드는 데 기여한다. 이들을 더하면 총 $n_x * n_y$ / 2 + 2개의 복소수 입력이 나오고 이를 신경망에 전달하게 된다. 하지만 이 입력들 중 4개는 수평, 수직 방향으로의 0과 나이퀴스트 성분들에 해당한다. 이제 모든 게 완벽해졌다.

변환 결과를 저장하는 한 가지 표준 패턴이 존재한다. 다음 절에서 제시하는 코드에서 바로 이 패턴을 사용하며, 사실 다른 일반적인 프로그램들도 이런 패턴을 쓴다. 그림 4.1에 패턴을 그려 놓았다. 개개의 변환 항들은 $f_x, f_y$으로 표현된다(즉, 열과 행을 나타낸다). 이 그림을 연구하면 이전에 논의했던 부분과 앞으로 얘기할 사항들이 명확하게 다가올 것이다.

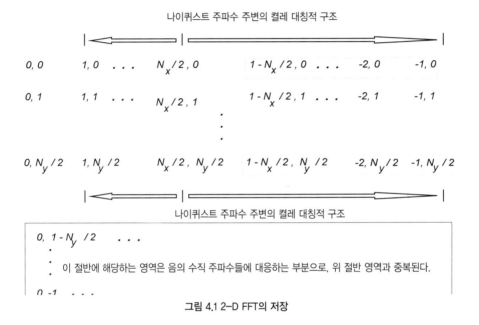

그림 4.1 2-D FFT의 저장

잉여 정보를 저장하는 일이 없도록 하기 위해, 양의 수직 주파수에 대응하는 항들만 남겨둔다. 음의 수직 주파수를 갖는 항들은 그림의 가장 아래에서 표현되고 있으며, 양의 주파수에 해당하는 항들의 켤레복소수이며, 두 축 위에서 모두 반영된다. 이 항들은 그림상에서 얇은 점선으로 그려서 오른쪽 상단과 오른쪽 아래에 있는 두 개의 그룹으로 나누었다. 이들은 수평 방향의 나이퀴스트 항에 대해 반영되는 것으로, 이 항들의 오른쪽에 대한 켤레복소수다. 얇은 점선으로 오른쪽 상단과 오른쪽 하단으로 나뉘는 두 그룹은 이들의 왼쪽면이 수평 나이퀴스트 항에 대해 반영되는 켤레복소항이라는 점에서 잉여적이다. 그렇다고 해도 문제를 간단하게 만들기 위해 이 항들을 저장해둔다. 이 항들을 지워봤자 얻는 메모리는 미비하지만, 지움으로써 문제의 복잡도는 크게 증가한다. 마지막으로 박스로 감싸진 네 개의 항들은 각각 완전한 실수부이다. 이로부터 허수부 컴포넌트들이 항상 0이 될 것임을 알 수 있다.

마지막으로 이러한 모든 논의 사항들이 잉여적인 부분을 없애기 위해 음의 수직 주파수를 버리는 쪽에 집중돼 있었다(앞으로도 이쪽에 치중할 것이다). 실제로는 세 가지 경우들이 더 존재한다. 하나는 양의 주파수를 버리는 것이고, 다른 하나는 음의 수평 주파수를, 마지막은 양의 수평 주파수를 버리는 것이다. 다시 말해, 변환으로 얻은 사각 영역의 절반은 잉여적이다. 여기서는 이 사각 영역의 상단 절반을 그림 4.1에 나와 있는 것처럼 되도록 선택했다. 이 대신 그냥 아래쪽 절반이나, 왼쪽 절반, 오른쪽 절반을 선택해도 된다. 이는 그냥 무엇을 더 선호하느냐에 따른 선택의 문제다. 여기서 설명한 방법은 다소 개인적인 성향을 띠지만 아무튼 어떤 선택이라도 틀린 건 아니다.

## 2차원 공간에서의 데이터 윈도우

측엽들은 1차원이나 2차원이나 모두 중요하게 고려해야 할 대상이다. 식 (3.1) 및 이때 논의했던 내용을 다시 살펴보길 바란다. 이번 절에서는 이때 얻은 결과를 2차원으로 확장하는 방법에 대해 다룬다.

푸리에 변환을 원본 이미지에 적용시키면, 원본 데이터에는 간섭을 하지 않게 돼 일종의 '순결성'을 유지하게 될 것이라고 생각하기 쉽다. 하지만 실제로는 거의 그 반대다. 푸리에 변환은 이미지를 모든 방향으로 무한하게 확장된 데이터로 간주한다. 이러한 암묵적인 가정은 정확하게 정수 $f_x$와 $f_y$ 값으로 떨어지는 위치에 놓이지 않는 주파수 요소들이 상당히 멀리 떨어진 변환 요소들로 새어 들어가는 알짜 효과를 만든다.

그림 4.2에서 보여주듯이, $f_x$와 $f_y$ 함수로 누수 패턴의 그래프가 표현된다. 이 함수는 중심엽center lobe의 높이에 상대적인 높이를 갖는 누수 강도를 나타낸다. 그림을

보면 10퍼센트에서 잘려나간 것을 알 수 있다. 단 하나의 사분면만 나타낸 이유는 다른 부분들과 대칭 구조를 갖기 때문이다. 이 누수 함수의 가장 큰 단점은 측엽의 높이가 너무 느리게 얇아지면서 줄어든다는 것이다. 이는 실질적인 누수가 매우 광범위한 거리에 걸쳐서 발생할 수 있음을 보여준다. 실질적으로 이런 상황은 항상 견디기 어렵다.

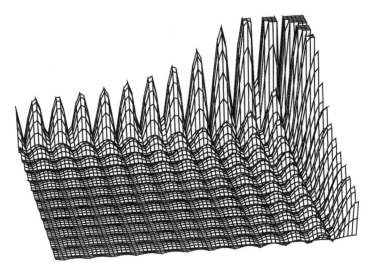

그림 4.2 데이터 윈도우가 없는 누수 함수 그래프

식 (3.1)과 같이, 1차원 웰크 데이터 윈도우를 일반화하는 것이 이러한 문제를 해결해주는 탁월한 솔루션이다. 일반적인 2차원 일반화 공식은 식 (4.6)과 같다. 이 윈도우 그래프는 그림 4.3과 같으며, 이 윈도우의 누수 그래프는 그림 4.4에 나와 있다. 여기서 높이는 다시 한 번 10퍼센트에서 잘라져 있다. 그림 4.2에 비해 크게 개선됐다는 점에 주목하자.

$$w_{xy} = 1 - \left( \frac{x - 0.5(n_x - 1)}{0.5(n_x + 1)} \right)^2 - \left( \frac{y - 0.5(n_y - 1)}{0.5(n_y + 1)} \right)^2 \qquad (4.6)$$

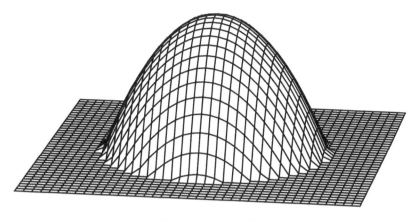

그림 4.3 일반적인 2차원 웰크 데이터 윈도우

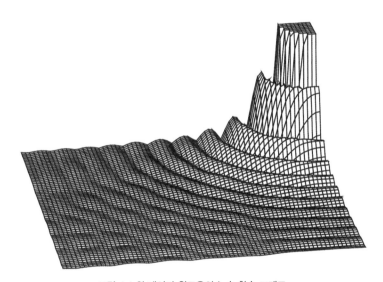

그림 4.4 위 데이터 윈도우의 누수 함수 그래프

식 (4.6)이 갖는 여러 가지 측면들에 대해 주목해야 한다. 먼저, $n_y$행과 $n_x$열로 된 행렬로 이뤄진다. $x$ 과 $y$ 인덱스는 각각 0부터 $n_x-1$ 및 $n_y-1$까지 걸쳐 있게 된다. 앞 방정식에서 정의해 놓은 것처럼, 윈도우가 음수가 될 수도 있다는 점이 가장 중요하게 눈여겨볼 사항이다. 이런 일이 생기도록 내버려두지 않을 것이다. 즉, 계산된 $wxy$ 값이 음수면, 0으로 설정한다.

## 이미지의 푸리에 변환 구현 코드

이번 절에서는 이미지의 2차원 푸리에 변환을 연산하는 내용을 구현한 코드를 다룬다. 또한, 신경망이나 다른 모델에 대한 입력으로 전달되는 변환의 고유(비-잉여적인) 값들을 어떻게 선택하는지도 알아본다.

5장에서 다루는 DEEP 프로그램은 허수부의 경우 I를 실수부의 경우 R을 이용해서 변환 변수들의 이름을 지었다. 그다음은 수평 주파수가 뒤따르며(양수), 마지막으로 수직 주파수가 뒤따른다(이 역시 양수임). 이러한 이름을 생성하는 코드를 공부해보면, 지속적으로 0값을 갖는다거나 대칭성에 의한 잉여성으로 인해 어떤 항들이 무시될지 명확하게 이해될 수 있을 것이다. 그림 4.1을 다시 확인해보는 게 도움이 될 것이다.

```
n_vars = 0 ;

// 첫 번째 행 (수직 주파수는 0)
sprintf ( var_names[n_vars++] , "R_0_0" ) ; // 수평 0
for (i=1 ; i<ncols/2 ; i++) {
  sprintf ( var_names[n_vars++] , "R_%d_0", i ) ;
  sprintf ( var_names[n_vars++] , "I_%d_0", i ) ;
}
sprintf ( var_names[n_vars++] , "R_%d_0", ncols/2 ) ;  // 수평 나이퀴스트

// 내부 행, 모든 값들은 잉여항 없는 완전 복소수 값들
for (j=1 ; j<nrows/2 ; j++) {
  for (i=0 ; i<ncols ; i++) {
    sprintf ( var_names[n_vars++] , "R_%d_%d", i, j ) ;
    sprintf ( var_names[n_vars++] , "I_%d_%d", i, j ) ;
  }
}

// 마지막 행 (수직 주파수는 나이퀴스트 주파수다)
sprintf ( var_names[n_vars++] , "R_0_%d", nrows/2 ) ; // 수평 0
for (i=1 ; i<ncols/2 ; i++) {
  sprintf ( var_names[n_vars++] , "R_%d_%d", i, nrows/2 ) ;
  sprintf ( var_names[n_vars++] , "I_%d_%d", i, nrows/2 ) ;
```

```
}
sprintf ( var_names[n_vars++] , "R_%d_%d", ncols/2, nrows/2 ) ;   // 수
```
평 나이퀴스트

이제 푸리에 변환을 계산할 준비가 됐다. 먼저, 모든 열들을 처리한 다음 모든 행들을 처리한다. 대부분의 일반적인 경우, 이미지가 정사각형일 필요는 없으므로, 별도의 FFT 오브젝트가 필요할 것이다. 만약 단 하나의 이미지만 변환하는 것이라면, 먼저 열에 1을 할당한 다음 지워버리고, 행에도 할당하면 된다. 하지만 일반적으로는 여러 개의 이미지를 변환하기 때문에, 재사용할 목적으로 개개의 이미지마다 할당하는게 더 타당하다. 이러한 클래스를 구현한 코드는 MRFFT.CPP에 존재하며, 내 홈페이지에서 무료로 다운로드할 수 있다.

```
fft_row = new FFT ( nrows , 1 , 1 ) ;
fft_col = new FFT ( ncols , 1 , 1 ) ;
```

- xr과 xi는 nrows * ncols만큼의 길이를 갖는 작업 배열이며 계산이 완료된 변환 결과를 담게된다.
- rwork와 iwork는 nrows만큼의 길이를 갖는 작업 배열이다.
- 이미지는 nrows × ncols개의 픽셀로 이뤄진다.

먼저, 식 (4.6)을 이용해서 웰크 데이터 윈도우에 필요한 상수를 미리 계산한다.

```
rcent = 0.5 * (nrows - 1) ;   // 웰크 윈도우 중심
ccent = 0.5 * (ncols - 1) ;
rden = 0.5 * (nrows + 1) ;    // 분모
cden = 0.5 * (ncols + 1) ;
```

xr과 xi를 열을 담아 놓는 작업 벡터로 활용해서 열을 한 번에 하나씩 변환한다. 웰크 데이터 윈도우에는 애플리케이션에 종속적이면서 매우 중요한 한 가지 측면이 존재한다. 즉, 윈도우가 이미지의 모서리상에서는 0으로 점차 줄어들어서, 이 값이 애플리케이션에서 유효하게 해야 한다는 것이다. MNIST 이미지들은 0을 (혹은 0에 가까운) 배경으로, 높은 톤 값을 갖는 숫자들로 이뤄진다. DEEP에서는 이를 역으로 바꿔서 비 푸리에 훈련이 더욱 전형적인 출력에 사용할 수 있게 한다. 그래

서 모서리 위에서 0으로 줄어드는 것은 완전히 타당해진다. 만약 이미지가 근본적으로 중심 부분은 낮고 모서리 부분은 높다면, 모서리를 0에 근사하게 줄이는 것은 끔찍한 수준으로 데이터를 왜곡시키는 일이 되므로 반드시 역으로 뒤바꾸어야 한다.

변환을 수행하는 코드는 다음과 같다.

```
for (icol=0 ; icol<ncols ; icol++) {  // 각 열들을 처리
  cdist = (icol - ccent) / cden ;      // 웰크 데이터 윈도우
  cdist *= cdist ;

for (irow=0 ; irow<nrows ; irow++) {  // 현재 열을 작업 벡터에 복사
  rdist = (irow - rcent) / rden ;      // 동시에 데이터 윈도우 적용
  rdist *= rdist ;
  weight = 1.0 - cdist - rdist ;       // 식 (4.6)
  if (weight < 0.0)
    weight = 0.0 ;

    rwork[irow] = weight * pixels[irow*ncols+icol] ; // 열을 구한다.
    iwork[irow] = 0.0 ; // 간단하지만, 조금 비효율적인 방법이다.
  } // irow루프

  fft_row->cpx ( rwork , iwork , 1 ) ;  // 현재 열의 행들을 변환

  // 나이퀴스트를 통해  0만 복사한다.  위 수직 나이퀴스트의 켤레 대칭
  // 이는 그림  4.1에서의 상단 절반 (비 잉여적인) 에 해당
  for (irow=0 ; irow<=nrows/2 ; irow++) {
    xr[irow*ncols+icol] = rwork[irow] ;
    xi[irow*ncols+icol] = iwork[irow] ;
  }
} // icol 루프
// 이제 행을 변환
for (irow=0 ; irow<=nrows/2 ; irow++)
  fft_col->cpx ( xr+irow*ncols , xi+irow*ncols , 1 ) ;
```

이 코드에서 처리하는 부분에서 한 가지 이상한 점을 발견한 독자들도 있을 것이다. 열을 변환할 때, 각 열의 허수부에 0을 넣어서 완전한 복소수 변환을 수행하는데, 사실 전체 열을 그 절반만큼의 길이를 갖는 복소수 벡터로 싸고[packing] 다시 풀

어내는<sup>unpacking</sup> 더 빠른 방식이 존재한다. FFT 클래스에 이러한 작업을 수행하는
rv()과 irv() 멤버 함수가 존재하며, 이 방법은 코드 안에 잘 설명돼 있다. 나의
생각으로는 증가된 복잡도가 여기서는 그렇게 신경 쓸만한 가치를 갖지 못하지만,
관심 있는 독자는 얼마든지 코드를 수정해도 좋다.

앞의 코드들을 수행한 다음 xr과 xi는 그림 4.1의 상단 절반과 같은 꼴로 그려지
는 변환 결과를 담게 된다. 중요한 부분을 보강해 설명하기 위해, 이 매트릭스로부
터 비-잉여적인 데이터를 추출해내는 코드를 살펴볼 것이다. 추출 순서에 나열된
변수들의 순서와 같다.

```
k = 0 ;   // 현재 이미지를 가리키는 인덱스 변수

// 첫 번째 행 (수직 주파수는 0)
dbptr[k++] = xr[0] ;                    // 수평 주파수는 0
assert ( fabs(xi[0]) < 1.e-6 ) ;        // 정의에 의해, 허수부는 0

for (i=1 ; i<ncols/2 ; i++) {           // 켤레복소수이므로 절반으로 나눈다.
  dbptr[k++] = xr[i] ;
  dbptr[k++] = xi[i] ;
}

dbptr[k++] = xr[ncols/2] ;              // 수평 나이퀴스트
assert ( fabs(xi[ncols/2]) < 1.e-6 ) ;  // 정의에 의해, 허수부는 0

// 내부 행들은 완전한 복소수로 잉여적이지 않다.
for (j=1 ; j<nrows/2 ; j++) {
  for (i=0 ; i<ncols ; i++) {
    dbptr[k++] = xr[j*ncols+i] ;
    dbptr[k++] = xi[j*ncols+i] ;
  }
}

// 마지막 행 (인덱스는 nrows/2, 수직 나이퀴스트)
dbptr[k++] = xr[nrows/2*ncols] ;     // 수평 주파수는 0
assert ( fabs(xi[nrows/2*ncols]) < 1.e-6 ) ;// 정의에 의해, 허수부는 0

for (i=1 ; i<ncols/2 ; i++) {
```

```
  dbptr[k++] = xr[nrows/2*ncols+i] ;
  dbptr[k++] = xi[nrows/2*ncols+i] ;
}

dbptr[k++] = xr[nrows/2*ncols+ncols/2] ; // 수평 나이퀴스트
assert ( fabs(xi[nrows/2*ncols+ncols/2]) < 1.e-6 ) ; // 정의에 의해, 허수부
는 0


assert ( k == nrows * ncols ) ; // 참인 게 더 낫다!
```

## 푸리에 변환의 생성적 샘플 출력

이미지 푸리에 변환의 생성적 샘플을 출력할 때는 두 가지 사항을 고려해야 한다. 첫 번째는 개개의 변환 포인트마다 해당 포인트의 실수부와 허수부들을 나타낸다는 점이다. 두 번째로 대칭성은 곧 복소수 포인트들의 개수가 원본 이미지를 구성하는 포인트들의 절반에 해당한다는 걸 의미한다.

첫 번째 문제가 가장 중요한 부분이다. 이는 단지 실수부나 그저 허수부만을 시각적으로 의미가 있게 표현하는 경우가 극히 드물다는 점이다. 이런 이유로, 대부분의 개발자들은 각 포인트의 거듭 제곱, 즉 실수부와 허수부의 제곱 합이나, 이 거듭 제곱의 제곱근인 높이$^{amplitude}$ 값을 출력한다. 몇몇 애플리케이션의 경우, 이러한 거듭 제곱의 로그를 사용하면 적절하게 수량을 출력할 수 있다. DEEP 프로그램에서는 거듭 제곱 값으로 표현한다.

하지만 거듭 제곱이 실수부와 허수부를 한꺼번에 모아서 상대적인 기여도를 모호하게 만들어버린다는 사실은 어떻게 할 것인가? 수많은 애플리케이션에서 이러한 사실은 거의 혹은 완전히 시각적 유용성을 갖지 못했다. 하지만 그럴 경우, 이러한 관계가 색상으로 표현될 수 있다. 그렇다고 그냥 단순하게 실수부는 빨간색으로, 허수부는 초록색으로 칠하는 일은 없도록 해야겠다. 이렇게 하면 혼란스러운 출력 결과가 나와 버린다. 올바른 방법은 밝기의 강도$^{magnitude}$와 위상각을 계산해내기 위해 아크 탄젠트$^{arctangent}$를 사용한 다음 이렇게 구한 위상각을 원형 색상 스킴에

매핑하는 것이다. 이렇게 하면 어지럽고 난해한 비연속적인 출력 결과가 나오지 않도록 해줄 것이다.

대칭성과 관련된 이슈는 좀 더 다루기가 수월하다. 그림 4.1에 나와 있는 본연의 데이터 구조는 일반적으로 변환을 제대로 출력해주지 못한다고 간주된다. 대신, 일반적으로 0 주파수 포인트들을 출력 화면의 중심에 위치시키고, 증가하는 주파 수를 상단 행에 왼쪽 열에 위치한 나이퀴스트 주파수에 해당하는 외곽선에 더 가 깝게 둔다. 이렇게 드물게 높은 거듭 거듭제곱 포인트들의 각도 위상은 이미지 의 전반적인 변이의 해당하는 방향에 정확하게 대응한다. 관심 있는 독자들은 식 (4.4)를 재검토하면서 어떻게 이런 일이 처리되는지 확인하길 바란다.

그림 4.1에서 보여주는 본래 데이터 구조의 고유한 멤버들을 0으로 중심을 두도 록 출력하게 매핑하는 코드는 놀라울 정도로 난해하다. 우리는 실질적으로 앞에서 논의했던 변수 네이밍의 순서를 매핑한다. 가장 핵심적인 부분이 다음에 나와 있 다. 여기서는 ir과 ic로 본래 데이터 구조의 행과 열을, 데이터베이스는 dptr로, synth_ptr 안에서의 해당 출력 이미지를 irow와 icol로 가리키도록 한다.

이 코드에서 첫 번째 부분은 출력 가능한 이미지가 중심에 오도록 현재 행을 설정 한다. 중심으로 가는 수직 방향의 0 주파수로 시작할 것이기 때문이다. 주요 루프 는 0에서부터 변환의 비 잉여적인 구성 요소들을 포괄하는 수직 방향의 나이퀴스 트를 거쳐서 본래의 데이터 행을 이동한다.

다음 코드는 단 하나의 행인 0 수직 주파수만 처리한다. 현재 행에 대해 수평 0및 나이퀴스트 주파수가 완전한 실수이며, 수평 나이퀴스트 주변으로 켤레복소수 대 칭을 이룬다는 점을 상기하자. 인덱스 오프셋 k를 사용해서 이러한 대칭을 따라 한 번에 두 개씩 설정한다.

```
irow = image_rows / 2 ; // 이미지의 중심으로 가는 0 수직 주파수

for (ir=0 ; ir<=image_rows/2 ; ir++) {// 그림 4.1의 상위 절반 전체를 대상으로 함
  if (ir == 0) { // 0 수직 주파수
    icol = image_cols / 2 ; // syntic 이미지에서 현재 행의 열을 인덱싱
```

```
  synth_ptr[irow*image_cols+icol] = *dptr * *dptr ; // 0 주파수는 허수부
없는 실수 값
   ++dptr ; // 허수부가 없으므로 1만 증가

// 나이퀴스트 이전에 행의 내부는 복소수이며 대칭 구조를 갖는다.
for (k=1 ; k<image_cols/2 ; k++) {
  synth_ptr[irow*image_cols+icol+k] = dptr[0] * dptr[0] + dptr[1] *
dptr[1] ;
  synth_ptr[irow*image_cols+icol-k] = synth_ptr[irow*image_
cols+icol+k] ;
  dptr += 2 ; // 완전한 복소수이므로 2(실수와 허수)를 증가시킨다.
}
// 나이퀴스트는 실수부만 갖는다. 즉, 이미지의 첫 번째 열로 간다.
synth_ptr[irow*image_cols+0] = *dptr * *dptr ;
  ++dptr ; // 허수부 없으므로 1만 증가
  ++irow ;
} // ir == 0인 경우
```

모든 구성 요소들이 행들을 걸쳐서 대칭성을 갖지 않는 완전한 복소수이기 때문에 변환의 내부는 좀 더 쉽다. 하지만 그림 4.1에 나와 있듯이, 나이퀴스트 주파수 주변으로 수직 대칭성을 갖는다. 가시층 출력의 하위 절반으로 이를 복사하는 건 완전히 같은 일을 되풀이하는 것이므로 꼭 필요한 건 아니지만, 이렇게 복사하는 것이 원본 이미지와 같은 크기 및 형태를 갖는 출력을 만들 뿐만 아니라 대칭성이 시각적으로 중요한 특징들을 강조해주기 때문에 대부분의 개발자들은 이러한 복사가 시각적으로 더욱 뛰어난 출력 결과를 내놓는 데 도움이 된다는 것에 동의한다.

이러한 복사를 수행할 때, 두 가지 주의해야 할 사항들이 있다. 첫 번째는 0의 수평적 주파수 요소가 대칭성 없이 단독으로 존재한다는 점이다. 두 번째는 대칭성이 행들을 역순으로 뒤바꾼다는 점이다(이는 위상이 계산되는 경우 반드시 처리돼야 할 필요가 있는 켤레복소수도 수반한다).

매핑은 출력되는 이미지의 중심에 있는 0 수평 주파수로 시작한다. 본래의 구조가 0부터 진행되므로, 출력되는 열 역시 나아가지만, 진행 과정에서 끝에 도달하면 반드시 첫 번째 열에서 줄 바꿈wrap around해야 한다.

```
else if (ir < image_rows/2) {     // 수직 0과 나이퀴스트 사이의 내부 행
  icol = image_cols / 2 ;         // 이미지에서 현재 행의 열을 인덱싱

  for (k=0 ; k<image_cols ; k++) { // 행 전체가 복소수
    synth_ptr[irow*image_cols+icol] = dptr[0] * dptr[0] + dptr[1] *
dptr[1] ;
    // 근사한 출력을 위해 하위 절반에 잉여 데이터를 첨가

    if (icol == 0)   // 0 주파수에 대한 비 대칭성, 나이퀴스트 주변의 대칭성 존재
      synth_ptr[(image_rows-irow)*image_cols] = synth_ptr[irow*image_
cols] ;
    else
      synth_ptr[(image_rows-irow)*image_cols+(image_cols-icol)] =
        synth_ptr[irow*image_cols+icol] ;

    if (++icol == image_cols)
      icol = 0 ;
    dptr += 2 ;
  }
++irow ;
} // ir < image_rows/2인 경우
```

이제 거의 다왔다. 마지막 단계는 수직 나이퀴스트 행을 출력 이미지의 상단 행으로 매핑하는 것이다. 이 작업은 앞서 첫 번째(0 수직 주파수) 행을 처리했던 방식과 매우 흡사하다.

```
else {   // 수직 나이퀴스트가 역순으로 이미지의 상단 행으로 이동
  assert ( irow == image_rows ) ; // 만일의 경우를 체크만 한다.
  icol = image_cols / 2 ; // syntic 이미지에서 현재 행의 열을 인덱싱
  synth_ptr[0*image_cols+icol] = *dptr * *dptr ; // 0주파수는 실수부로만 구성
  ++dptr ;

  // 나이퀴스트 이전에 행의 내부는 복소수이며, 나이퀴스트를 기준으로 대칭 구조를 갖는다.
  for (k=1 ; k<image_cols/2 ; k++) {
    synth_ptr[0*image_cols+icol+k] = dptr[0] * dptr[0] + dptr[1] *
dptr[1] ;
    synth_ptr[0*image_cols+icol-k] = synth_ptr[0*image_cols+icol+k] ;
    dptr += 2 ;
```

```
    }

    // 수평 나이퀴스트은 실수부로 구성; 이미지의 첫 번째 열로 이동
    synth_ptr[0*image_cols+0] = *dptr * *dptr ;
    ++dptr ;
    } // 수직 나이퀴스트
} // ir(변환의 행)에 대한 루프
```

다음 그림 4.5는 푸리에 변환을 그림으로 나타낸 것으로, MNIST 데이터 셋에서 선명하게 적힌 수치 값 0에 대해 위 코드를 적용해서 계산한 거듭 제곱을 그린 것이다. 거의 대칭적인 구조를 갖는다는 점에 주목하길 바란다. 이와 유사하게, 그림 4.6은 수직 방향에서 시계 방향으로 약간 기울어지도록 숫자 1을 선명하게 적은 이미지의 경우를 대상으로 한 결과다. 물론 숫자를 형성하는 선으로 물론 숫자 형태를 보이는 선으로 적절한 각도만큼 벌어지는 변이가 지배적으로 발생한다.

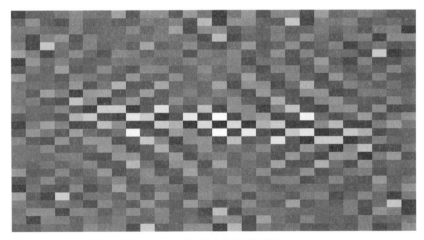

그림 4.5 숫자 '0'의 푸리에 변환

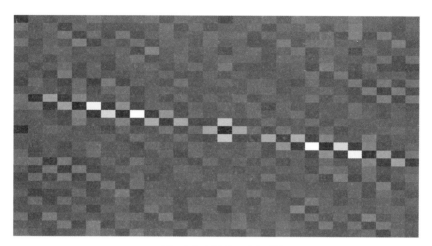

그림 4.6 숫자 '1'의 푸리에 변환

# 5

## 오토인코딩

Deep Belief Nets을 생성할 수단으로써 오토인코딩은 더 오래 전부터 제한된 볼츠만 머신[RBM]을 사용해왔다. 이는 아마도 RBM의 개념적 단순성 때문일 것이다. 가장 기본적인 오토인코더는 일반적인 전향 신경망은 단 하나의 은닉층만 포함하며, 자신의 입력을 재현하게 훈련된다. 오토인코더의 예측 모델은 입력이 곧 목표치가 된다. 기본 개념은 은닉층이 어떤 의미에서 상대적으로 약한 경우(뉴런의 개수가 적다든지 제한된 크기의 가중치를 갖는다든지, 다른 형태의 정규화[regularization]를 갖는다든지), 이러한 은닉층은 훈련 데이터의 '중요한' 특징을 포괄[encapsulate]하게 학습할 것이다. 이런 특징들은 대게 일치성을 가지며, 가장 높은 정보 콘텐츠를 갖는다. 이렇게해서 분류 작업이나 예측을 위해 은닉층의 활성화 패턴이 정의하는 중요한 특징들이 사용될 수도 있고, 아니면 추가적인 패턴 추출을 위한 또 다른 오토인코더에 대한 입력으로 활용될 수 있다. 무제한적인 개수의 단순한 1-은닉층 오토인코더들을 스택처럼 쌓아서 깊은 신경망을 만들 수도 있다.

여기서는 Deep Belief Nets을 형성하기 위한 두 가지 일반적인 기법들, RBM와 오토인코더 사이의 비교와 대조, 그리고 몇 가지 설명 등을 첨가할 것이다.

- RBM과 오토인코더 둘 다 원시적 형태에서부터 복잡한 현태까지, 특징의 계층 구조를 찾는 일에 의존한다. 이미지 처리에서 첫 번째 레이어는 외곽선을 검출할 수도 있고, 두 번째 레이어는 이러한 외곽선들로부터 형성된 작은 오브젝트를 골라낼 수도 있으며, 세 번째 레이어에서는 이러한 작은 오브젝트들로 구성된 좀 더 복잡한 장면 구성 요소들을 발견해나가는 식으로 점차 발전시킬 수 있다.

- 두 가지 방법 모두 쉽게 탐욕적 훈련으로 잘 처리될 수 있으며, 이는 심각할 정도의 연산 시간적 제약 문제나 수치적 어려움 없이도 깊은 신경망을 이뤄낼 수 있다는 걸 의미한다.

- 일반적으로, 오토인코딩 레이어들이 RBM 레이어들보다 더 학습 속도가 빠르다(종종 엄청나게 더 빠를 경우도 있다).

- RBM이 입력을 다시 생성하는 경향이 매우 강하긴 하지만 이것이 RBM의 주목적은 아니며, 재생성은 종종 완벽함과는 거리가 멀다. 대신, RBM의 주목적은 훈련 데이터의 통계적 분포를 포괄해내는 것이다. 이러한 차이는 애플리케이션의 성질에 따라 RBM이나 오토인코더 중 어느 하나가 더 우월할 수 있다는 걸 의미한다.

- RBM이 훈련 데이터의 통계적 분포를 포괄해내기 때문에, RBM을 생성적 모델이라고도 부른다. 이는 훈련 데이터가 도출된다고 인지되는 분포로부터 임의의 샘플들을 생성하게 추구할 수도 있다는 걸 의미한다. 이렇게 모델의 학습 대상이 되는 샘플들은 종종 몇 가지 애플리케이션에서는 극도로 유익한 정보를 가질 수 있다(다른 애플리케이션에서는 무용지물이 될지라도 말이다). 오토인코더는 이런 능력을 갖지 못한다.

- RBM은 훈련 과정에서 랜덤성이라는 중요한 요소를 포함하기 때문에, 선천적으로 과적합에 강한 경향이 있다. RBM이 입력보다 더 많은 은닉층 뉴런을 갖는 경우처럼, 전형적인 모델링 관점에서는 터무니없는 구조로 간주될 수 있는 구조라도, 과적합될 가능성이 낮다. 순전한<sup>Naive</sup> 오토인코더는 그러한 이점이 없으므로, 과적합을 회피하려면 반드시 정규화<sup>regularization</sup>가 적용돼야 한다. 내가 가장 좋아하는 오토인코딩 방법은 전문가들이 범용적으로 받아들여서 사용하진 않지만, 각 레이어마다 은닉층 뉴런의 개수를 제한시킨 상태에서 아주 오랜 시간 훈련시키는 것이다. 이는 실험 상황에서는 항상 유익한 반복성<sup>repeatability</sup>이 강해지도록 도와준다. 다른 유명한 방법들로는 훈련을 조기에 중단시키는 것과 가중치의 크기를 제한시키는 방법, 통계적 기울기 하강법, 희소적 제약<sup>sparsity constraints</sup> 등이 있다. 처음 두 가지 방법들은 훈련 반복 횟수에 작은 제한을 두거나 가중치 패널티는 크게 잡는 식으로 해서 DEEP에서도 구현해볼 수 있다.

- Deep Belief Nets을 RBM으로 구성할지 오토인코더로 구성할지는 애플리케이션에 강하게 의존하는 문제다.

- 전문 서적에서 설명하는 '전형적인' 여러 가지 오토인코더들은 이들이 이산적 데이터 변수들이나 확률 분포를 다룬다는 점에서 RBM 접근 방식과 유사하다고 볼 수 있다. 이 책에서 설명하는 오토인코더는 매우 다른 방식을 취하고 있다. 즉, 확률 분포를 무시하고 제한 없는 연속적 데이터를 처리하고, 복소수 정의역에서 동작할 수 있게 하는 것이다. 그러므로 저명한 전문 서적에서 소개하는 일반적인 오토인코더 표현에 친숙한 독자들은 여기서 취하는 접근 방식이 다소 생소하게 보익 어떤 측면에서는 더욱 제한적이고, 또 어떤 측면에서는 광범위하게 더욱 일반적인 형태라고 느껴질 수도 있다.

## 피드포워드 신경망에 대한 기본적인 수학 개념

다중 계층 피드포워드 신경망Multiple-Layer Feedforward Networks은 일반적으로 그림 5.1에 나와 있는 것처럼 뉴런들로 구성된 레이어들을 여러 겹에 걸쳐 쌓는 것으로 표현된다. 이는 단 하나의 은닉층만을 갖는 가장 기본적인 버전의 신경망을 그린 것이다. 명확한 이해를 위해 여기서는 단지 몇 개의 연결만 갖는 신경망으로 예시를 들었다. 실제로는 입력 뉴런에서 모든 은닉층 뉴런으로 연결돼 있으며, 다시 이 은닉층 뉴런들은 모든 출력층 뉴런들과 연결된다. 아래에 있는 레이어가 입력 레이어에 해당하며, 고전적인 모델링 서적에서는 보통 독립적인 변수 혹은 예측기predictor 등으로 지칭한다. 이러한 입력 레이어 바로 위에는 첫 번째 은닉층first hidden layer이 존재한다. 이 은닉층상에 존재하는 뉴런들은 입력 값들에 가중치를 적용해서 합산한 다음 상수 바이어스 값을 더한 뒤, 이를 비선형 함수의 입력 값으로 대입시킴으로써 활성화된다. 이러한 개개의 은닉층 뉴런들은 저마다의 입력 가중치 셋을 갖는다.

이 위에 또다시 두 번째 은닉층이 있다면 첫 번째 은닉층의 활성화 값에 다시 가중치를 적용한 후 모두 합산한 뒤 다시 바이어스 상수를 더하고, 두 번째 은닉층의 비선형 활성화 함수에 적용한다. 이런 식으로 원하는 만큼 많은 은닉층을 두고 같은 계산 과정을 반복해나간다.

신경망의 최상단에 있는 출력층의 활성화를 계산하는 방법은 다양하게 존재하며 이들 중 몇 가지 방법을 향후 논의할 것이다. 일단 지금은 바로 밑에 있는 레이어의 활성화 값들에 각각 가중치를 적용하고 더하기만 하고, 비선형 함수에 대입하지 않은 결과를 개개의 출력단 뉴런들의 활성화로 가정한다.

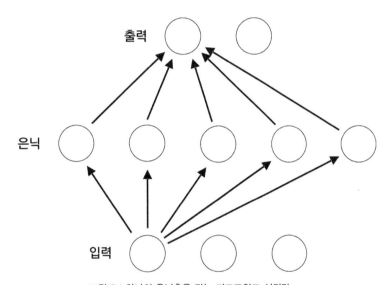

그림 5.1 하나의 은닉층을 갖는 피드포워드 신경망

좀 더 구체적으로, 뉴런의 활성화는 식 (5.1)에 나와 있는 이전 레이어의 활성화 함수로 표현된다. 이 방정식에서 $x = \{x_1, ..., x_k\}$는 이전 레이어가 출력하는 활성화 벡터에 해당하며, $w = \{w_1, ..., w_k\}$는 관련 가중치의 벡터이고 $b$는 바이어스 항에 해당한다.

$$a = f\left( b + \sum_{k=1}^{K} w_k x_k \right) \tag{5.1}$$

전체 레이어의 활성화를 한 번은 고려해 보는 것이 더욱 편리할 때가 종종 있다. 식 (5.2)는 이전 레이어의 각 뉴런에 대응되는 전체 $K$개의 열과, 계산된 레이어의 뉴런들 개수만큼의 행으로 구성된 가중치 행렬을 보여준다. 바이어스와 레이어 입력은 모두 열 벡터에 해당한다. 비선형 활성화 함수는 벡터의 요소별로 적용된다.

$$a = f(b + Wx) \tag{5.2}$$

활성화 값의 계산을 표현하는 방법이 한 가지 더 있는데 경우에 따라서 가장, 간편하게 써먹을 수 있다. 바이어스 벡터 b가 처리하기 골치 아픈 존재일 수 있기 때문에 바이어스 벡터를 하나의 추가적인 열로 간주해 기존 가중치 행렬 W의 오른편에 덧붙이고, 입력 벡터 x의 행에 1이라는 성분을 추가하는 식으로 동치화시킬 수 있다(x = {x1, ..., xK, 1}). 이렇게 하면 다음과 같이 각 레이어의 활성화 함수를 단순히 행렬과 벡터의 곱을 입력받는 함수로 변환된다.

$$a = f(Wx) \tag{5.3}$$

활성화 함수는 어떤 형태를 갖는가? RBM/감독 훈련된 모델과 실수 정의역의 오토인코딩 모델 등은 그림 5.2와 같이 그려지는 로지스틱 함수를 사용한다. 하지만 복소수 정의역의 오토인코딩 모델은 식 (5.4)로 표현되고 그림 5.3과 같이 그려지는 쌍곡선 탄젠트<sup>hyperbolic tangent</sup>를 사용하는데, 보편적으로 활성화 함수는 훈련 프로세스를 빠르게 해준다고 알려져 있다.

$$\tanh(t) = \frac{e^t - e^{-t}}{e^t + e^{-t}} \tag{5.4}$$

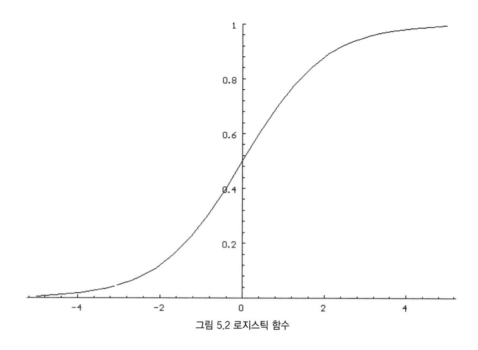

그림 5.2 로지스틱 함수

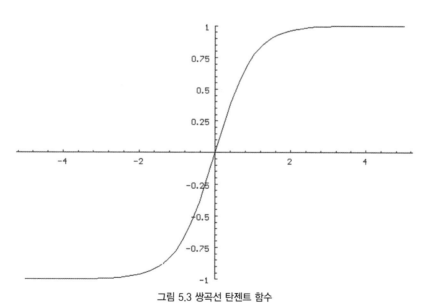

그림 5.3 쌍곡선 탄젠트 함수

## 오토인코더를 통한 탐욕적 훈련

여러 개의 오토인코더 레이어로 구성된 Deep Belief Net의 탐욕적 훈련은 RBM 의 경우와 유사하다. 하단 레이어(입력층에 가장 가까운)는 첫 번째로 훈련되며, 그다음 두 번째 레이어가 쌓아 올려지고, 그다음 역시 같은 식으로 원하는 개수 레이어 들만큼 쌓인다. 여기서는 더 상세하게 알고리즘을 서술한다. 이 설명문에서 $n_0$는 입력 데이터 개수를 의미하고 $n_k$는 $k$번째 은닉층의 뉴런 개수를 의미한다.

1) 하나의 은닉층을 갖는 오토인코더를 정의한다. 데이터 입력 벡터가 입력이 되며, 이와 같은 입력 벡터가 곧 목표치 역할을 한다. 인코더를 원하는 만큼 최적의 은닉층 가중치(입력을 은닉층에 연결해주는)와 최적의 출력 레이어 가중치(은닉층을 출력 레이어에 연결해주는)를 학습하려는 목적으로 마음껏 훈련(전형적으로 역전파 과정을 의미한다)시킨다. 가장 일반적인 최적화 평가 기준은 입력 벡터를 예측하기 위한 최소 평균 제곱 오차가 된다.

2) Deep Belief Net의 첫 번째 은닉층에 대한 가중치로써 $n_1$개의 은닉층 가중치를 저장한다. 이는 바라건데 입력 케이스를 최대로 서술적인 특징 셋인 은닉층 뉴런의 활성화에 매핑되도록 한다.

3) 출력 레이어 가중치를 버린다. 이는 평균 제곱 오차나 오토인코더의 능력의 몇 가지 다른 측정을 계산할 수 있게, 은닉층 뉴런의 활성화에 내장된 특징을 데이터 입력의 근사치로 매핑하려는 임시적인 목적으로 수행한다. 이러한 목적이 달성되면, 이러한 가중치는 필요한 만큼만의 길이를 갖는다.

4) Deep Belief Net상에 두 번째 은닉층을 넣고 싶은 경우(종종 그럴 때가 있을 것이다), 새로운 단일-은닉층 오토인코더를 훈련시켜서 방금 전 훈련시켰던 첫 번째 은닉층의 활성화 패턴을 재현시킨다. 특히, 다음 두 가지 단계들을 수행한다.

4a) 훈련 셋의 각 케이스들을 막 훈련된 은닉층을 거쳐 통과시킨다. 그러면, 각 케이스마다 $n_1$개의 새로운 변수들을 갖게될 것이며, 이는 은닉층의 활성화 벡터다. 이러한 집합체는 이제 막 오토인코더를 훈련시키기 위한 훈련 셋으로써의

역할을 할 것이다. 이러한 오토인코더는 $n_1$개의 입력과 출력, 그리고 $n_2$개의 은닉층 뉴런을 갖게 된다.

4b) 이와 같은 새로운 오토인코더를 훈련시킨다. Deep Belief Net의 두 번째 은닉층의 가중치로써 은닉층 가중치를 저장시킨다. 이번에도, 출력 레이어 가중치의 목적이 수행되었기 때문에 이를 버린다.

5) 지금까지는 선택적인 프로시저를 고려해왔다. 우리가 설계하는 Deep Belief Net에는 두 개의 은닉층이 포함된다. 각 레이어는 독립적으로 훈련된다. 원한다면 이러한 가중치들이 데이터 입력에 대해 2단 레이어 오토인코더를 만들어낼 수 있게 정밀 튜닝fine tuning해볼 수도 있다. 다시 말해서, $n_0$개의 출력들이 최적으로 $n_0$개의 데이터 입력을 재현하게 2단 레이어 신경망을 훈련시킬 수 있다. 두 은닉층을 동시에 훈련시키는 것은 독립적으로 하나씩 하는 것보다 훨씬 더 어려운 일이다. 이러한 문제 고려하는 것은 사실 첫 번째 은닉층이 입력을 재현하게 훈련됐고 두 번째 은닉층은 첫 번째 은닉층을 재현하게 훈련됐다는 것이다. 그러므로 가중치 값들은 아마도 꽤나 최적 값에 이미 근접해 있을 것이다. 운이 좋다면, 꽤 빠르게 수렴하는 결과를 얻을 수 있다. 하지만 정밀 튜닝을 하면 무조건 좋을까? 그 해답은 애플리케이션이 무엇이냐에 따라 달라진다.

6) Deep Belief Net에서 세 번째 은닉층이 필요하다면, 훈련 셋의 각 케이스들을 막 훈련된 두 은닉층을 거치도록 한다. 그러면, 각 케이스마다 $n_2$개의 새로운 변수들, 즉 두 번째 은닉층의 활성화 벡터가 생긴다. 이렇게 생긴 집합은 오토인코더를 훈련시키기 위한 훈련 데이터 셋으로써 사용된다. 이러한 오토인코더는 결국 $n_2$개의 입출력과 $n_3$개의 은닉층 뉴런을 갖는다. 이 인코더를 훈련시키고, 그 결과로써 Deep Belief Net의 세 번째 은닉층에 연결할 은닉층 가중치들을 저장한 다음, 출력 레이어 가중치를 버린다.

7) 이렇게 구한 세 가지 은닉층들을 데이터 입력에 대한 오토인코더로써 선택적으로 정밀 튜닝한다. 이는 연산 측면에서 봤을 때 아주 해결하기 힘든 문제가 될 수 있다.

8) 전체 Deep Belief Net을 구성하기 위해 필요한 만큼 반복한다.

## 복소수 개수에 대한 리뷰

이번 절에서는 복소수가 무엇인지, 복소수에 기본적인 수학 연산을 어떻게 적용하는지 대략적으로 재검토해본다. 이 주제를 이해하고 넘어가야 이번 장의 남은 모든 내용을 이해할 수 있다. 그렇다고 수학적으로 너무 깊게 들어가지는 않을 것이다. 이 책의 대상 독자들은 기본적인 대학 수학에 대해 이해하고 있다고 가정하지만, 이번 장에서 다루는 중요한 개념들을 재검토해볼 필요는 있다.

복소수는 다음과 같이 특수한 방식으로 덧셈과 곱셈이 정의되는 한 쌍의 실수 (a, b)로 간주될 수 있다.

$$(a,b) + (c,d) = (a+c, b+d)$$
$$(a,b) \cdot (c,d) = (ac-bd, ad+bc)$$

(5.5)

위 연산들이 체공리<sup>field axioms</sup>를 어떻게 만족하는지 직접 증명해보고 싶을 수도 있다. 복소수는 결합법칙과 교환법칙, 분배법칙 등을 만족한다. 덧셈 항등원<sup>additive identity</sup>은 (0, 0)이며, 곱셈 항등원은 (1, 0)이다. 모든 0이 아닌 복소수는 역수를 가지며, 곧 소개할 다른 몇 가지 정의들을 수반한다.

복소수 (a, 0)은 간략하게 a로 쓴다. 이렇게 함으로써 실수가 복소수 안에 포함되는 집합 개념으로 고려할 수 있게 해준다. 또한, 허수라는 특수한 개념을 $i = (0, 1)$과 같이 정의한다. 이는 $(a, b)$를 $a + bi$와 동치임을 말해주며, 앞으로 복소수를 기반으로 내용을 전개할 것이다.

허수에 곱셈 법칙을 적용하면 $i^2 = -1$로 정의된다. $i$가 $-1$의 제곱근이라는 사실은 아마도 복소수를 말할 때 가장 널리 알려진 개념일 것이다. 이번엔 다음과 같이 0이 아닌 복소수의 역수를 정의할 순서다.

$$\frac{1}{a+bi} = \frac{a-bi}{(a+bi)(a-bi)} = \frac{a}{a^2+b^2} + \left(\frac{-b}{a^2+b^2}\right)i$$

(5.6)

켤레복소수는 우리가 꼭 친숙해져야 할 특수한 정의다. 이 켤레복소수는 허수부의 부호를 뒤바꿔서 얻는다. 일반적으로 켤레복소수는 변수 위에 선을 그어서 표현한다.

$$\text{if} \quad z = a + bi \quad \text{then} \quad \bar{z} = a - bi \tag{5.7}$$

종종 복소수를 직교 좌표계를 기준으로 생각하는 게 이해가 간단해질 수 있다. 여기서는 켤레복소수를 극 좌표계에서 표현하는 방식을 이용한다. 그림 5.4를 보면, 하나의 복소수 $a + bi$를 하나의 점으로 그리고 있다.

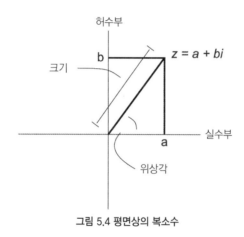

그림 5.4 평면상의 복소수

복소수의 크기 또는 절댓값은 그림 5.4에 나와 있는 것처럼 좌표까지의 거리로 그릴 수 있다. $z$라는 인자argument는 $arg(z)$로 표현되며, 이는 양의 실수축과 원점에서 $z$를 향하는 벡터가 만드는 반시계 방향의 각도로 정의된다. 이러한 정의는 식 (5.8)로 정의된다.

$$\begin{aligned} z &= a + bi \\ |z| &= \sqrt{a^2 + b^2} \\ a &= |z| \cos(arg(z)) \\ b &= |z| \sin(arg(z)) \end{aligned} \tag{5.8}$$

복소수라는 개념을 극좌표계에서 표현하는 것이 $a + bi$로 이해하는 것보다 유용할 때가 많다. 단위 길이의 복소수는 다음과 같이 코사인으로 실수부를 나타내고 사인으로 허수부를 나타낸다.

$$\text{cis } \theta = \cos \theta + i \sin \theta \tag{5.9}$$

단위 길이가 아닌 복소수는 길이를 곱해서 쓸 수 있다. 예를 들어 다음을 보자.

$$3 + 4i \approx 5 \text{ cis } 53 \tag{5.10}$$

극좌표계를 이용하면 다음과 같이 복소수의 곱셈법칙을 근사하게 변화시킬 수 있다.

$$(r_1 \text{ cis } \theta_1)(r_2 \text{ cis } \theta_2) = r_1 r_2 \, cis(\theta_1 + \theta_2) \tag{5.11}$$

이 결과는 다소 생소하지만 아주 유용한 복소수의 수학적 성질을 활용해 사용할 때, 제격이다. 이때, $e^0 = 1$, $e^0 = e$, 로그$(e^x) = x$, 그리고 $e^a \, e^b = e^{a+b}$ 등의 거듭제곱이 갖는 성질들을 능수능란하게 알고 있어야 한다. 하지만 만약 $e$의 제곱수가 복소수라면 어떻게 해야할까? 이런 경우, 증명은 생략하고 다음과 같은 결과물을 활용한다.

$$e^{iz} = \cos z + i \sin z \tag{5.12}$$

식 (5.12)가 임의의 복소수 $z$에 대해 만족하는 방정식으로, 여기서 $z$의 실수부를 엄격하게 고려해야 한다. 독자는 극좌표 기반의 표현이 복소수 정의역에서 함수를 시각화는 데 도움이 되기 때문에, 이런 내용을 주의 깊게 고민해봐야 할 것이다. 곱셈 법칙은 어떻게 될까?

이번 장 뒷부분에서 복소수를 다른 복소수로 매핑하는 함수에 대해 논의할 것이다. 이런 문맥에서 이 함수의 미분을 고려할 필요도 있다. 이제는 간략하게 실수 정의역에서의 미분 함수에 대해 검토해볼 차례다. 복소수 정의역에서 미분값들이 어떤 측면에서 맹렬한fierce 면모를 보이는지에 대한 힌트가 될 수 있으며, 마지막 에는 편미분으로 어떻게 위험perilous 영역을 회피할 수 있는지 보여줄 것이다.

독자는 함수의 미분(실수 영역에서의)이라는 것이 다음 정의가 보여주는 것처럼, 실수 영역의 변수가 조금 변화할 때, 그에 따른 해당 함수의 변화값의 상대적 차이를 나타내는 것이라는 기본적인 수학적 원리를 상기할 수 있을 것이다.

$$f'(x) = \lim_{h \to 0} \frac{f(x+h) - f(x)}{h} \tag{5.13}$$

위 정의가 내포하는 것은 변화율에 limit을 취하고 있으며, 변수 $x$를 오른쪽(양의 $h$)이나 왼쪽(음의 $h$)에서 접근하는 방향과 무관하게 같은 결과를 갖는다는 점이다.

$x$를 왼쪽이나 오른쪽에서만 접근할 수 있다는 사실은 실수 정의역의 미분을 직관적으로 이해할 수 있게 만들어준다. 이는 복소수 영역에서 매우 간단한 경우가 될 것이다. 여기서는 무한한 방향으로 임의의 점에 접근할 수 있다. 그리고 함수 값의 상대적 변화의 제한limit은 반드시 이러한 모든 방향에 대해 같은 값을 가져야 한다! 이것이 매우 한 요구조건이라는 점을 확신할 수 있기 위해서 그리 많은 고민을 할 필요는 없다. 함수가 기반이 되는 정의역에서 미분 가능하고 해당 도함수가 연속 함수를 만족한다면, 이 함수를 해석 함수analytic function라고 부른다. 이 용어는 나중에 다시 나올 것이므로, 여기서는 대략적으로만 정의했었다. 하지만 이는 우리가 깊게 파고들어야 할 만큼 들어간 것이다.[1]

우리는 종종 실수 값을 갖는 벡터를 정의역으로 갖는 함수와 실수 값 범위를 갖는 함수를 처리할 것이다. 그러한 함수는 이 벡터 요소들로 편미분한 성분들을 가질 수 있다(더 높은 차수의 미분은 논의하지 않을 것이다). 이 성분들은 정의역 벡터의 각 요소마다의 작은 변화량에 따른 함수 값의 상대적인 변화량을 의미하는 것이다.

---

1 함수가 정의역의 임의 점 $z_0$을 포함하고 있는 일부 영역 내의 모든 점에서 미분 가능하다면, 그 함수를 해당 점에서 해석적이라고 하며, 이러한 영역 뿐만 아니라 정의역 전체에서 모두 해석적이면, 그 함수를 해석 함수라고 한다. – 옮긴이

예를 들면 다음과 같다.

$$\frac{\partial}{\partial x} f(x,y) = \lim_{h \to 0} \frac{f(x+h,y) - f(x,y)}{h} \tag{5.14}$$

복소수 영역의 정의역과 치역을 갖는 함수의 도함수는 정의역과 치역의 실수부와 허수부를 별개로 고려해보면 훨씬 쉽게 다가갈 수 있다. 즉, 이들을 각각의 복소수 정의역과 실수 치역을 갖는 함수로 간주하는 것이다.

이 함수들 중 하나는 복소수 치역을 갖는 실수부 함수를, 다른 하나는 허수부 함수를 정의한다.

$$f(a+bi) = f_r(a+bi) + f_i(a+bi)\,i \tag{5.15}$$

그러면, 네 가지로 형태의 도함수를 처리하게 된다. 즉, 정의역 변수의 실수부에 관한 함수의 실수부와 정의역 변수의 실수부에 관한 함수의 허수부, 정의역 변수의 허수부에 관한 함수의 실수부와 정의역 변수의 허수부에 관한 함수의 허수부가 그것이다. 복소수 정의역에서 복소수 정의역으로 매핑되는 함수들 중 이러한 네 가지 편미분이 존재하고 연속성을 갖는 경우 해석 함수보다 더 일반적인, 상위 함수가 된다.

## 복소수 정의역에서의 고속 내적 연산

신경망을 훈련시킬 때, 가장 시간을 소비하는 요인은 내적 연산이다. 널리 알려진 최적화 방법은 루프 언롤링unrolling으로, 종종 내적 연산 속도를 크게 향상시켜준다. 식 (5.5)에서 복소수를 더하고 곱하는 기본적인 규칙들을 살펴봤었다. 그러므로 이제는 이러한 두 가지 개념들을 하나로 모아서 두 복소수 벡터의 내적을 계산해주는 루틴을 살펴보도록 하자. 다음 페이지에 코드를 수록했다. 이 책에서는 대부분 허수부와 실수부를 한 쌍으로 묶어서 저장한다.

루프 언롤링을 모르는 독자를 위해 설명해보면, 이 개념은 벡터 연산을 한 덩어리씩 처리하는 것이다. 이를 통해 얻을 수 있는 가장 명확한 이득은 일반적으로 루프의 인덱스 값을 체크해서, 이 인덱스를 증가시키고 루프의 시작 위치로 점프해 되돌아가는 것이 덜 빈번하게 이뤄진다는 것이다. 하지만 한 가지 이보다 더욱 큰 이점은 대부분의 현대적 프로세서들이 미리 예측해서 메모리 가져오기<sup>memory fetche</sup>와 이 밖의 관련 없는 연산들을 병렬로 수행할 수 있다는 것이다. 우리가 항상 가장 관심을 갖는 부분은 프로세서를 위해서라도 가능한 쉽게 프로그램을 작성하는 것이다. 마지막으로 코드 근방에 재사용되는 이러한 변수들을 유지시킴으로써, 컴파일러가 이 변수들을 레지스터에 저장하게 한다.

```c
void dotprodc (
  int n ,          // 벡터의 길이
  double *vec1 ,   // 내적할 첫 번째 벡터
  double *vec2 ,   // 내적할 또 다른 벡터
  double *re ,     // 출력의 실수부
  double *im )     // 허수부
{
  int k, m ;

  *re = *im = 0.0 ;      // 내적 결과를 누적시킬 변수
  k = n / 4 ;            // 벡터를 4개의 그룹지어서, 총 k개의 그룹으로 나눈다.
  m = n % 4 ;            // 나머지

  while (k--) {  // 각 그룹별로 처리
    *re += *(vec1  ) * *(vec2  )  -  *(vec1+1) * *(vec2+1) ;
    *im += *(vec1  ) * *(vec2+1)  +  *(vec1+1) * *(vec2  ) ;
    *re += *(vec1+2) * *(vec2+2)  -  *(vec1+3) * *(vec2+3) ;
    *im += *(vec1+2) * *(vec2+3)  +  *(vec1+3) * *(vec2+2) ;
    *re += *(vec1+4) * *(vec2+4)  -  *(vec1+5) * *(vec2+5) ;
    *im += *(vec1+4) * *(vec2+5)  +  *(vec1+5) * *(vec2+4) ;
    *re += *(vec1+6) * *(vec2+6)  -  *(vec1+7) * *(vec2+7) ;
    *im += *(vec1+6) * *(vec2+7)  +  *(vec1+7) * *(vec2+6) ;
    vec1 += 8 ;
    vec2 += 8 ;
  }
```

```
while (m--) {   // 나머지 부분을 처리
  *re += *vec1 * *vec2 - *(vec1+1) * *(vec2+1) ;
  *im += *vec1 * *(vec2+1) + *(vec1+1) * *vec2 ;
  vec1 += 2 ;
  vec2 += 2 ;
 }
}
```

## 복소수 정의역에서의 고유 값 분해

대부분의 독자들은 선형 회귀에 대해 이미 알고 있을 것이다. 여기서는 하나의 데이터 셋이 근본적인 선형 모델과 약간의 노이즈를 섞어서 설명될 수 있다고 가정한다. 목표변수 $y$의 예상치는 가중치를 적용한 예측기 $a_i$들의 합에 바이어스 상수를 더한 값으로 주어진다. 식 (5.16)은 근본적인 모델을 서술하는 전형적인 식에 해당한다. 이 방정식에는 $w_0$부터 $w_{m-1}$까지 모델을 정의하는 $m$개의 가중치들이 존재한다. 첫 $m$-1개의 가중치(0부터 $m$-2까지의 가중치)항들이 예측기 항들과 곱해지며, 마지막 항은 바이어스 항으로 불리는 상수 값이다.

$$\hat{y} = a_0 w_0 + a_1 w_1 + ... + w_{m-1} \qquad (5.16)$$

최적의 가중치 값을 구하는 '전형적인' 해결 방법은 역행렬을 수반한다. 이는 여러 가지 실질적인 애플리케이션에서 유일하거나 거의 그러하다. 이러한 끔찍한 문제를 회피하기 위해서, 성실한 개발자들은 고유 값 분해<sup></sup>singular value decomposition라는 기법을 이용한다.

고유 값 분해를 구현한 SVDCMP.CPP 코드 파일은 내 홈페이지에서 무료로 다운로드할 수 있다. 이 파일에는 선형회귀에 적용하기 위한 상세한 사용법이 수록돼 있으므로, 여기서는 대략적인 오버뷰만 제공할 것이다. 기본 개념은 먼저 사용자가 각 케이스마다 $m$-1개의 예측기 값과 바이어스 상수 값인 1.0을 포함하게 행렬을 채워넣는 것이다. 멤버 함수 svdcmp()가 호출된다. 그다음엔 사용자가 입력된 케이스들에 대응하는 목표치를 포함하게 벡터를 채워넣는 것이다. 그리고 멤버 함수 backsub()가 호출된다. 이는 예측기의 평균 제곱 오차를 최소화하는 가중치를 반환한다.

이런 내용이 훈련 신경망과 어떤 연관이 있을까? 출력층이 선형이라는 점을 상기하자. 그러므로 출력층 바로 이전 레이어의 활성화를 계산할 때, 이를 선형 회귀 예측기로 사용할 수 있어서, 값비싼 반복 계산 없이도 최적의 가중치를 계산할 수 있다. 독자가 중요시하는 게 무엇이든간에, 이는 가치가 있다.

앞서 설명한 방법은 복소수 예측기와 목표치를 갖는 경우로 쉽게 확장될 수 있다. 모든 필요 사항은 실수부와 허수부를 별개로 처리하는 것이다. 훈련 셋의 각 케이스는 이제 $a$ 행렬 안에 두 개의 행과, 목표치 벡터에 두 개의 요소를 생성한다. 두 개의 행들 중 하나는 목표치의 실수부를 예측하기 위한 것이며, 다른 하나는 허수부를 예측하기 위한 것이다. 주어진 케이스에 대해, 두 방정식이 다음에 나와 있다. 필요하다면, 식 (5.5)를 재검토해 짝 지어진 항들이 어떻게 나오는지 확인해보자. 그림 5.5는 $a$ 행렬과 $y$ 벡터의 데이터 구조를 보여준다.

$$a_{0,r}w_{0,r} - a_{0,i}w_{0,i} + \dots + w_{m-1,r} = y_r$$
$$a_{0,i}w_{0,r} + a_{0,r}w_{0,i} + \dots + w_{m-1,i} = y_i$$

(5.17)

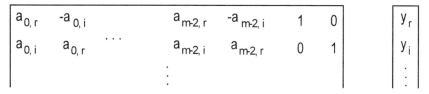

그림 5.5 복소수 SVD의 a 행렬과 y 벡터

앞에서 어떻게 $a$ 행렬과 $y$ 벡터가 형성되는지 살펴봤다. 이제 이것이 어떻게 최적의 출력 레이어 가중치를 계산할 때 전형적으로 사용될 수 있는지 보여주는 코드를 살펴보겠다. 이 코드는 다층 오토인코더를 정밀 튜닝하는(앞 페이지의 5단계) 루틴에서 발췌한 것이다. 목표치는 가장 일반적인 케이스인 복소수다. 차후에 완전한 신경망을 정밀 튜닝하기 위해 목표치의 실수부만 고려 대상으로 하며 거기서 사용되는 알고리즘이 아래에 나와 있는 알고리즘의 일부분임을 보게될 것이다.

여기서는 SingularValueDecomp 오브젝트를 생성해서 알고리즘을 수행한다. 첫 번째 파라미터는 $a$ 행렬에서 행의 개수에 해당한다. 완전한 복소수 애플리케이션 에서는 각 케이스마다 두 개의 행들이 대응하게 존재한다. 두 번째 파라미터는 열 의 개수를 의미한다. nhid개의 은닉층 뉴런이 존재하며, 이 뉴런들의 활성화는 바이어스 상수와 함께 각각 출력층으로 전달된다. 이러한 개개의 수량은 완전한 복소수이기 때문에 두 개의 열을 차지하게 된다. 마지막 파라미터는 생성자에게 a 행렬을 보존시킬 필요가 없다는 것을 말해주는 플래그다.

```
svd = new SingularValueDecomp ( 2 * n_cases , 2 * (nhid + 1) , 0 ) ;
```

입력 데이터를 가져와서 은닉층(들)을 거쳐서 전파시킨다. 마지막 은닉층의 활성화는 출력층으로 전달되며, tmp_inputs 행렬 변수로 저장된다. 이 행렬은 max_neuron개의 열로 구성된다. 일반적으로, 이러한 열의 크기는 실제 사용되는 열의 크기보다 클 수도 있다. 입력 데이터를 가져오고 전파시키는 내적인 연산의 루틴은 프로그램의 아키텍처에 따라 달라지는 부분이므로 여기에서는 생략한다. 독자가 직접 구현해도 되는 부분이므로, 매우 달라질 수 있을 뿐만 아니라, 이번 주제와 연관도 없다.

```
data_to_tmp () ;  // 입력 데이터를 구한다.
propagate ( n_cases , n_layers ) ; // 레이어들을 거치면서 전파시킨다.
```

이제 $a$ 행렬의 절반과 $y$ 벡터를 구성한다. 이 벡터의 행들은 목표치의 실수부에 해당한다.

```
aptr = svd->a ;   // a 행렬을 처리한다.

for (i=0 ; i<n_cases ; i++) {   // 이 행들은 실수 예측 값에 대한 결과다.
  dptr = tmp_inputs + i * max_neurons ;  // 활성화에서 현재 케이스를 가리킨다.
  for (j=0 ; j<nhid ; j++) {  // 각 은닉층 뉴런의 활성화
    *aptr++ = *dptr++ ;  // 활성화의 실수부
    *aptr++ = - *dptr++ ;  // 허수부
  }
```

```
  *aptr++ = 1.0 ;   // 실수 상수 바이어스
  *aptr++ = 0.0 ;   // 행은 모두 실수 값을 가지므로 해수부는 없음
}
```

이제 목표치의 허수부를 예측하는 곳에 해당하는 행을 만들어 채운다.

```
for (i=0 ; i<n_cases ; i++) {             // 예측기의 허수부를 채우기 위한 셋
  dptr = tmp_inputs + i * max_neurons ; // 활성화에서 현재 케이스를 가리킨다.
  for (j=0 ; j<nhid ; j++) {              // 각 은닉층 뉴런의 활성화
    *aptr++ = dptr[1] ; // 활성화의 허수부
    *aptr++ = dptr[0] ; // 실수부
    dptr += 2 ;              // 다음 뉴런을 가리키도록 포인터를 이동시킨다.
  }
  *aptr++ = 0.0 ;              // 예측기의 허수부로써, 실수 바이어스는 없다.
  *aptr++ = 1.0 ;              // 목표치의 허수부에 대한 바이어스
}
```

고유 값 분해를 수행한다. 다시 한 번 입력 데이터를 가져오도록 하지만 은닉층
(들)을 거쳐서 전파시키지 않는다. 이 특별한 애플리케이션에서 우리가 입력해줘
야 하는 것은 무엇이 오토인코더가 될 것인지 목표치로 정하는 것이 전부다. 신경
망이 더 일반적인 목적을 위해 훈련되고 있다면, 원하는 것은 무엇이든 목표치로
가져오게 될 것이다.

```
svd->svdcmp () ;
data_to_tmp () ;  // 목표치를 가져온다.
```

개개의 목표치를 별도로 처리한다. 한 번에 하나씩, 마지막 은닉층(이 레이어의 활성
화는 a 행렬안에 존재한다)을 하나의 출력 뉴런에 연결하는 가중치를 구한다.

```
for (i=0 ; i<n_targets ; i++) {  // 각 목표치 (출력 뉴런)에 대해 뉴런
  bptr = svd->b ;                  // 여기에 y 벡터가 반드시 위치해야 한다.

  for (j=0 ; j<n_cases ; j++) {          // 목표치의 실수부를 처리한다.
    dptr = tmp_inputs + j * max_neurons ; // 목표 케이스를 가리킨다.
    *bptr++ = dptr[2*i] ;                 // 목표치의 실수부
  }

  for (j=0 ; j<n_cases ; j++) {          // 목표치의 허수부를 처리한다.
    dptr = tmp_inputs + j * max_neurons ; // 목표 케이스를 가리킨다.
```

```
    *bptr++ = dptr[2*i+1] ;  // 목표치의 허수부
  }

  svd->backsub ( 1.e-4 , 출력_weights + i * 2 * (nhid + 1) ) ; // 출력 가
중치를 찾는다.
}
```

## 복소수 정의역의 활성화

앞부분에서 피드포워드 신경망의 오버뷰를 소개했다. 식 (5.4)에 나와 있는 쌍곡
선 탄젠트 함수가 복소수 정의역에서 활성화의 근간을 형성할 것이라는 점을 강조
했었다. 이제 이 이슈에 대해 살펴보자.

이러한 논의는 실수 정의역을 갖는 데이터, 목표치, 활성화 함수 등으로 제한됐다.
이제는 복소수 정의역으로 확장시키기 위한 첫 발을 내디딜 차례다. 복소수 영역
에서는 상황이 깔끔하고 단정하게 떨어지지 못한다. 여기서 가장 복잡한 요소들
중 하나는 복소수 정의역에서의 도함수가 단순히 실수 정의역에서의 도함수를 직
관적으로 확장한 상대적인 형태를 갖지 않는다는 점이다. 실수 좌표는 오로지 좌
우 방향으로만 접근 가능하다. 복소수 정의역에서의 좌표는 복소 평면에서 무한한
방향으로 접근 가능하다. 이러한 사실은 복소수 정의역에서의 도함수의 존재 자
체마저도 훨씬 복잡하게 만든다. 이러한 문제는 복소수 도함수를 직접적으로 사용
하지 않는 식으로 회피할 것이다. 즉, 모든 복소수를 실수부와 허수부로 나눠서 쓰
고, 정의역 변수를 실수부와 허수부로 각각 함수의 실수부와 허수부를 미분한 편
미분을 활용한다. 나중에 보게 되겠지만, 이렇게 하는 것이 활성화 함수를 선택하
는 데 있어 훨씬 더 넓은 자유도를 제공한다.

일반적으로 복소수 정의역에서 사용 가능한 실수 활성화 함수를 복소수 함수로 확
장하는 경우를 찾기란 거의 불가능하다. 예를 들어 쌍곡선 탄젠트 함수가 탁월한
실수 정의역을 갖는 활성화 함수라고 잘 알려져 있다. 이제 복소수 정의역에서의
tanh 함수의 실수부와 허수부를 살펴보도록 하자. 이를 그림으로 그려보면 각각 그
림 5.6과 5.7(수직 방향으로 잘라낸 모습)과 같다. 상식적으로 이런 형태는 전혀 유용한

활성화 함수처럼 보이질 않는다! 게다가, 그레디언트들이 학습 알고리즘을 위해서 사용돼야 하는 경우, 함수의 정의역에 걸쳐서 함수가 위험한 비연속성을 갖는다는 사실은 이러한 함수를 사용하지 못하게 한다. 뭔가 더 나은 방법이 필요하다.

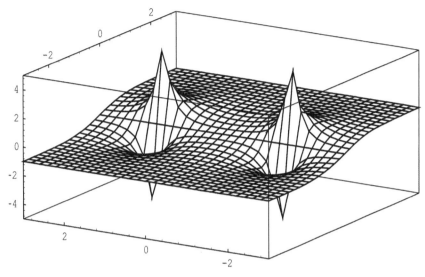

그림 5.6 복소수 tanh 함수의 실수부

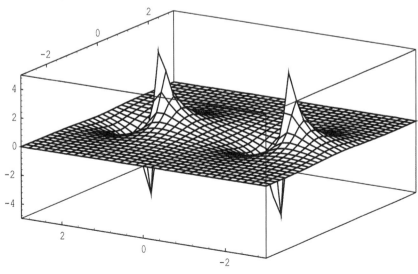

그림 5.7 복소수 tanh 함수의 허수부

실수 정의역에서의 오랜 경험은 대부분의 효과적인 활성화 함수가 S 형태의 시그모이드sigmoid를 갖는다는 것에 거의 모두가 동의한다. 시그모이드는 경계를 갖고, 미분 가능하며 모든 범위에 걸쳐서 양의 도함수를 갖는 실수 정의역과 치역을 따르는 함수다. 규약에 따라, 시그모이드 활성화 함수는 빠르게 접근적으로 자신의 경계값에 접근하며 함수의 정의역의 중심(전형적으로 0임) 부근에서 대략적으로 선형성을 갖는다고 가정한다.

이제 복소수 정의역에서의 적절한 활성화 함수가 가져야 하는 성질들에 대해 고려해보자. 이러한 성질들은 실수 정의역에서의 시그모이드 함수의 정의를 직관적으로 확장한 것이다. 그러므로 분명히 이 함수의 실수부와 허수부가 정의역 변수의 실수부와 허수부에 대해 미분 가능하기를 원할 것이다(그럼에도 복소수 시그모이드 함수가 해석적일 것이라고 예상하는 것은 합리적이지 못하다. 이는 우리의 함수 선택에 있어 심각하고 불필요한 제약을 부과할 수도 있다). 활성화 함수의 크기가 경계를 가지면서 정의역 변수의 크기가 증가함에 따라 이러한 경계치에 빠르게 근접하기를 원할 것이다. 마지막으로 정의역 변수의 크기가 작을 때, 활성화 함수가 대략적으로 선형이 되기를 원할 것이다.

즉시 명백해지는 가능성을 갖는 몇몇 스쿼싱squashing 함수를 실수부와 허수부에 적용하는 것이다.[2] 예를 들어 다음을 보자.

$$f(x+yi) \ = \ \tanh(x) + \tanh(y)\, i \tag{5.18}$$

몇몇 연구원들은 이러한 기법을 이용해 좋은 결과를 얻어낸 사실을 보고해왔다.

하지만 식 (5.18)과 같은 함수에는 없는 또 다른 매력적인 성질이 존재한다. 활성화 함수가 신경망 입력의 방향을 보존하는 경우 이 성질이 유용할 수 있다. 이런 성질은 쉽게 구현될 수 있다. $s(x)$를 $s(0) = 0$인 시그모이드 함수라고 가정하자. 쌍곡선 탄젠트 함수도 이러한 함수들 중 하나다. 시그모이드의 정의역 변수는 양수

---

2 스쿼싱이란 말 그대로, 발산하는 함수를 위아래로 눌러서 S 형태로 찌그러지는 모양을 생각해보면 된다. - 옮긴이

값만 고려할 것이다. 그러면 식 (5.19)를 이용해서 함수의 방향을 바꾸지 않고도 복소수의 길이를 찌그러뜨릴 수 있다.

$$f(x+yi) = px + pyi$$
$$p = \frac{s\left(\sqrt{x^2+y^2}\right)}{\sqrt{x^2+y^2}} \tag{5.19}$$

시그모이드 함수 $s(x) = \tanh(x)$의 실수부와 허수부를 그리면 그림 5.8, 5.9와 같다. 이 활성화 함수는 간단하게 인자값을 입력 값에 곱해서 출력값을 계산한다. 이 인자는 실수 정의역 스쿼싱 함수 $s(x)$가 신경망 입력의 길이를 압축시키는 비율이다. 나는 식 (5.19)에 $s(x) = \tanh(1.5\ x)$를 적용한 활성화 함수는 표준으로 사용한다. 이때, 1.5라는 인자는 몇몇 연구원들이 제안한 것이라 쓴 것이지만, 얼마든지 변경할 수 있다.

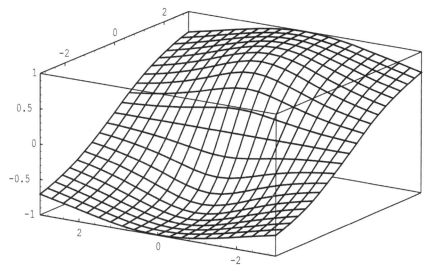

그림 5.8 복소수 함수의 실수부

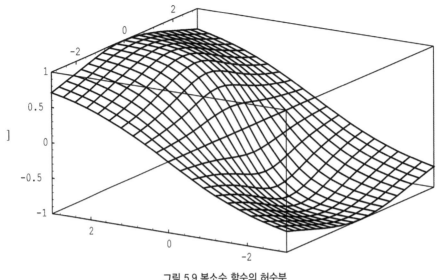

그림 5.9 복소수 함수의 허수부

## 활성화 함수의 도함수

다음 절에서 오차 그레디언트를 계산할 때, 활성화 함수의 도함수가 필요할 것이다. 이번 절은 식 (5.19)로 표현되는 활성화 함수의 도함수를 어떻게 계산하는지 보여줄 것이다.

두 개의 실수 독립 변수들로 이뤄진 함수로써 식 (5.19)의 절반을 다시 써보기 시작하자. $x$가 신경망 입력의 실수부나 허수부 개개의 역할을 취하게 할지 말지에 따라 활성화 함수의 실수부와 허수부를 모두 계산하기 위해 식 (5.20)을 사용할 수 있다는 것이 명백할 것이다.

$$h(x,y) = \frac{x\, s\!\left(\sqrt{x^2+y^2}\right)}{\sqrt{x^2+y^2}} \tag{5.20}$$

다음 몇 가지 방정식들을 간단하게 만들기 위해, 다음과 같이 신경망 입력의 길이를 정의한다.

$$L = \sqrt{x^2 + y^2} \tag{5.21}$$

이제 $h(x,y)$를 $x$에 관해 편미분한 도함수를 다음과 같이 쓸 수 있다.

$$\frac{\partial h}{\partial x} = \frac{s(L)}{L} - \frac{x^2 s(L)}{L^3} + \frac{x^2 s'(L)}{L^2} \tag{5.22}$$

식 (5.20)을 사용해서, $x$가 알짜 입력의 실수부의 역할을 하게 함으로써($y$는 허수부가 되도록 하면서) 활성화 함수의 실수부를 계산할 때, 식 (5.22)와 같은 출력의 실수부를 입력의 실수부로 편미분한 결과를 얻게 된다. 유사하게, $x$가 입력의 허수부이고 $y$는 실수부일 때, 식 (5.22)는 출력의 허수부를 입력의 허수부로 편미분한 결과가 된다.

$h(x,y)$의 $y$에 대한 편미분 공식은 다음과 같다.

$$\frac{\partial h}{\partial y} = \frac{xy s'(L)}{L^2} - \frac{xy s(L)}{L^3} \tag{5.23}$$

위 식은 출력의 실수부를 입력의 허수부로 편미분한 도함수와 출력의 허수부를 입력의 실수부로 편미분한 도함수를 계산하게 해준다. 명확히 나타나는 대칭성으로 인해 이 두 가지 수량은 같다.

이러한 스쿼싱 함수의 도함수는 식 (5.24)와 같다.

$$\begin{aligned} s(x) &= \tanh(1.5x) \\ s'(x) &= 1.5(1 - s^2(x)) \end{aligned} \tag{5.24}$$

편미분을 계산하는 코드는 다음과 같다. 이 코드가 같은 여러 가지 특징들에 대해 주목해야 한다. 첫 번째는 빈번한 경우로, 활성화 값과 편미분 값을 동시에 계산하는 것이 가장 효율적이므로 이러한 방식을 적용할 것이다. 두 번째는 선형 활성화 함수에 대한 대비<sup>provision</sup> 방식에 주목하자. 출력 뉴런인 경우, 일반적으로 선형성을 원하게 된다. 이런 경우, 연산 측면이 갖는 비중은 미미하다.

입력과 계수 벡터들은 복소수 값들이 쌍으로 묶여서 저장된다. 각 벡터 원소들의 실수부 바로 뒤에 허수부가 뒤따른다. 출력은 단 하나의 복소수이며 같은 방식에 의해 저장된다. 호출 파라미터 리스트는 다음과 같다.

```
void activity_cc (
   double *input ,  // 현재 뉴런의 입력 벡터; 2 * ninputs만큼의 길이를 갖는다.
   double *coefs ,  // 가중치 벡터, 2 * (ninputs+1) 만큼의 길이를 갖는다 (끝에 바이어스
항이 포함).
   double *outputs ,  // 현재 뉴런이 도달한 활성화 (실수부, 허수부)
   double *d_rr ,  // null이 아니면, 실수부 활성화의 실수 입력에 대한 편미분 반환
   double *d_ii ,  // 상동, 허수부에 대한 허수부 활성화의 편미분
   double *d_ri ,  // 상동, 허수부에 대한 실수부 활성화의 편미분으로,
                   // 실수부에 대한 허수부의 편미분과 동일.
   int ninputs ,  // 복소수 입력 개수
   int outlin  // 0이 아닌 경우 활성화 함수는 동일하고, 0이면 로지스틱이다.
)
```

먼저 101페이지에 나와 있는 루틴을 이용해서, 입력과 가중치의 복소수 정의역 내적을 계산한다. 그러므로 바이어스를 추가한다. 선형 함수인 경우, 단순히 활성화 값을 리턴한다. 선형 활성화 함수의 도함수는 단순히 실수/실수와 허수/허수 쌍인 경우엔 1.0이고, 서로 다른 쌍에 대해서는 0.0이 되므로, 이 경우는 무시해야 한다. 호출자에서 이들을 구현하는 게 더 쉽다.

```
{
   double rsum, isum, raw_length, squashed_length, ratio, deriv, len_
sq, temp ;

   dotprodc ( ninputs , input , coefs , &rsum , &isum ) ;
   rsum += coefs[2*ninputs] ;  // 바이어스 항
   isum += coefs[2*ninputs+1] ;

   if (outlin) {
     *outputs = rsum ;
     *(output+1) = isum ;
```

```
    return ;
  }
```

식 (5.20)을 통해 활성화의 실수부와 허수부를 계산한다. 오프셋 값 1.e-60은 0으로 나눠지는 경우를 위해 더한 값이다.

```
len_sq = rsum * rsum + isum * isum + 1.e-60 ;
raw_length = sqrt ( len_sq ) ;
squashed_length = tanh ( 1.5 * raw_length ) ;   // 1.5는 경험적으로 정한 값이다.
ratio = squashed_length / raw_length ;   // 식 (5.19)에서의 p값

*outputs  = rsum * ratio ;
*(output+1) = isum * ratio ;
```

때로는 호출자가 활성화 함수만 원할 때도 있고, 때로는 편미분 값도 원할 수 있다.

```
if (d_rr == NULL)
  return ;
```

마지막 몇 줄은 식 (5.22)와 (5.23)을 구현한 것이다. 속도와 정확도 향상을 목적으로 코드를 구현했기 때문에, 이 식들과 코드 간의 관계를 즉시 명확하게 이해하지 못할 수도 있다.

```
  deriv = 1.5 * (1.0 - squashed_length * squashed_length) ; // 식 (5.24)
  temp = (deriv - ratio) / len_sq ;

  *d_rr = ratio + rsum * rsum * temp ;
  *d_ii = ratio + isum * isum * temp ;
  *d_ri = rsum * isum * temp ;
}
```

## 로지스틱 활성화 함수와 도함수

여기서는 주로 복소수 정의역을 갖는 모델들을 고려하지만, DEEP 프로그램은 실수 정의역을 갖는 모델들도 제공한다. 이 경우, 로지스틱 활성화 함수를 사용한다. 이 함수와 이 함수의 도함수는 다음 식 (5.25)와 같다.

$$f(x) = \frac{1}{(1 + e^{-x})}$$ (5.25)

$$f'(x) = f(x)(1 - f(x))$$

## 그레디언트 계산

신경망을 다루는 다양한 전문 서적들은 실수 정의역을 갖는 평균 제곱 오차의 그레디언트 계산 식을 유도한다. 이번 시리즈의 1권에서도 이 주제에 대해 상세한 내용을 다루고 있다. 대부분의 독자들은 그레디언트를 계산하기 위한 역전파 과정을 확실하게 파악하기 위해, 이러한 주제를 재검토하기 위한 타임아웃을 취하는 이익을 볼 수도 있을 것이다.

복소 평면에서는 하나의 좌표로 접근할 수 있는 방향이 무한하게 존재한다는 사실 때문에, 복소수 정의역에서의 도함수들은 실수 정의역에서의 도함수를 단순하게 확장시킨 형태를 갖지 않는다. 그러므로 따분할 수도 있지만 여러 장의 페이지를 할애해서 복소수 기반의 신경망에 대한 그레디언트의 명확한 도함수 식 전개를 해보는 것이 가치 있다.

앞으로 여러 가지 특별한 형태의 표기 규약법을 이용할 것이다. 이러한 규약을 사용하는 목적은 과도하게 복잡해지는 수식 전개를 방지하기 위함이다.

다음과 같이 하는 목적은 3개의 레이어를 갖는 신경망의 오차를 레이어의 뉴런 하나와 다른 레이어의 뉴런 하나를 이어주는 단 하나의 가중치로 편미분한 값을 계산하기 위함이다. 더 많은 은닉층을 갖는 경우도 반복적인 계산으로 쉽게 편미분을 구할 수 있으며, 이는 포로그램 코드에 설명돼있다. 단 하나의 입력 전달에 대한 그레디언트를 찾을 수 있을 것이다. 전체 훈련 에포크에 대한 그레디언트는 해당 에포크에서 모든 입력presentations에 대한 그레디언트들의 합이 된다.

전형적인 실수 정의역에서의 도함수는 가중치를 $w_{ij}$로 표기해 뉴런의 근원$^{source}$ 과 전달 대상$^{destination}$을 나타낸다. 하지만 여기서는 이런 표기법이 불필요하게 수식을 복잡하게 만들 소지가 있으므로, 사용하지 않을 것이다. 대신, 'r'과 'i'를 써서 가중치의 실수부와 허수부를 각각 표현할 것이다. 그러므로 단 하나의 복소수 가중치는 $w = (w_r + w_i i)$로 풀어 쓸 수 있다. 나중에는 가중치가 연결하는 뉴런들을 나타내는 표기법이 불필요할 정도로 과도할 때가 많으므로, 반드시 필요할 경우에만 이 표기법을 사용할 것이다.

이제부터 다루게 될 용어들의 정의들을 살펴보자. E는 실수 값 기반의 오차다. 이외의 다른 모든 용어들은 복소수 값을 갖는다. 그러므로 위에서 설명했던 가중치와 마찬가지로, 이러한 용어들은 'r'이나 'i'로 표기해서 실수부와 허수부를 나타낼 것이다. 용어의 정의에는 표기법을 사용하지 않는다.

| | |
|---|---|
| *in* | 신경망에 전달되는 입력 |
| *hnet* | 은닉층 뉴런에 전달되는 알짜 입력 |
| *h* | 해당 은닉층 뉴런의 활성화 |
| *anet* | 출력 뉴런으로 전달되는 알짜 입력 |
| *a* | 위 출력 뉴런의 활성화 |
| *t* | 위 출력 뉴런의 목표 활성화 |
| *E* | 위 출력 뉴런의 오차 |
| $E_{TOT}$ | 모든 출력 뉴런들에 대한 전체 오차 |
| *w* | 뉴런과 뉴런을 잇는 가중치 |

$E$ 는 표기법을 적용하지 않았을 때를 고려한 단일 출력 뉴런의 오차를 가리킨다. 그래도 가끔은 모든 출력 뉴런들을 대상으로 한 합산의 일부로써 나타난다. 이러한 경우, 임의의 특별한 뉴런을 가리킨다는 것을 나타내도록 표기하게 될 것이다. 그러므로 예를 들면 다음과 같은 형태로 쓸 수 있다.

$$E_{TOT} = \sum_k E_k \tag{5.26}$$

개개의 출력 뉴런 오차 합보다 더 복잡한 신경망 오차를 정의하는 게 가능하다는 것에 주목하자. 특히, 분류를 위한 SoftMax 출력 오차에 대해선 뒤에서 설명한다.

별다른 언급이 없으면, 복소수의 실수부와 허수부에 별도로 적용될 복소수 연산 법칙(식 (5.5)와 같이)들을 이용해서, 실수 기반으로 모든 연산이 이뤄질 것이다. 이는 다음과 같은 대부분의 방정식들이 직접적으로 프로그램될 것이기 때문이며, 그러므로 엄격하게 실수 기반으로 표현하는 것은, 구현 언어가 효율적인 복소수 연산 법칙을 직접적으로 지원하지 않을 때, 방정식을 코드로 쉽게 구현하게 해준다.

신경망 오차에 미치는 가중치의 영향은 하나 이상의 신경망 연산, 하나 이상의 활성화 함수, 그리고 마지막 오차 함수 등을 거쳐서 결과로 나오게 된다. 줄지어 연속되는 연산의 고리를 끊기 위해, 식 (5.27)에 나와 있는 일반화된 연속 법칙을 지루할 정도로 반복 적용할 것이다.

$$
\begin{aligned}
u &= g_1(x, y) \\
v &= g_2(x, y) \\
h &= f(u, v) \\
\frac{\partial h}{\partial x} &= \frac{\partial h}{\partial u}\frac{\partial u}{\partial x} + \frac{\partial h}{\partial v}\frac{\partial v}{\partial x} \\
\frac{\partial h}{\partial y} &= \frac{\partial h}{\partial u}\frac{\partial u}{\partial y} + \frac{\partial h}{\partial v}\frac{\partial v}{\partial y}
\end{aligned}
\tag{5.27}
$$

먼저 은닉층을 출력층과 연결시켜주는 쉬운 가중치들부터 시작해보자. 특히, $w = (w_r + w_i i)$, 하나의 은닉층 뉴런을 출력층 뉴런과 연결시켜주는 가중치에 관심을 갖도록 하자. 은닉층 뉴런의 활성화는 $h = (h_r + h_i i)$와 같다. 출력층으로 전달되는 알짜 입력은 *anet*이며, 여기서 뉴런의 활성화는 *a*가 된다(독자가 분명히 이제는 이에 대한 개념을 잡고 있을 것이라 생각하기 때문에, 그러한 항을 실수부와 허수부로 나누는 것을 명시적으로 보여줄 것이다). 또한, 이 책에서는 *a* = *anet*이 되도록 항상 선형 출력을 사용할 것이다. 하지만 일반성을 극대화하기 위해 식을 전개할 때는 이러한 가정을 하지 않겠다.

다시 한 번 뉴런의 활성화가 어떻게 계산되는지 보여주는 식 (5.1)을 살펴보도록 한다. 이제는 제곱 오차의 합도 이용된다고 가정한다. 다음 페이지에서는 어떻게 분류를 위한 SoftMax 출력 오차를 그레디언트 계산 과정에 통합시킬 수 있는지 보여줄 것이다. 출력 뉴런 k라고 부르는 고려 대상의 뉴런 하나가 내보내는 오차는 식 (5.28)과 같이 뉴런의 목표치와 활성화 값 사이의 차이 값을 제곱한 길이로 계산된다.

$$E_k = |a - t|^2 = (a_r - t_r)^2 + (a_i - t_i)^2 \tag{5.28}$$

연쇄 법칙을 편미분에 적용해서 미분 성분을 분해하는 작업부터 시작해보자. 가중치 $w$가 하나의 뉴런에만 영향을 미치기 때문에, 고려 대상 뉴런을 제외한 출력 뉴런들에 대해서는 고려할 필요가 없다는 점에 주목하자. 다시 말해서, 전체 오차를 $w$에 대해 편미분한 도함수나 출력 뉴런의 오차를 $w$로 편미분하나 똑같다는 것이다.

$$\frac{\partial E_{TOT}}{\partial w_r} = \frac{\partial E_{TOT}}{\partial anet_r}\frac{\partial anet_r}{\partial w_r} + \frac{\partial E_{TOT}}{\partial anet_i}\frac{\partial anet_i}{\partial w_r}$$

$$\frac{\partial E_{TOT}}{\partial w_i} = \frac{\partial E_{TOT}}{\partial anet_r}\frac{\partial anet_r}{\partial w_i} + \frac{\partial E_{TOT}}{\partial anet_i}\frac{\partial anet_i}{\partial w_i} \tag{5.29}$$

식 (5.29)의 우변 항들이 복잡한 형태를 갖는 건 아니다. 식 (5.1)은 현재 출력 뉴런에 전달되는 알짜 입력이 현재 가중치의 근원인 단일 은닉층 뉴런의 활성화만을 거치면서, 이 가중치에만 의존한다는 것을 보여준다. 은닉층 뉴런의 활성화의 가중치를 어떻게 계산하는지 상기해보자(식 (5.5)).

$$hw = (h_r + h_i i)(w_r + w_i i)$$
$$= (h_r w_r - h_i w_i) + (h_r w_i + h_i w_r) i \tag{5.30}$$

그러므로 즉시 식 (5.29)의 우변항들을 계산할 수 있게 된다. $y$는 식 (5.31)에 나와 있다.

식 (5.29)의 좌변항은 좀 더 추가적인 작업이 필요하다. 식 (5.32)에 나와 있는 것처럼 연쇄 법칙을 다시 적용해야 한다. 이 방정식의 인자들이 $\delta_{or}$과 $\delta_{oi}$ 등으로 레이블링돼 있다는 점에 주목하자. 이는 출력 델타의 실수부와 허수부를 의미한다. 이렇게 2개의 레이블링을 추가하는 이유는 2가지다.

한 가지는 수식 전개를 하면서 복잡해질 수 있는 표현식에서 편리하게 이러한 항목들을 요약해 쓸 수 있다는 점이다. 다른 한 가지는 대부분의 전통적인 실수 정의역을 갖는 뉴런의 그레디언트 미분항들이 델타 기호를 현재와 같은 시점에서 중간항으로써 사용한다는 것이다. 이러한 일반적인 규약들을 그대로 유지함으로써, 독자는 일반적인 교과서에서 사용하는 미분항과 여기서의 미분항 사이의 대응을 확인할 수 있다.

$$\frac{\partial anet_r}{\partial w_r} = h_r \qquad \frac{\partial anet_r}{\partial w_i} = -h_i$$
$$\frac{\partial anet_i}{\partial w_r} = h_i \qquad \frac{\partial anet_i}{\partial w_i} = h_r \qquad (5.31)$$

$$\delta_{or} = \frac{\partial E_{TOT}}{\partial anet_r} = \frac{\partial E_{TOT}}{\partial a_r}\frac{\partial a_r}{\partial anet_r} + \frac{\partial E_{TOT}}{\partial a_i}\frac{\partial a_i}{\partial anet_r}$$
$$\delta_{oi} = \frac{\partial E_{TOT}}{\partial anet_i} = \frac{\partial E_{TOT}}{\partial a_r}\frac{\partial a_r}{\partial anet_i} + \frac{\partial E_{TOT}}{\partial a_i}\frac{\partial a_i}{\partial anet_i} \qquad (5.32)$$

식 (5.32)의 우변 인자들은 출력 뉴런의 활성화 함수를 편미분한 결과다. 이 책과 DEEP 프로그램에서 출력 활성화는 선형으로, 실수/실수 및 허수/허수 편미분 값이 1.0이고, 실수/허수 및 허수/실수의 편미분 값은 0.0이다. 하지만 최적의 일반성을 유지하기 위해서, 사용자가 비선형 출력 활성화 함수를 프로그램하길 원하는 경우도 있으므로 이런 식으로 남겨둘 것이다. 활성화 함수의 편미분을 계산하는 것은 앞에서 논의했었다.

식 (5.32)의 좌변항들은 신경망의 오차를 어떻게 측정하는지에 의존한다. 대부분의 경우, 전형적인 제곱 오차의 합을 방정식 (5.26)과 (5.28)로 정의되는 것으로 가정한다. 그렇게 하면 상대적으로 간단한 형태의 편미분 도함수로 유도된다.

$$\frac{\partial E_{\text{TOT}}}{\partial a_{\text{r}}} = 2(a_{\text{r}} - t_{\text{r}})$$

$$\frac{\partial E_{\text{TOT}}}{\partial a_{\text{i}}} = 2(a_{\text{i}} - t_{\text{i}}) \tag{5.33}$$

## 순수 실수 및 SoftMax 출력 오차

오차를 측정할 수 있는 방법은 다양하게 존재하지만, 여기서는 두 가지 정도의 경우만 고려하겠다. 완전 복소수를 예측할 때는 식 (5.33)이 적절하다. 예를 들어 복소수 정의역을 갖는 오토인코더를 훈련시키는 경우에 사용할 수 있겠다. 하지만 오토인코더로 쌓은 Deep Belief Net을 이제 훈련시켜서 엄격하게 실수 기반의 목표치를 예측하려는 경우라면 위 두 방정식 중 위에 것만 사용한다. 오차를 허수부로 편미분한 결과는 우리가 오차를 계산할 때 허수부는 무시하기 때문에 0이 된다.

이번 시리즈의 1권에서 분류를 위한 SoftMax 출력에 대해 광범위하게 논의했었다. 이 방식이 나온 계기나 세부 사항들을 알고 싶은 독자들은 이 부분을 다시 검토해보길 바란다. 하지만 이를 원하지 않는 독자들을 위해 여기서 몇 가지 핵심만 다시 짚어보고자 한다.

식 (5.3)에서 했던 것처럼, 이번에도 모든 $x$ 벡터에 $(1.0 + 0i)$를 덧붙여서, 바이어스 항들을 가중치 항들 안으로 흡수시킨다. $w_k$를 출력 뉴런 $k$로 전달되는 값을 계산하기 위한 가중치 벡터(바이어스를 덧붙인)라고 하자. 활성화의 실수부는 종종 *logit*이라고 부르며, 식 (5.34)로 정의된다. 여기서 $x$는 바이어스 항에 대응하는 $(1.0 + 0 i)$ 값을 덧붙인 마지막 은닉층의 활성화 벡터다.

$$logit_k = \text{Re}\left[w_k \bullet x\right] \qquad (5.34)$$

$K$ 클래스가 존재한다고 해보자. $x$가 클래스 $k$(출력 뉴런 $k$의 활성화)에 속할 확률을 추정하는 모델은 식 (5.35)로 주어진다. 이를 SoftMax 활성화라고 부른다. Soft라고 하는 것은 최대 활성화 값을 갖는 승자가 모든 걸 가져가는 'hard max'보다 좀 더 완화돼, 각 클래스마다 확률 값을 갖기 때문이다. 이러한 출력 활성화는 양수이며, 총 합은 항상 1이다.

$$p(y{=}k) = \frac{e^{logit_k}}{\sum\limits_{i=1}^{K} e^{logit_i}} \qquad (5.35)$$

또한, 독자가 좀 더 고수준의 전문 서적에서 보게 될 형태인, 좀 더 일반적인 로그 가능 확률의 모양새를 갖추고, 앞으로 논의하게 될 미분 표현식에도 맞추기 위해, 한 케이스의 로그 가능 확률를 겉으로 보기에도 좀 더 복잡해지는 방식으로 표현할 것이다. 주어진 훈련 케이스에 대해, 그 케이스가 에 맴버인 경우 $t_k$를 1.0으로 정의하고, 맴버가 아니면 .0으로 정의한다. 또한, $p_k$를 출력 뉴런 $k$의 활성화라고 정의하며, 식 (5.35)와 같이 주어진다. 그러면 모델의 파라미터에 해당하는 로그 발생 가능 확률은 식 (5.36)과 같이 주어진다. 이러한 방정식을 교차 엔트로피 cross entropy라고 부르며, 관심 있는 독자는 여기에 숨겨져 있는 몇 가지 놀라운 사실들을 직접 찾아볼 수 있길 바란다.

$$L = \sum\limits_{k=1}^{K} t_k \log(p_k) \qquad (5.36)$$

클래스들을 대상으로 한 내부 합산 연산을 자세히 보면, 올바른 참 클래스를 제외한 모든 항들은 0이 된다. 그러므로 로그 발생 가능 확률은 간단히 케이스의 올바른 클래스에 대해 계산된 모델의 로그 확률값이 된다. 여기서는 로그 발생 가능 확률에 대한 몇 가지 관찰 사항들을 다음에 소개하고자 한다.

- $p$가 1을 넘을 수 없으므로, 로그 발생 가능 확률은 음수다.

- 참 클래스의 확률에 로그를 취했고, 좋은 모델일수록 참 클래스에 대해 더 큰 확률 값을 도출하기 때문에, 모델이 더 나은 참 클래스 확률을 계산할수록, 그 값이 더욱 커진다(0에 가까워진다).

- 완벽한 모델이라면, 이는 참 클래스를 대상으로 계산한 확률 값이 모든 케이스에 대해 1.0을 계산할 것이고, 이는 로그의 최댓값인 0이 된다는 걸 의미한다.

이제 놀라운 행운이 기다리고 있다. 식 (5.32)가 평균 제곱 오차를 출력 뉴런 k로 전달되는 가중치들의 합으로 편미분한 결과를 식 (5.32)로 표현됨을 상기하자. 이 식을 계산하는 건 어렵지 않았다. 식 (5.36)에 나와 있는 로그 발생 가능 확률의 도함수가 얼마나 무서울 정도로 복잡해지는지 그냥 상상해보길 바란다, 특히 식 (5.35)로 주어지는 확률값의 복잡한 정의와, 이와 같은 두 개의 동치식인 수식의 경우를 생각해보자. 하지만 여기에 놀라운 사실이 있다. 수많은 단계들을 생략하고, 한 케이스에 대해 식 (5.36)의 도함수가 식 (5.37)로 간단하게 주어진다는 것이다.

$$\delta_{or} = \frac{\partial L}{\partial logit_k} = p_k - t_k \tag{5.37}$$

놀랍게도, 2의 거듭 제곱이라는 것만 제외하면 SoftMax 출력 레이어에 대한 델타 값과 최적의 최대 발생 가능 확률이, 선형 출력 레이어에 대한 그것과, 실수부의 평균 제곱 오차 최적값과 같다. 이어지는 그레디언트 식도 마찬가지다. 그러므로 이러한 두 개의 서로 다른 모델링 방식을 거의 같은 코드로 구현될 수 있다.

## 은닉층 가중치의 그레디언트

지금까지 해온 유도 과정을 숙지했으니, 이제는 입력층을 은닉층에 연결해주는 가중치(혹은, 나중에 두 개의 은닉층을 연결하는 가중치들을 다룰 때도 반복해서 논의해)로 오차를 편미분한 값에 대해 검토해볼 때다. 이번엔 더 많은 레이어들을 양파 껍질 벗기듯이 깊게 살펴보자. 이는 양파 껍질처럼, 출력층에 대해 설명했던 것과 같다. 앞서 다룬 내용과 마찬가지로, 연쇄 법칙을 적용하는 일부터 시작한다. 가중치 $w$가 이제는 입력층에서 은닉층으로의 연결을 가리킨다는 점을 상기하자.

$$\frac{\partial E_{\text{TOT}}}{\partial w_{\text{r}}} = \frac{\partial E_{\text{TOT}}}{\partial hnet_{\text{r}}} \frac{\partial hnet_{\text{r}}}{\partial w_{\text{r}}} + \frac{\partial E_{\text{TOT}}}{\partial hnet_{\text{i}}} \frac{\partial hnet_{\text{i}}}{\partial w_{\text{r}}}$$

$$\frac{\partial E_{\text{TOT}}}{\partial w_{\text{i}}} = \frac{\partial E_{\text{TOT}}}{\partial hnet_{\text{r}}} \frac{\partial hnet_{\text{r}}}{\partial w_{\text{i}}} + \frac{\partial E_{\text{TOT}}}{\partial hnet_{\text{i}}} \frac{\partial hnet_{\text{i}}}{\partial w_{\text{i}}}$$

(5.38)

식 (5.30)과 (5.31)을 다시 보면, 우변항들의 형태가 식 (5.38)과 유사하다는 점을 확인할 수 있다. 이 항들은 식 (5.39)와 같이 표현할 수 있다.

$$\frac{\partial hnet_{\text{r}}}{\partial w_{\text{r}}} = in_{\text{r}} \qquad \frac{\partial hnet_{\text{r}}}{\partial w_{\text{i}}} = -in_{\text{i}}$$

$$\frac{\partial hnet_{\text{i}}}{\partial w_{\text{r}}} = in_{\text{i}} \qquad \frac{\partial hnet_{\text{i}}}{\partial w_{\text{i}}} = in_{\text{r}}$$

(5.39)

좌변 항에 연쇄 법칙을 적용해보자. 이번에도 좌변 항들을 식 (5.40)과 같이 델타 또는 표준 실수 정의역의 미분으로 표현한다.

$$\delta_{\text{hr}} = \frac{\partial E_{\text{TOT}}}{\partial hnet_{\text{r}}} = \frac{\partial E_{\text{TOT}}}{\partial h_{\text{r}}} \frac{\partial h_{\text{r}}}{\partial hnet_{\text{r}}} + \frac{\partial E_{\text{TOT}}}{\partial h_{\text{i}}} \frac{\partial h_{\text{i}}}{\partial hnet_{\text{r}}}$$

$$\delta_{\text{hi}} = \frac{\partial E_{\text{TOT}}}{\partial hnet_{\text{i}}} = \frac{\partial E_{\text{TOT}}}{\partial h_{\text{r}}} \frac{\partial h_{\text{r}}}{\partial hnet_{\text{i}}} + \frac{\partial E_{\text{TOT}}}{\partial h_{\text{i}}} \frac{\partial h_{\text{i}}}{\partial hnet_{\text{i}}}$$

(5.40)

식 (5.40)의 우변은 은닉 뉴런의 활성화 함수를 편미분한 결과다. 이러한 편미분에 대해서는 앞에서 설명했었다.

이 식의 좌변은 출력층 뉴런 때보다 훨씬 더 복잡한 형태를 띠고 있다. 이는 신경망의 전체 오차인 $E_{TOT}$가 모든 출력 뉴런에 걸쳐서 은닉층 뉴런의 활성화인 $h$의 영향을 받기 때문이다. 이를 그림으로 그리면 다음과 같다.

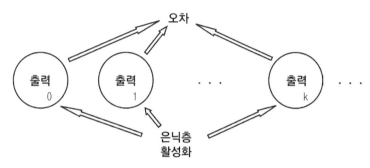

그림 5.10 모든 출력에 걸쳐서 은닉층 뉴런 가중치가 오차에 영향을 미치는 모습

식 (5.27)에서 언급했던 것처럼 단 두 개의 함수에 대해 연쇄 법칙을 적용한다. 이제 이를 출력 뉴런 개수만큼 많은 함수들로 일반화한다. 아쉽게도, 여기서는 *anetr*과 *aneti*에 대해 새로운 하첨자 $k$를 추가해서, 이들이 표현하는 출력 뉴런이 무엇인지 표현할 수 있게 한다. 식 (5.41)이 신경망의 오차가 개개의 출력 뉴런 오차들을 합한 것이라는 사실과 무관하다는 점에 주목하자.

이들은 연쇄 법칙을 적용한 직접적인 결과에 해당한다. 더 복잡한 신경망 오차 함수들이 사용된 경우라도 다음 식은 여전히 유용하다.

$$
\begin{aligned}
\frac{\partial E_{TOT}}{\partial h_r} &= \sum_k \left( \frac{\partial E_{TOT}}{\partial anet_{kr}} \frac{\partial anet_{kr}}{\partial h_r} \right) + \sum_k \left( \frac{\partial E_{TOT}}{\partial anet_{ki}} \frac{\partial anet_{ki}}{\partial h_r} \right) \\
\frac{\partial E_{TOT}}{\partial h_i} &= \sum_k \left( \frac{\partial E_{TOT}}{\partial anet_{kr}} \frac{\partial anet_{kr}}{\partial h_i} \right) + \sum_k \left( \frac{\partial E_{TOT}}{\partial anet_{ki}} \frac{\partial anet_{ki}}{\partial h_i} \right)
\end{aligned}
\tag{5.41}
$$

식 (5.30)을 돌이켜보자. 이제는 식 (5.41)에서 연쇄 법칙으로 나뉘어진 각 항들의 우변 항들을 아래 식 (5.42)와 같이 간단히 쓸 수 있다. 반드시 가중치에 하첨자를 표기해야 어떤 출력 뉴런으로 도출되는지 알 수 있다.

$$\frac{\partial anet_{kr}}{\partial h_r} = w_{kr}, \qquad \frac{\partial anet_{kr}}{\partial h_i} = -w_{ki}$$

$$\frac{\partial anet_{ki}}{\partial h_r} = w_{ki}, \qquad \frac{\partial anet_{ki}}{\partial h_i} = w_{kr} \tag{5.42}$$

식 (5.41)의 좌변 항들은 익숙하게 보일 것이다. 이들은 식 (5.32)에서 이미 계산된 출력 델타로, 각 출력마다 하나씩 존재한다. 이 값은 한 번만 계산하게 구현하는게 합리적일 것이다.

그레디언트의 미분 계산이 끝났다. 이제는 그레디언트 연산을 위한 전형적인 행동 과정의 레이아웃을 설계해보자. 이때, 일반적인 과정과는 조금 달라진다는 점에 주목하자. 이는 각 뉴런의 활성화를 계산면서 값비싼 활성화 함수의 편미분을 계산하고, 이들을 저장해둔다음 그레디언트를 계산할 때 재사용하는 것이 더욱 효율적이기 때문이다. 메모리가 더 들더라도 계산 속도가 빨라지는 게 낫다.

1. 식 (5.1)과 식 (5.19)를 이용해 은닉층 뉴런의 활성화를 계산하고 이의 편미분 방정식도 계산해 저장한다.

2. 뉴런 활성화와 이의 편미분을 은닉층 뉴런과 같은 방식으로 계산하고 저장한다.

3. 신경망 오차와 이를 식 (5.33)을 이용해서 출력 활성화에 대해 편미분한 값을 계산한다. 식 (5.37)에서 SoftMax 출력을 계산하는 방법 등 무엇이든지 오차를 측정하기 위해 다른 방법을 이용해도 좋다.

4. 식 (5.32)를 이용해서 각 출력 뉴런에 대한 델타 값을 계산한다. DEEP 프로그램의 경우나 이 책 전부가 그러하듯이, 출력이 선형성을 갖는다면, 이 델타는 앞서 논의했던 것처럼, 이 식 안의 우변 항들이 1.0 또는 0.0이 되기 때문에, 이전 단계에서 구한 값과 같다.

5. 식 (5.29)를 이용해서 출력층 그레디언트를 계산한다.

6. 은닉층 뉴런마다 다음 과정을 수행한다.

    a. 가중치 출력층을 은닉층 뉴런에 연결하는 가중치를 모든 출력 델타와 곱한 값들을 누적해가며 합산한다(식 (5.41)).

    b. 식 (5.40)을 이용해서 현재 은닉층 뉴런의 델타 값을 계산한다. 다른 은닉층이 더 있다면, 델타 값을 저장해둔다.

    c. 식 (5.38)을 이용해서 현재 은닉층 뉴런의 그레디언트를 계산한다.

추가적인 은닉층에 대해서는 매번 이전에 처리된 은닉층에 대해 계산된 델타 벡터를 이용해서 6번 단계를 반복한다.


## 그레디언트 계산 구현 코드

이번 절은 그레디언트 계산을 구현하는 몇 가지 서브루틴 및 코드 조각들을 소개하려 한다. 특히 이 부분들은 독자 자신만의 애플리케이션에 특화된 코드를 구현하기 위한 템플릿으로써 사용될 수 있다. 앞에서 논의했던 activity_cc() 서브루틴을 상기해보자. activity() 루틴은 간단하게 실수 정의역을 기반으로 구현한 버전이었으며, 내 홈페이지에서 다운로드한 코드들 중 하나로 포함돼 있다.


### 전체 신경망과 도함수 계산

첫 번째 서브루틴은 dta를 입력단부터 출력단까지 전체 신경망에 걸쳐서 전파시킨다. 이 루틴은 실수와 복소수 모델을 모두 처리할 수 있다. 호출 파라미터 리스트와 변수 선언문은 다음과 같다.

```
void trial_thr (
  double *input , // nin만큼의 길이를 갖는 입력 벡터
  int n_layers ,  // 출력은 포함하고 입력은 제외한 레이어 개수
  int nin , // 모델의 복소수 입력 개수
  double *outputs ,  // 모델의 출력 벡터
```

```
int nout ,    // 복소수 출력 개수
int *nhid ,  // nhid[i]=은닉층 i에 존재하는 은닉층 뉴런 개수
double *weights[] ,   // weights[i]는 은닉층 i에 대한 가중치 벡터를 가리킨다.
double *hid_act[] ,  // hid_act[i]는 은닉층 i의 활성화 벡터를 가리킨다.
double *hid_rr[] , // 실수부 활성화의 실수에 대한 편미분
double *hid_ii[] , // 상동. 허수, 허수 편미분
double *hid_ri[] , // 상동. 허수부에 대한 실수부 편미분 = 실수부에 대한 허수부 편미분
double *last_layer_weights ,  // 마지막 레이어의 가중치
int complex ,    // 복소수 신경망 지시 플래그
int classifier   // 0이면 선형 출력을, 아니면 SoftMax 출력 사용
)
{
  int i, ilayer ;
  double sum;
```

레이어들을 한 번에 하나씩 처리한다. 첫 번째 경우는 은닉층 없이 입력층과 출력층이 직접 연결된 경우로 이 신경망은 일반적인 선형 회귀 모델이 된다.

```
for (ilayer=0 ; ilayer<n_layers ; ilayer++) { // 입력부터 출력까지 모든 레이어
루프

  if (ilayer == 0 && n_layers == 1) { // 은닉층이 없는가
    for (i=0 ; i<nout ; i++) { // 모든 출력 뉴런들 순환

      if (complex )
        activity_cc ( input , last_layer_weights+i*2*(nin+1) ,
outputs+2*i , NULL , NULL , NULL , nin , 1 ) ;
      else
        activity ( input , last_layer_weights+i*(nin+1) , outputs +i
, nin , 1 ) ;
    }
}
```

또 다른 경우는 현재 레이어가 첫 번째 은닉층인 경우로, 원본 입력 데이터가 모델에 전달된다.

```
else if (ilayer == 0) {  // 첫 번째 은닉층?
  for (i=0 ; i<nhid[ilayer] ; i++) {  // 현재 은닉층의 모든 뉴런 순환

    if (complex) {
```

```
      if (hid_rr != NULL) // 호출자가 미분을 필요로 하는가?
         activity_cc ( input , weights[ilayer]+i*2*(nin+1) , hid_
act[ilayer]+2*i , hid_rr[ilayer]+i , hid_ii[ilayer]+i , hid_
ri[ilayer]+i , nin , 0 ) ;
      else
         activity_cc ( input , weights[ilayer]+i*2*(nin+1) , hid_
act[ilayer]+2*i , NULL , NULL , NULL , nin , 0 ) ;
      }

   else // 실수 정의역 모델
      activity ( input , weights[ilayer]+i*(nin+1) , hid_act[ilayer]+i
, nin , 0 ) ;
   }
}
```

또 다른 경우는 현재 레이어가 어떤 은닉층 다음에 오는 은닉층인 경우도 현재 레이어에 전달되는 입력은 이전 은닉층이 내보내는 활성화 값이 된다.

```
else if (ilayer < n_layers-1) { // 이어지는 은닉층?
   for (i=0 ; i<nhid[ilayer] ; i++) {   // 현재 레이어의 모든 뉴런 순환
      if (complex) {
         if (hid_rr != NULL) // 호출자가 미분인자를 필요로 하는가?
            activity_cc ( hid_act[ilayer-1] , weights[ilayer]+i*2*(nhid[i
layer-1]+1) ,
            hid_act[ilayer]+2*i , hid_rr[ilayer]+i ,
            hid_ii[ilay er]+i , hid_ri[ilayer]+i , nhid[ilayer-1] , 0 );
      else
            activity_cc ( hid_act[ilayer-1] , weights[ilayer]+i*2*(nhid[ila
yer-1]+1) ,
            hid_act[ilayer]+2*i , NULL , NULL , NULL , nhid[ilayer-1] , 0 );
      }

   else   // 실수 정의역 모델
      activity ( hid_act[ilayer-1] , weights[ilayer]+i*(nhid[ilay
er-1]+1) ,
      hid_act[ilayer]+i , nhid[ilayer-1] , 0 );
   }
}
```

마지막으로 출력층에 도달한다.

```
else {    // 마지막 레이어
  for (i=0 ; i<nout ; i++) {    // 모든 출력 뉴런 대상으로 루프
    if (complex)
      activity_cc ( hid_act[ilayer-1] , last_layer_
weights+i*2*(nhid[ilayer-1]+1) ,
              outputs +2*i , NULL , NULL , NULL , nhid[ilayer-1] ,
1 );
    else
      activity ( hid_act[ilayer-1] , last_layer_
weights+i*(nhid[ilayer-1]+1) ,
      outputs +i , nhid[ilayer-1] , 1 );
    } // i번째 레이어 루프
  } // 출력 레이어
} // 다른 모든 레이어들
```

출력층이 분류기인 경우, 더 처리해줄 일은 없다. 출력의 실수부는 식 (5.35)에 의해 반드시 SoftMax로 변환돼야 한다. 복소수 정의역을 갖는 모델의 허수부는 SoftMax로의 출력 변환 시 완전히 무시된다.

```
if (classifier) {    // 분류기는 항상 SoftMax

  if (complex) {
    sum = 0.0 ;
    for (i=0 ; i<nout ; i++) {    // 모든 출력들을 순환
      if (outputs[2*i] < 300.0) // 문제 상황 예방 차원
        outputs[2*i] = exp ( outputs [2*i] ) ;
      else
        outputs[2*i] = exp ( 300.0 ) ;
        sum += weights[2*i] ;
    }

    for (i=0 ; i<nout ; i++)
      outputs[2*i] /= sum;// 허수부 무시
    }

    else { // 실수부
      sum = 0.0 ;
```

```
      for (i=0 ; i<nout ; i++) { // 모든 출력 대상
        if (outputs[i] < 300.0)
          outputs[i] = exp ( outputs [i] ) ;
        else
          outputs[i] = exp ( 300.0 ) ;
          sum += weights[i] ;
      }

      for (i=0 ; i<nout ; i++) outputs [i] /= sum;
    }
  } // 분류기인 경우
}
```

## 그레디언트 계산

종종 그레디언트 계산을 위해서는 수치적 최적화 루틴이 필요할 때가 있으므로, 그레디언트를 반드시 정확하고 빠르게 계산할 수 있어야 한다. 그레디언트를 단일 벡터로 저장하기 위해, 포인터 배열을 이용한다. grad_ptr[ilayer]는 ilayer 레이어의 그레디언트 시작점을 갖는 grand 그레디언트 벡터 위치를 가리킨다(0이 첫 번째 은닉층이다). 이는 그 뒤를 따르는 루틴에서 위치를 처리하는 작업을 쉽게 만들어준다. 호출 파라미터 리스트와 변수 선언부는 다음과 같다.

```
double batch_gradient (
  int istart ,        // 입력 행렬에서 시작 케이스의 인덱스
  int istop ,         // 마지막 케이스 직전의 인덱스
  double *input ,     // 입력 행렬, 각 케이스는 max_neurons만큼의 길이를 갖는다.
  double *targets,    // 목표 행렬, 순수 실수이므로 각 케이스는 nout만큼의 길이를 갖는다.
  int *class_ids ,    // 분류기인 경우 클래스 id 벡터 (아니면 무시됨)
  int n_layers ,      // 입력층 제외, 출력층 포함한 레이어 개수
  int n_weights ,     // 마지막 레이어 및 모든 바이어스 포함한 전체 가중치 개수
  int nin ,           // 모델의 복소수 입력 개수
  double *outputs ,   // 모델의 출력 벡터, 여기서는 작업 벡터로 사용됨
  int nout ,          // 복소수 출력 (목표) 의 개수
  int *nhid ,         // nhid[i]는 i번째 은닉층에 존재하는 뉴런 개수
  double *weights[] , //weights[i]는 은닉층 i의 가중치 벡터를 가리킴
  double *hid_act[] , // hid_act[i]는 i번째 은닉층의 활성화 벡터를 가리킴
  double *hid_rr[] ,  // 실수부 활성화의 실수부에 대한 편미분
```

```
   double *hid_ii[] , // 상동. 허수부, 허수부
   double *hid_ri[] , // 상동. 허수부에 대한 실수부 편미분 = 실수부에 대한 허수부 편미분
   int max_neurons ,      // 입력 행렬의 열의 개수
   double *this_delta , // 현재 레이어에 대한 델타 값
   double *prior_delta , // 이전 레이어(이 다음에 처리될)에서 사용하기 위해 저장해놓은 델타
   double **grad_ptr ,    // grad_ptr[i]는 i 레이어의 그레디언트를 가리킨다
   double *last_layer_weights ,   // 마지막 레이어의 가중치
   double *grad ,   // 계산된 모든 그레디언트 벡터
   int complex,      // 복소수 네트워크인지 가리키는 플래그
   int classifier   // 0이면 선형 출력을, 아니면 SoftMax 출력 사용
)
{
   int i, j, icase, ilayer, nprev, nthis, nnext, mult, iclass ;
   double diff, *dptr, error, *targ_ptr, *prevact, *gradptr ;
   double rsum, isum, delta, rdelta, idelta, *nextcoefs, tval ;
   double *rr_ptr, *ii_ptr, *ri_ptr ;
```

변수 mult는 복소수 모델일 경우 2를 실수 모델일 경우 1로 지정된다. 이렇게 하는 게 편리하다는 게 종종 드러난다. 앞으로 한 블록의 케이스들에 대해서 구한 그레디언트 값들을 합산할 것이므로, 합산 영역과 최소화시킬 오차 값을 누적시킬 변수를 0으로 초기화하는 것부터 시작하겠다. 케이스 루프 안에서 현재 케이스를 찾아서 trial_thr()를 호출해 전체 신경망을 거치면서 모든 활성화 및 활성화의 도함수를 계산한다.

```
mult = complex ?  2 : 1 ;// 뉴런마다 계산

for (i=0 ; i<n_weights ; i++)// 덧셈을 위해 그레디언트를 누적
   grad[i] = 0.0 ; // 모든 레이어들을 연이어서 처리

error = 0.0 ;  // 전체 오차를 누적

for (icase=istart ; icase<istop ; icase++) {
   dptr = input + icase * max_neurons ; // 현재 샘플을 가리킨다.
   max_neurons is col dim trial_thr ( dptr , n_layers , nin , outputs,
nout , nhid ,
     weights , hid_act , hid_rr , hid_ii , hid_ri ,
     last_layer_weights , complex , classifier ) ;
```

이제 출력층이 가질 수 있는 세 가지 본질이 존재한다.

1) 지금은 분류 작업을 하는 모델로, 이 경우 출력은 SoftMax가 된다.

2) 마지막 모델은 훈련시킨다. 목표치는 완전 실수이므로, 현재 모델이 복소수 기반이라면, 허수부 예측 값은 무시한다. 사용자는 목표치 벡터를 설정한다.

3) 오토인코더를 훈련시킨다. 목표치는 입력 값이 될 것이며, 복소수 모델일 경우, 반드시 오차 계산 시 실수부와 허수부를 모두 취해야 한다.

이렇게 세 가지 경우들이 다음 페이지에 나와 있는 것처럼 처리된다. 델타 값은 식 (5.32)를 이용해서 계산된다. 하지만 앞에서 논의했던 것처럼, 출력이 선형성을 갖는다는 점을 상기하자. 그 결과, 이렇게 매서워 보이는 식을 구성하는 항들은 항상 1.0 또는 0.0 값을 가지며 이는 이 코드에서 나타나듯이, 구현을 매우 단순화시켜준다. 마지막으로 음의 미분을 계산하므로 식에 상대되는 기호로 많은 부호들이 뒤바뀐다.

```
if (classifier) {  // SoftMax
  iclass = class_ids[icase] ;// 참 클래스인 경우

  for (i=0 ; i<nout ; i++) { // 각 출력에 대해 델타 값 계산
    tval = (i == iclass)  ?  1.0 : 0.0 ; // 식 (5.37)
    this_delta[mult*i] = tval - outputs[mult*i] ; // 교차 엔트로피를 입력으로
미분하는 음의 미분
    if (complex)
      this_delta[2*i+1] = 0.0 ; // 허수부는 무시된다.
  }
  error -= log ( outputs [mult*iclass] + 1.e-30 ) ;  // 식 (5.36)
}

else if (targets!= NULL) {// 마지막 모델 훈련
  targ_ptr = targets + icase * nout ; // 목표치는 완전 실수부

  for (i=0 ; i<nout ; i++) { // 개개의 출력마다 순환
    diff = weights[mult*i] - targ_ptr[i] ;  // 출력의 실수부와 목표치 값의 차이
    error += diff * diff ;// 오차 제곱
    this_delta[mult*i] = -2.0 * diff ;    // 오차 제곱을 입력에 대해 미분해 음의 부
호를 취함
```

```
      if (complex)   // 식 (5.32)
        this_delta[2*i+1] = 0.0 ;  // 목표치가 실수이므로 허수부는 무시
    }
  }

  else {     // 오토인코더 훈련
    targ_ptr = input + icase * max_neurons ;  // 현재 케이스를 가리킴, 입력이 목표
치가 됨

    for (i=0 ; i<mult*nout ; i++) {   // 각 출력에 대해, 실수부와 허수부 처리
      diff = weights[i] - targ_ptr[i] ;
      error += diff * diff ;
      this_delta[i] = -2.0 * diff ;  // 식 (5.32)
    }
  }
```

이제 출력층 델타 벡터를 구했으므로, 출력 가중치에 대한 그레디언트를 계산할 수 있다.

```
if (n_layers == 1) { // 은닉층이 없는 경우
  nprev = nin ;   // 입력 개수 (복소수 가능)
  prevact = input + icase * max_neurons ;   // 현재 샘플을 가리킨다.
}

else {
  nprev = nhid[n_layers-2] ; // n_layers-2는 마지막 은닉층의 인덱스
  prevact = hid_act[n_layers-2] ;   // 출력층에 전달되는 레이어를 가리킨다.
}

gradptr = grad_ptr[n_layers-1] ;    // grand 그레디언트 벡터의 출력 그레디언트
for (i=0 ; i<nout ; i++) { // 모든 출력 뉴런들을 순환
  if (complex) {
    rdelta = this_delta[2*i] ;
    idelta = this_delta[2*i+1] ;
    for (j=0 ; j<nprev ; j++) { // 식 (5.29)에 대한 식 (5.31)
      *gradptr++ +=  rdelta * prevact[2*j]   + idelta * prevact[2*j+1] ;
      *gradptr++ += -rdelta * prevact[2*j+1] + idelta * prevact[2*j] ;
    }
    *gradptr++ += rdelta; // 바이어스 활성화 값은 항상 1
```

```
        *gradptr++ += idelta ;
    }

    else {
        delta = this_delta[i] ;   // 로짓에 대한 평가 기준의 음수 미분
        for (j=0 ; j<nprev ; j++)
            *gradptr++ += delta * prevact[j] ;   // 모든 훈련 케이스들에 대해 누적
        *gradptr++ += delta;                      // 바이어스 활성화 값은 항상 1
    }
}

nnext = nout ; // 이전 레이어 이동할 준비
nextcoefs = last_layer_weights ;
```

지금까지는 쉬운 부분이었다. 이제는 반드시 은닉층(들)으로 돌아가야 한다. 이 단계에서는 그림 5.10에서 그려놓았듯이, 반드시 임의의 은닉층 뉴런에 대한 가중치가 모든 출력 뉴런을 거치는 오차에 영향을 미친다는 기이한 사실을 처리해줘야 한다. 그러므로 이러한 영향을 수량화해 합산할 것이다.

```
for (ilayer=n_layers -2 ; ilayer>=0 ; ilayer--) { // 각 은닉층을 역으로 순환
    nthis = nhid[ilayer] ;   // 현재 은닉층에 있는 뉴런의 개수
    gradptr = grad_ptr[ilayer] ;   // 현재 레이어에 대한 그레디언트

    if (complex) {   // 복소수 기반인 경우
        rr_ptr = hid_rr[ilayer] ; // 실수 기반 모델의 경우, 여기서 미분 계산
        ii_ptr = hid_ii[ilayer] ;   // 하지만 복소수 모델의 경우, 이미
        ri_ptr = hid_ri[ilayer] ;   // 활성화 값으로 계산해서 저장해 놓았다.
    }

    for (i=0 ; i<nthis ; i++) {   // 현재 레이어의 각 뉴런마다 루프
        if (complex) {
            rsum = isum = 0.0 ;   // 식 (5.41)
            for (j=0 ; j<nnext ; j++) {   // 그림 5.10 참조
                rsum += this_delta[2*j] * nextcoefs[j*2*(nthis+1)+2*i] +
                    this_delta[2*j+1] * nextcoefs[j*2*(nthis+1)+2*i+1] ;
                isum += -this_delta[2*j] * nextcoefs[j*2*(nthis+1)+2*i+1] +
                    this_delta[2*j+1] * nextcoefs[j*2*(nthis+1)+2*i] ;
            }
```

```
   rdelta = rsum * rr_ptr[i] + isum * ri_ptr[i] ;   // 식 (5.40)
   idelta = rsum * ri_ptr[i] + isum * ii_ptr[i] ;
   prior_delta[2*i] = rdelta;   // 다음 레이어에서 사용하기 위해 저장
   prior_delta[2*i+1] = idelta;
```

이제 식 (5.38)을 사용해서 현재 은닉층 뉴런에 대한 그레디언트를 계산해보자. `if (ilayer==0)...else` 블록은 첫 번째 은닉층인 경우 모델의 원본 입력이 전달되는 반면, 중간 은닉층인 경우 이전 은닉층의 활성화가 현재 은닉층으로 전달된다는 점을 제외하면 동일하며, 이 두 경우 모두 연산은 같다.

```
if (ilayer == 0) {   // 첫 번째 은닉층?
  prevact = input + icase * max_neurons ;   // 현재 샘플을 가리킨다.
  for (j=0 ; j<nin ; j++) {
    *gradptr++ += rdelta* prevact[2*j] + idelta* prevact[2*j+1] ;
    *gradptr++ += -rdelta* prevact[2*j+1] + idelta* prevact[2*j] ;
  }
}

else {  // 현재 레이어 이전에 한 개 이상의 은닉층이 존재하는 경우
  prevact = hid_act[ilayer-1] ;
  for (j=0 ; j<nhid[ilayer-1] ; j++) {
    *gradptr++ += rdelta* prevact[2*j] + idelta* prevact[2*j+1] ;
    *gradptr++ += -rdelta* prevact[2*j+1] + idelta* prevact[2*j] ;
  }
}

*gradptr++ += rdelta; // 바이어스 활성화는 항상
1+0i *gradptr++ += idelta;
}  // 복소수 모델
```

앞 코드는 복소수 정의역을 갖는 모델들을 처리한다. 다음 코드도 실수 정의역을 갖는 모델을 훨씬 더 간단하게 처리한다는 점을 제외하면 같다. 또한, 은닉층 뉴런의 활성화를 계산하면서, 동시에 활성화 함수의 편미분을 계산해서 저장했다는 점에 주목하자. 하지만 실수 정의역을 갖는 활성화의 미분은 여기서 그냥 계산해도 될 정도로 아주 간단하다(식 (5.25)). 모든 연산 과정이 위에서 봤던 복소수 정의역을 갖는 모델의 연산과 정확히 동일하므로 이 코드에는 주석을 달진 않았다.

```
else { // 실수
  delta= 0.0 ;
  for (j=0 ; j<nnext ; j++)
    delta+= this_delta[j] * nextcoefs[j*(nthis+1)+i] ;
  delta*= hid_act[ilayer][i] * (1.0 - hid_act[ilayer][i]) ; // 미분
  prior_delta[i] = delta; // 다음 레이어를 위해 저장

  if (ilayer == 0) {  // 첫 번째 은닉층인 경우
    prevact = input + icase * max_neurons ; // 현재 샘플을 가리킨다.
    for (j=0 ; j<nin ; j++)
      *gradptr++ += delta* prevact[j] ;
  }

  else {  // 현재 레이어 이전에 한 개 이상의 은닉층이 존재하는 경우
    prevact = hid_act[ilayer-1] ;
    for (j=0 ; j<nhid[ilayer-1] ; j++)
      *gradptr++ += delta* prevact[j] ;
  }
  *gradptr++ += delta;   // 바이어스 활성화는 항상 1
  }
} // 현재 은닉층의 모든 뉴런에 대해 루프
```

지금까지 현재 은닉층의 모든 뉴런에 대한 그레디언트를 계산했다. 또한, prior_delta에 델타를 저장했다(식 (5.40)). 이러한 델타 값을 다음 은닉층에서 다시 사용하기 위해 저장한 것이다. 또한, nnext과 nextcoefs를 설정해서 은닉층에서 필요로 하는 합산을 위한 준비를 한다.

```
  for (i=0 ; i<mult*nthis ; i++)   // 다음 레이어에서 사용할 델타
    this_delta[i] = prior_delta[i] ;

  nnext = nhid[ilayer] ;   // 다음 레이어에서 사용하기 위해 준비
  nextcoefs = weights[ilayer] ;
  } // 모든 레이어들을 역으로 루프
} // 모든 케이스들을 루프
return error ;   // MSE 또는 음의 로그 발생 가능 확률
}
```

# 멀티스레드 기반의 그레디언트 계산

이번 시리즈의 1권은 윈도우에서 멀티스레드 기반으로 계산하는 방법들 중에서 내가 가장 좋아하는 방법의 메커니즘에 대해 광범위하고 상세하게 다뤘었다. 그래서 상세하게 배경 지식이나 동기 등과 같은 내용은 생략할 것이다. 이보다는 그레디언트를 계산하는 핵심 코드 부분들을 설명할 것이다.

파라미터들과 포인터들을 하나의 자료구조로 만들어 스레드 처리 루틴에 전달해야 한다.

```
typedef struct {
  int istart ;
  int istop ;
  int complex ;
  int classifier ;
  int n_layers ;
  int n_weights ;
  int nin ;
  int nout ;
  int *nhid ;
  int max_neurons ;
  double *input ;
  double *targets;
  int *class_ids ;
  double *outputs ;
  double **weights ;
  double **hid_act ;
  double **hid_rr ;
  double **hid_ii ;
  double **hid_ri ;
  double *this_delta ;
  double *prior_delta ;
  double **grad_ptr ;
  double *last_layer_weights ;
  double *grad ;
  double error ;
} GRAD_THR_PARAMS ;
```

스레드 기반으로 동작하면서 핵심 계산 루틴을 호출해주는 래퍼 루틴은 다음과
같다.

```
static unsigned int __stdcall batch_gradient_wrapper ( LPVOID dp )
{
  ((GRAD_THR_PARAMS *) dp)->error = batch_gradient(
    ((GRAD_THR_PARAMS *) dp)->istart ,
    ((GRAD_THR_PARAMS *) dp)->istop ,
    ((GRAD_THR_PARAMS *) dp)->input ,
    ((GRAD_THR_PARAMS *) dp)->targets,
    ((GRAD_THR_PARAMS *) dp)->class_ids ,
    ((GRAD_THR_PARAMS *) dp)->n_layers ,
    ((GRAD_THR_PARAMS *) dp)->n_weights ,
    ((GRAD_THR_PARAMS *) dp)->nin ,
    ((GRAD_THR_PARAMS *) dp)->outputs ,
    ((GRAD_THR_PARAMS *) dp)->nout ,
    ((GRAD_THR_PARAMS *) dp)->nhid ,
    ((GRAD_THR_PARAMS *) dp)->weights ,
    ((GRAD_THR_PARAMS *) dp)->hid_act ,
    ((GRAD_THR_PARAMS *) dp)->hid_rr ,
    ((GRAD_THR_PARAMS *) dp)->hid_ii ,
    ((GRAD_THR_PARAMS *) dp)->hid_ri ,
    ((GRAD_THR_PARAMS *) dp)->max_neurons ,
    ((GRAD_THR_PARAMS *) dp)->this_delta ,
    ((GRAD_THR_PARAMS *) dp)->prior_delta ,
    ((GRAD_THR_PARAMS *) dp)->grad_ptr ,
    ((GRAD_THR_PARAMS *) dp)->last_layer_weights ,
    ((GRAD_THR_PARAMS *) dp)->grad ,
    ((GRAD_THR_PARAMS *) dp)->complex ,
    ((GRAD_THR_PARAMS *) dp)->classifier ) ;

  return 0 ;
}
```

그레디언트 계산을 감독하기 위해 호출되는 루틴은 훈련 셋을 여러 개의 배치 셋
들로 나누고, 각 배치 셋은 별도의 스레드에 의해 처리된다. 이 루틴의 호출 파라
미터 리스트와 변수 선언부가 다음 페이지에 나와 있다. 이전 루틴들과는 다르게
이번 루틴 내부에 자체적으로 어떤 연산을 수행하는 코드가 없다는 점에 주목하

자. 그저 DEEP 프로그램의 고유한 여러 CpxAuto 클래스 변수들을 레퍼런싱한다. 그러므로 독자가 자신만의 프로그램 아키텍처를 구현할 때는 이 부분을 수정해야 할 것이다. 이 코드는 멀티스레드 기반의 계산을 위한 템플릿을 제공해주기 위한 것이다.

```
double CpxAuto::gradient_thr (
  int nc ,    // 케이스 개수
  int nin ,   // 복소수 입력 개수
  double *input ,  // max_neurons 입력 행렬
  int nout ,    // 복소수 출력 개수
  double *target ,   // nout 목표 행렬, NULL이면 오토인코딩
  int n_layers ,   // 레이어 개수
  int *nhid ,   // 각 은닉층의 뉴런 개수
  int n_weights ,  // 마지막 레이어와 바이어스 포함, 전체 가중치 개수
  double *weights[] ,   // 레이어의 가중치 행렬
  int use_final_layer_weights ,   // 마지막 가중치 레이어를 사용할지 판단하는 플래그
  double *grad // 여기서 계산되는 그레디언트 벡터
)
{
  int i, j, ilayer, ineuron, ivar, n, istart, istop, n_done, ithread,
mult ;
  int n_in_batch, n_threads, ret_val, nin_this_layer, n_last_layer_
weights ;
  double error, *wptr, *gptr, factor, *hid_act_ptr[MAX_THREADS][MAX_
layers] ;
  double *grad_ptr_ptr[MAX_THREADS][MAX_layers] ;
  double *hid_rr_ptr[MAX_THREADS][MAX_layers];
  double *hid_ii_ptr[MAX_THREADS][MAX_layers];
  double *hid_ri_ptr[MAX_THREADS][MAX_layers];
  double wpen, *last_layer_weights ;
  char msg[256] ;
  GRAD_THR_PARAMS params[MAX_THREADS] ;
  HANDLE threads[MAX_THREADS] ;
```

핵심 그레디언트 루틴에서처럼, mult 변수를 복소수 모델에 대해서는 2로 실수 모델에 대해서는 1로 설정한다. 이렇게 하는 게 편리하다는 것이 나중에 밝혀질 것이다. 모델 크기에 독립적으로 만들기 위해 가중치 패널티를 스케일링한다.

```
mult = is_complex  ?  2 : 1 ;
wpen = TrainParams.wpen / n_weights ;
```

앞서 모든 레이어의 그레디언트 값들이 단 하나의(grand) 그레디언트 벡터에 줄지어져 저장됨을 살펴봤었다. grad_ptr[]에 각 레이어마다의 시작 위치가 저장된다. 다음 페이지에서는 어떻게 이러한 포인터 배열이 구성되는지 살펴볼 것이다.

```
gptr = grad ;  // n_weights * max_threads만큼의 길이를 갖는 포인터 배열
for (ilayer=0 ; ilayer<n_layers ; ilayer++) {
  grad_ptr[ilayer] = gptr ;
  if (ilayer == 0  &&  n_layers == 1) { // 은닉층이 없는가?
    n = nout * mult * (nin+1) ;   // n개의 입력이 레이어의 각 뉴런에 전달
    gptr += n ;   // 불필요하나, 이는 프로세스를 설명해준다.
  }

  else if (ilayer == 0) {   // 첫 번째 은닉층?
    n = nhid[ilayer] * mult * (nin+1) ; // n개의 입력이 레이어의 각 뉴런에 전달
    gptr += n ;
  }

  else if (ilayer < n_layers-1) {   // 이어지는 은닉층?
    n = nhid[ilayer] * mult * (nhid[ilayer-1]+1) ; // n개의 입력이 레이어의
각 뉴런에 전달
    gptr += n ;
  }

  else   // 출력 레이어
    n = nout * mult * (nhid[ilayer-1]+1) ; // n개의 입력이 레이어의 각 뉴런에 전달
                                    // 불필요하나, 이해를 위한 용도
} // 모든 레이어 루프 (출력 포함)
```

핵심 그레디언트 루틴에 전달되는 여러 개의 파라미터들을 모든 배치마다 고정 값으로 사용하기 때문에, 다음과 같이 쉽게 미리 설정해줄 수 있다.

```
for (i=0 ; i<max_threads ; i++) {
  params[i].input = input ;

  params[i].targets = target ; // NULL이면 오토인코딩
  params[i].class_ids = class_ids ;
```

```
   params[i].n_layers = n_layers ;
   params[i].n_weights = n_weights ;
   params[i].nin = nin ;
   params[i].nout = nout ;
   params[i].nhid = nhid ;
   params[i].max_neurons = max_neurons ;
   params[i].weights = weights ;
   params[i].last_layer_weights = last_layer_weights ;

   // 각 스레드마다 엄격하게 사용된다. 예측치를 저장하기 위해서는 아니다.
   if (use_final_layer_weights) // 마지막 모델을 훈련시키는가?
      params[i].outputs = weights + i * mult * nout ;
   else
      params[i].outputs = autoencode_out + i * mult * nin ;   // 오토인코딩
레이어

   // 각 스레드는 반드시 자신만의 작업 영역 복사본을 가져야 한다.
   params[i].this_delta = this_layer + i * max_neurons ;
   params[i].prior_delta = prior_layer + i * max_neurons ;
   params[i].grad = grad + i * n_weights ;

   for (j=0 ; j<n_layers ; j++) {
      hid_act_ptr[i][j] = hid_act[j] + i * max_neurons ;
      grad_ptr_ptr[i][j] = grad_ptr[j] + i * n_weights ;
      if (is_complex) {
         hid_rr_ptr[i][j] = hid_rr[j] + i * m ax_neurons / 2 ;   // 실수 파
트이므로
         hid_ii_ptr[i][j] = hid_ii[j] + i * m ax_neurons / 2 ;   // 반드시
2로 나눠서
         hid_ri_ptr[i][j] = hid_ri[j] + i * m ax_neurons / 2 ;   // 실제 개
수를 구한다.
      }
   }

params[i].hid_act = hid_act_ptr[i] ;
params[i].grad_ptr = grad_ptr_ptr[i] ;

if (is_complex) {
   params[i].hid_rr = hid_rr_ptr[i] ;
   params[i].hid_ii = hid_ii_ptr[i] ;
```

```
    params[i].hid_ri = hid_ri_ptr[i] ;
    }

else
    params[i].hid_rr = params[i].hid_ii = params[i].hid_ri = NULL ;

params[i].complex = is_complex ;

if (target == NULL)  // 오토인코딩은 절대 분류기가 당연히 아니다.
    params[i].classifier = 0 ;
else
    params[i].classifier = classifier ;
    }
```

훈련 셋은 같은 크기의 배치 그룹으로 나눠서 각각 별도의 스레드별로 할당한다. 이를 처리하는 알고리즘은 아주 간단하다. 개개의 사용 가능한 스레드에 대해 처리해야 할 남은 훈련 케이스의 개수를, 사용 가능한 남은 스레드 개수로 나누고, 이 크기의 배치로 스레드를 실행시킨다.

```
n_threads = max_threads ;  // 가능한 많이 사용하려고 노력하자.
if (nc / n_threads < 100)  // 하지만 스레드가 오버헤드를 갖기 때문에
    n_threads = 1 ; // 배치 크기가 작으면, 사용을 피하자.

istart = 0 ;   // 배치 시작 위치 = 훈련 데이터 시작 위치
n_done = 0 ;   // 현재까지 진행된 에포크 동안 처리된 훈련 케이스 개수

for (ithread=0 ; ithread<n_threads ; ithread++) {
    n_in_batch = (nc - n_done) / (n_threads - ithread) ;   // 처리해야 할 케이
스/처리해야 할 배치
    istop = istart + n_in_batch ;   // 이 인덱스 직전에 중단한다.

    // 배치에 따라 변화하는 포인터를 설정한다.
    params[ithread].istart = istart ;
    params[ithread].istop = istop ;

    // 현재 배치를 처리할 스레드를 실행시킨다.
    threads[ithread] = (HANDLE) _beginthreadex ( NULL , 0 , batch_
gradient_wrapper ,
```

```
                     &param s[ithread] , 0 , NULL ) ;

     if (threads[ithread] == NULL) { // 예외 처리
       for (i=0 ; i<n_threads ; i++) {
         if (threads[i] != NULL)
           CloseHandle ( threads[i] ) ;
         }
       return -1.e40 ;  // 호출자에게 문제 상황을 알려주는 플래그
     }

     n_done += n_in_batch ;   // 지금까지 처리된 케이스 개수를 누적한다.
     istart = istop ;    // 여기서부터 다음 배치를 처리하기 시작한다.
   } // 모든 스레드/배치 개수만큼 루프
```

이제 더 할 일은 없지만, 이러한 모든 스레드들이 작업을 완료할 때까지 기다리도록 한다. 타임 아웃으로 설정한 1200000은 임의로 잡은 것이지만, 예상치 못한 작업이 이 시간보다 오래 걸리면 안 되기 때문에 이 정도로 크게 잡아줘야 한다. 그렇다고 실용적이지 못할 정도로 너무 오래 기다리는 일이 없도록 해야 한다.

```
ret_val = WaitForMultipleObjects ( n_threads , threads , TRUE ,
1200000 ) ;
  if (ret_val == WAIT_TIMEOUT || ret_val == WAIT_FAILED ||
    ret_val < 0 || ret_val >= n_threads)  // 비상 상황
    return -1.e40 ;  // 이러한 플래그를 반환하는 일이 생겨선 안 된다.
```

다음 루프에서는 모든 스레드들로부터 오차 값들과 그레디언트 값들을 합산해서 0번 스레드에 결과를 전달한다.

```
CloseHandle ( threads[0] ) ;
for (ithread=1 ; ithread<n_threads ; ithread++) {
  params[0].error += params[ithread].error ;
  for (i=0 ; i<n_weights ; i++)
    params[0].grad[i] += params[ithread].grad[i] ;
  CloseHandle ( threads[ithread] ) ;
}
```

이제 0번 스레드에 오차와 그레디언트 영역 안에서 완전한 훈련 셋에 대한 결괏값들이 저장돼 있다. 다음과 같은 스케일링 연산은 단지 사용자에게 편의를 제

공하기 위함이며 불필요한 부분이다. 하지만 오차와 그레디언트에 해당 같은 척도를 유지하기 위해 어떤 스케일링 인자를 선택했는지 주목하자. 또한, grad와 params[0].grad 변수가 같은 값을 갖는다는 점에 주목하자!(이 부분이 명확하지 않다면 파라미터 초기화 코드를 다시 살펴보길 바란다). 그레디언트 스케일링은 이런 식으로 그저 명확한 이해를 위해 작성된 것이다

```
factor = 1.0 / (nc * mult * nout) ;
  error = factor * params[0].error ;

for (i=0 ; i<n_weights ; i++)
  grad[i] = factor * params[0].grad[i] ;
```

마지막 단계는 가중치 페널티를 적용하는 것이다. 이 부분은 이번 시리즈의 1권에서 이미 상세하게 논의했었으므로, 여기서는 자세히 다루지 않을 것이다. 여기서는 가중치 제곱 패널티를 사용함으로, 이를 미분한 결과는 가중치 원본에 2를 곱한 값이다. 아래에 있는 첫 번째 블록은 은닉층을 처리하고, 두 번째 블록은 출력층을 처리한다.

```
penalty = 0.0 ;

nin_this_layer = nin ;
for (ilayer=0 ; ilayer<n_layers-1 ; ilayer++) {  // 모든 은닉층을 처리한다.
  for (ineuron=0 ; ineuron<nhid[ilay er] ; ineuron++) {
    wptr = weights[ilayer] + ineuron * mult * (nin_this_layer+1) ;
// 가중치 포인터
    gptr = grad_ptr[ilayer] + ineuron * mult * (nin_this_layer+1) ;
// 그레디언트 포인터
    for (ivar=0 ; ivar<mult*nin_this_layer ; ivar++) { // 바이어스 제외
      penalty += wptr[ivar] * wptr[ivar] ;
      gptr[ivar] -= 2.0 * wpen * wptr[ivar] ;
    }
  }
  nin_this_layer = nhid[ilayer] ;
}

for (ineuron=0 ; ineuron<nout ; ineuron++) {
  wptr = last_layer_weights + ineuron * n_last_layer_weights ;
```

```
    gptr = grad_ptr[n_layers-1] + ineuron * n_last_layer_weights ;
    for (ivar=0 ; ivar<mult*nin_this_layer ; ivar++) { // 바이어스 제외
      penalty += wptr[ivar] * wptr[ivar] ;
      gptr[ivar] -= 2.0 * wpen * wptr[ivar] ;
    }
  }
  penalty *= wpen ;
  return error + penalty ;
}
```

# CUDA 그레디언트 계산

이번 시리즈의 1권에서 CUDA 계산 방법에 대해 다뤘었다, 특히 활성화와 그레디언트를 계산하는 것과 관련된 이슈들에 대해 상세히 논의했으므로, 여기서 반복하진 않을 것이다. 여기서는 독자가 적어도 이러한 내용을 읽고 숙지하고 있을 것이라고 가정한다. 이제는 이러한 알고리즘을 복소수 정의역으로 확장해보는 일에 집중적으로 신경을 써 보자.

이번 절에서는 알고리즘을 설명하는 데 사용되는 수많은 코드 조각들을 다루고자 한다. 더 상세하고 완전한 버전을 보고 싶다면 내 홈페이지에서 무료로 다운로드할 수 있는 코드를 확인하길 바란다. 하지만 이 코드에도 가독성을 위해 모든 오차 검출 과정은 생략됐다. 또한, 이 코드는 사용자가 애플리케이션을 개발할 때 템플릿으로 사용할 수 있게 해주고, 관련 식을 설명하기 위해 구현된 것이지, 그대로 복사해 붙여넣어 쓸 수 있는 게 아니다.

## 전체 알고리즘

먼저 호스트 머신에서 동작하면서, 그레디언트 계산을 관리하는 루틴부터 살표보자. 이 루틴의 호출 파라미터 리스트와 변수 선언부는 다음과 같다.

```
double CpxAuto::gradient_cuda (
   int nc ,  // 케이스 개수
   int nin ,  // 입력 개수(복소수 가능)
   double *input ,  // max_neurons 크기의 입력 행렬
   int nout ,   // 출력 개수(복소수 가능)
   double *target ,   // Nc x nout 크기의 목표치 행렬. 오토인코딩이면 NULL을 가짐
   int n_layers ,  // 출력층 포함한 레이어들 개수
   int *nhid ,  // 각 은닉층마다의 뉴런 개수
   int n_weights ,  // 마지막 레이어와 바이어스 포함한, 전체 가중치 개수
   double *weights[] ,  // 레이어들의 가중치 행렬
   int use_final_layer_weights ,  // 마지막 가중치 레이어를 사용할지 결정
   double *grad // 여기서 계산돼 합쳐지는 그레디언트 벡터
)
{
   int i, k, n, ilayer, ineuron, ivar, ret_val, ibatch, n_in_batch, n_
subsets, istart, istop ;
   int n_done, max_batch, int n_prior, gradlen, nin_this _layer, timer ;
   int n_last_layer_weights, mult ;
   double mse, wpen, *wptr, *gptr, *last_layer_weights ;
```

이 루틴은 다음 두 가지 상황에 있어서 호출될 것이다.

- 모델이 감독 훈련 모드에서 훈련된다. use_final_layer_weights 인자 값이 0이 아닌 값(true)으로 호출돼, final_layer_weights 맴버 배열에 출력층의 가중치 값들이 존재함을 루틴에게 알려준다. 호출자는 목표치가 항상 실수 값을 갖지만, 심지어 복소수 정의역을 갖는 모델일지라도 supervisory 배열에 감독 목표치를 반드시 제공해줘야 한다(예측치의 허수부는 항상 무시된다).

- 모델이 오토인코더인 경우, 아마도 탐욕적으로 훈련되는 단 하나의 레이어를 갖거나, 아마도 여러 겹의 오토인코더로써 정밀 튜닝되는 여러 레이어들을 갖는다. 이런 상황에서 use_final_layer_weights 플래그는 0(거짓)이 돼, 출력 레이어의 가중치 값들이 가중치 행렬에서 마지막 가중치 셋들이 됨을 나타낸다. 목표치가 곧 입력이 되므로, 목표치 벡터는 NULL 입력이 될 것이다. 복소수 정의역을 갖는 모델에서 예측치의 허수부는 실수부와 함께 고려된다.

이러한 두 가지 경우의 수들은 다음에 나와 있는 코드에서 처리되도록 구현됐다. 또한, mult 변수를 실수 또는 복소수 모델이냐에 따라 1이나 2로 설정한다.

```
mult = is_complex ? 2 : 1 ;
if (use_final_layer_weights) {  // 감독 훈련
  assert ( target != NULL ) ;
  last_layer_weights = final_layer_weights ;
  n_last_layer_weights = n_final_layer_weights ;  // 전체가 아닌 출력당 개수
}
else {  // 탐욕적으로 오토인코더 훈련
  assert ( target == NULL ) ;  // 복소수일 경우도 있음
  last_layer_weights = weights[n_layers-1] ;
  n_last_layer_weights = mult * (nhid[n_layers-2] + 1) ;
}
```

멀티스레드 구현 시 했던 방식과 완전히 동일하게 각 레이어에 대한 그레디언트를 가리키는 포인터를 설정한다.

```
gptr = grad ;

for (ilayer=0 ; ilayer<n_layers ; ilayer++) {
  grad_ptr[ilayer] = gptr ;

  if (ilayer == 0 && n_layers == 1) {  // 은닉층이 없는가?
    n = nout * mult * (nin+1) ;  // 이만큼의 입력이 레이어의 각 뉴런으로 전달된다.
    gptr += n ;  // 불필요하지만, 프로세스를 설명해준다.
  }

  else if (ilayer == 0) {  // 첫 번째 은닉층인가?
    n = nhid[ilayer] * mult * (nin+1) ;  // 이만큼의 입력이 레이어의 각 뉴런으로
전달된다.
    gptr += n ;
  }

  else if (ilayer < n_layers-1) {  // 중간 은닉층인가?
    n = nhid[ilayer] * mult * (nhid[ilayer-1]+1) ;  // 이만큼의 입력이 레이어
의 각 뉴런으로 전달된다.
    gptr += n ;
  }
```

```
  else
     n = nout * mult * (nhid[ilayer-1]+1) ;  // 불필요하지만, 프로세스를 설명해준
다.
} // 출력층 포함한 모든 레이어들 루프
```

다음 단계는 약간 까다롭지만 중요하다. 그레디언트 벡터의 길이는 나중에 계산
할 때 보겠지만, 매우 커질 수 있으며, 이 값은 한 배치(전체 훈련 데이터 셋의 일부)상
의 각 케이스에 대해 별도로 저장해둔다. 배치들은 크기가 크며, CUDA 장비에 할
당되는 바이트 수가 32비트 양수로 표현할 수 있는 최댓값을 쉽게 넘어가 버릴 수
있어서, 문제를 일으킬 수 있다. 게다가, 현재 사용 가능한 CUDA 장비가 갖는 그
리드 크기의 제약은 65535이다. 이 두 가지 제약으로 인해, 훈련 데이터 셋을 몇
개의 그룹으로 분할시킬지 하한선을 부과시킴으로써 배치 크기의 상한값을 정해
주게 된다. 게다가, 다음과 같이 윈도우의 악명 높은 출력 타임아웃에 걸리지 않기
위해 이 그룹을 사용자가 더 늘릴 수 있게 해줘야 한다.

```
gradlen = 0 ;  // 그레디언트 길이 카운트
n_prior = nin ;   // 레이어로 전달되는 입력 개수

for (i=0 ; i<n_layers-1 ; i++) {    // 은닉층 순환
  gradlen += mult * nhid[i] * (n_prior + 1) ;  // 바이어스 포함을 위해 +1 해줌
  n_prior = nhid[i] ;
}

gradlen += mult * nout * (n_prior + 1) ; // 출력층
assert ( gradlen == n_weights ) ;

max_batch = MAXPOSNUM / (gradlen * sizeof(float)) ;   // 메모리 할당 크기 제약

if (max_batch > 65535)  // 그리드 크기 제약
  max_batch = 65535 ;

if (max_batch > nc)  // 배치의 크기는 반드시 0보다 커야 한다!
  max_batch = nc ;

n_subsets = nc / max_batch + 1 ;    // +1을 해줘야 한다(정수 잘라내기).
if (n_subsets < TrainParams.n_subsets)   // 타임아웃에 걸리지 않도록 사용자가
  n_subsets = TrainParams.n_subsets ;  // 증가시킬 수 있게 허용한다.
```

```
if (n_subsets > nc) {   // 사용자가 작은 데이터 셋을 대상으로 커다란 모델을 정의한 경우
    ... 에러 메시지와 실패(abort) 메시지를 띄운다.
}
```

CUDA 초기화 루틴(뒤에 곧 나온다)은 이 모델 아키텍처에서 아직 호출되지 않았으며, 이는 전역 변수로 호출 여부를 플래깅한다. 이제 이 루틴을 호출해주도록 하자. 이 루틴이 케이스별 저장 공간을 할애하기 위해, 얼만큼의 메로리를 할당해줘야 하는지 알려주기 위해, 나중에 처리되는 최대 배치 크기의 실제 값을 다시 계산해준다. 그러면, CUDA 장비가 모델 가중치의 현재 셋을 갖고 있지 않는 경우(이것도 전역 변수가 소유 여부를 나타내준다), 가중치 값들을 장비 메모리로 전달해준다.

뒤에 곧 초기화 파라미터들이 나오겠지만, classifier && (target != NULL)은 특별히 설명이 필요하다. 이 논리 연산은 훈련 중인 모델이 분류기인지 아닌지 판단해준다. 오토인코더는 분류기의 일부로써 용도를 정할 수 있을지라도, 그 자체는 분류기가 아니다.

```
if (! cpx_cuda_initialized) {// 이 전역 플래그는 모델이 장비상에서 초기화됐는지 여부를
말해준다.

   n_done = 0 ;
   for (ibatch=0 ; ibatch<n_subsets ; ibatch++) {
     n_in_batch = (nc - n_done) / (n_subsets - ibatch) ; // 남은 케이스 남은
배치 수
       if (ibatch == 0 || n_in_batch > max_batch)
         max_batch = n_in_batch ; // 최대 배치 크기를 지속적으로 추적한다.
       n_done += n_in_batch ;
     }

     cpx_cuda_init ( is_complex , classifier && (target != NULL) ,
class_ids ,
         nc , nin , max_neurons , input , nout ,
         target , max_batch , n_layers , nhid , msg ) ;

     cpx_cuda_initialized = 1 ;
   }

   if (cuda_weights_changed) { // 이 전역 플래그는 장비에 저장된 가중치가
```

```
                            // 갱신된 것인지 여부를 말해준다.
    cuda_cpx_weights_to_device ( nin , nout , n_layers , nhid ,
      weights , last_layer_weights ) ;
      cuda_weights_changed = 0 ;
  }
```

벡터를 0으로 초기화해주며, 이 벡터에 모든 케이스들에 걸쳐서 그레디언트 값들이 합산될 것이다. 그러면, 훈련 데이터 셋을 개개의 배치별로 나누고 각 배치를 디바이스에서 별도로 처리해준다.

```
for (i=0 ; i<n_weights ; i++)
  grad[i] = 0.0 ;

istart = 0 ;   // 배치 시작 위치 = 훈련 데이터의 시작 위치
n_done = 0 ;// 지금까지 진행된 에포크 동안 처리된 훈련 케이스 개수

for (ibatch=0 ; ibatch<n_subsets ; ibatch++) {
  n_in_batch = (nc - n_done) / (n_subsets - ibatch) ; // 남은 케이스/남은
배치
  istop = istart + n_in_batch ; // 이 인덱스 직전에서 중단
```

먼저, 전향 이동을 하면서 모든 활성화 값들을 계산한다. 복소수 정의역을 갖는 모델이라면, 활성화 함수의 미분도 계산해서 저장해둔다. 감독 훈련 기반의 분류기 모델이라면, SoftMax 출력 변환을 수행한다.

```
for (ilayer=0 ; ilayer<n_layers-1 ; ilayer++)
  cuda_cpx_hidden_activation ( istart , istop , nhid[ilayer] , ilayer
, 1 ) ;

cuda_cpx_output_activation ( istart , istop , nout ) ;

if (classifier && (target != NULL))
  cuda_cpx_softmax ( istart , istop ) ;
```

역방향 전파는 출력 델타와 첫 번째 레이어(입력을 받아들이는)를 제외한 모든 은닉층 그레디언트들을 계산한다. 첫 번째 은닉층의 그레디언트가 마지막 처리 대상이다. cuda_cpx_fetch_gradient() 루틴은 계산된 각 케이스별 그레디언트 값들을 합산해 로컬 그레디언트 벡터로 저장한다.

```
cuda_cpx_output_delta ( istart , istop , classifier && (target != NULL)
, nout ) ; cuda_cpx_output_gradient ( n_in_batch , nhid[n_layers-2] ,
n_layers-2 , nout ) ;

for (ilayer=n_layers-2 ; ilayer>0 ; ilayer--)
  cuda_cpx_subsequent_hidden_gradient ( n_in_batch , ilayer ,
    nhid[ilayer] , nhid[ilayer-1] , ilayer==n_layers-2 ) ;

  cuda_cpx_first_hidden_gradient ( istart , istop , nin , nhid[0] , n_
layers==2 ) ;

  cuda_cpx_fetch_gradient ( n_in_batch , grad ) ;

  n_done += n_in_batch ;
  istart = istop ;
} // 모든 배치들을 대상으로 루프
```

모든 배치들을 처리하고 나면, 합산된 그레디언트를 케이스 개수와 출력 개수로
나눈다. 실수 모델 모델이든 다른 종류의 감독 훈련된 모델이든(이 경우 복소수 예측
기의 허수부는 무시된다), 틀리지 않다. 복소수 정의역을 갖는 오토인코더의 경우, 허
수부가 오차 측정 합에 추가되기 때문에 2로 나눠야 할 수도 있다.

그러면, 감독 훈련된 분류기 모델인 경우, 로그 발생 가능 확률을 성능 평가 기준
으로써 계산한다. 다른 경우, 평균 제곱 오차를 평가 기준으로 계산한다.

```
for (i=0 ; i<n_weights ; i++)
  grad[i] /= nc * nout ;

if (classifier && (target != NULL)) {
  cuda_cpx_ll ( nc , &mse ) ;// 로그 발생 가능 확률을 mse에 포함시킨다.
  mse /= nout ;    // cuda_cpx_ll()의 결과를 nout이 아니라 nc로 나눈다.
}

else
  ret_val = cuda_cpx_mse ( nc * nout , &mse ) ;
```

마지막 단계는 가중치 패널티를 계산하고 이에 대한 그레디언트를 보상하는 것이다. 이 내용은 1권에서 다뤘었기 때문에, 여기서는 코드만 살펴볼 것이다. 첫 번째 블록은 은닉층 가중치를 처리하며, 두 번째 블록은 출력층을 처리한다.

```
wpen = TrainParams.wpen / n_weights ;
penalty = 0.0 ;

nin_this_layer = nin ;

for (ilayer=0 ; ilayer<n_layers-1 ; ilayer++) { // 모든 은닉층 처리
  for (ineuron=0 ; ineuron<nhid[ilay er] ; ineuron++) {
    wptr = weights[ilayer] + ineuron * mult * (nin_this_layer+1) ;
    gptr = grad_ptr[ilayer] + ineuron * mult * (nin_this_layer+1) ;
    for (ivar=0 ; ivar<mult*nin_this_layer ; ivar++){ // 바이어스 제외
      penalty += wptr[ivar] * wptr[ivar] ;
      gptr[ivar] -= 2.0 * wpen * wptr[ivar] ;
    }
  }
  nin_this_layer = nhid[ilayer] ;
}

for (ineuron=0 ; ineuron<nout ; ineuron++) {
  wptr = last_layer_weights + ineuron * n_last_layer_weights ;
  gptr = grad_ptr[n_layers-1] + ineuron * n_last_layer_weights ;
  for (ivar=0 ; ivar<mult*nin_this_layer ; ivar++) { // 바이어스 제외
    penalty += wptr[ivar] * wptr[ivar] ;
    gptr[ivar] -= 2.0 * wpen * wptr[ivar] ;
  }
}
penalty *= wpen ; return mse + penalty ;
}
```

## 디바이스 초기화

CUDA 장비를 훈련 중인 모델의 성격에 따라 초기화하는 서브루틴은 꽤 내용이 길어서, 여기에 다 담지 못하므로, 내 홈페이지에서 무료로 다운로드할 수 있으니 직접 살펴보길 바란다. 하지만 핵심 변수들과 초기화 알고리즘 중 일부를 선택해서 함께 실었다. 변수들은 루틴 도입부에 선언돼 있다. 때때로, complex나 actual

키워드와 함께 주석을 달아놓기도 했다. complex는 복소수 정의역을 갖는 모델들 의미하며, 저장된 수량은 복소수를 가리킨다(각각 두 개씩의 실제 숫자를 갖는다) 나타 낸다. 반면 후자는 숫자의 실제 개수임을 의미한다. 이 변수 리스트는 그다음에 뒤 따라오는 각 루틴들을 레퍼런싱하기 편리하게 의도된 것이다.

또한, 매우 많은 경우에 있어서, d_나 h_ 등의 접두어가 붙는 것을 제외하면 두 개 의 변수들이 같은 이름을 갖게 될 것이라는 점에 주목하자. 전자는 디바이스의 네 임 스페이스를 의미하고, 후자는 호스트 측의 네임 스페이스를 의미한다. 이는 커 널 런치로 반드시 전달돼야 하는 파라미터들의 개수를 크게 줄일 수 있게 해준다. 초기화 과정에서 d_ 변수들에 저장되는 데이터는 디바이스로 저장돼, 파라미터 전 달을 해주지 않아도 런타임 시간동안 모든 커널 루틴들이 사용할 수 있게 해준다.

```
// 이 변수는 디바이스 측의 float 타입과 호스트 측의
// double 타입을 매개해주는 역할로 사용된다.
static float *fdata = NULL ;

static int n_out_weights ;   // 전체 출력 가중치 개수(끝부분 패딩 포함)
static int n_hid_weights ;   // 전체 은닉 가중치 개수(끝부분 패딩 포함)

// 다음은 device_cpx_mse에서 절감(reduction)을 위해 사용된다.
// 스레드 개수는 반드시 2의 거듭 제곱 수가 돼야 한다!
// 여기에 주어진 블록들 개수가 최댓값이다. 실제로는 더 적을 수 있다.

#define REDUC_THREADS 256
#define REDUC_BLOCKS 64

static float *reduc_fdata = NULL ;

static int is_complex ; // 복소수 모델인가?
static int mult ; // 복소수면 2, 아니면 1

__constant__ int *d_is_classifier ; // 분류기 모델인가?
__constant__ int d_complex ; // 복소수 모델인가?
__constant__ int d_ncases ; // 완전한 훈련 셋의 케이스 개수
__constant__ int d_n_trn_inputs ; // 첫 번째 레이어의 입력 개수(complex)
__constant__ int d_ntarg ; // 목표치(출력 뉴런) 개수(complex)
```

```
__constant__ int d_ntarg_cols ;  // 128바이트(actual)의 배수로 확장
__constant__ int d_n_layers ;  // 레이어 개수
__constant__ int d_mult ;  // 실수면 1, 복소수면 2
__constant__ int d_autoencode ;  // 0이 아니면 오차에 허수부 포함

Static  int *h_nhid = NULL ;  // 각 은닉층의 뉴런 개수(complex)
__constant__ int *d_nhid ;
static  int *h_nhid_cols = NULL ;  // 상동, 128바이트(actual)의 배수로
확장
__constant__ int *d_nhid_cols ;

Static  float *h_trn_data = NULL ;  // 훈련 데이터 원본, ncases x mult*n_
trn_inputs 크기 행렬
__constant__ float *d_trn_data ;

Static  float *h_targets = NULL ;  // 목표치 데이터; ncases x ntarg(항상 완전
실수)
__constant__ float *d_targets ;

Static  int *h_class = NULL ;  // 분류 작업 모델인 경우(SoftMax), 클래스 id 저장
__constant__ int *d_class ;

Static  float *hidden_weights = NULL ;  // 은닉층에 대한 가중치 행렬
Static  float **h_whid = NULL ;
__constant__ float **d_whid ;

Static  float *h_wout = NULL ;  // 출력층에 대한 가중치 행렬, 호스트측 행렬의 전치행렬
__constant__ float *d_wout ;

static  double *activations = NULL ;  // 현재 계산 중인 레이어의 활성화
static  double **h_act = NULL ;  // 각 레이어를 가리키는 포인터 배열
__constant__ double **d_act ;

static  double *derivs = NULL ;  // 현재 레이어의 활성화 도함수
static  double **h_drr = NULL ;  // 각 레이어를 가리키는 포인터 배열(실수/실수)
__constant__ double **d_drr ;

static  double **h_dii = NULL ;  // 각 레이어를 가리키는 포인터 배열(허수/허수)
__constant__ double **d_dii ;
```

```
static   double **h_dri = NULL ; // 각 레이어를 가리키는 포인터 배열(실수/허수)
__constant__ double **d_dri ;


static   double *h_output = NULL ; // 출력 활성화, 복소수 모델이면 복소수 값 가짐
__constant__ double *d_output ;

static   float *h_mse_out = NULL ; // 성능 측정 결과 출력
__constant__ float *d_mse_out ;

static   double *h_this_delta = NULL ; // 현재 레이어에 대한 델타, 복소수 모델이면
__constant__ double *d_this_delta ;      // 복소수 값을 가짐

static   double *h_prior_delta = NULL ;// 다음 레이어에 대한 델타
__constant__ double *d_prior_delta ;

// 경고... 그레디언트가 float 타입이 아닌 double일지라도, 정수 오버플로우 체크!

static int h_gradlen ;   // 한 케이스(actual)에 대한 완전한 그레디언트 길이
__constant__ int d_gradlen ;
static float *h_gradient = NULL ; // 출력층 포함, 모든 레이어들에 대한 그레디언트
__constant__ float *d_gradient ;
static   float **h_grad_ptr = NULL ; // grad 변수상에서 각 레이어별로 가리키는 위치
__constant__ float **d_grad_ptr ;
```

다음은 초기화 루틴에 선언된 호출 파라미터 리스트를 보여준다. 이 루틴은 CUDA 루틴들 중 가장 먼저 호출돼, 디바이스에 파라미터로써 다시 전달될 필요가 없도록 필수적인 파라미터들을 복사해놓고, 메모리를 할당한다.

```
int cpx_cuda_init (
  int complex, // 복소수 정의역을 갖는 모델인가?
  int classifier , // 분류기 모델인가?(SoftMax 출력)
  int *class_ids , // 분류기인 경우 클래스 id들을 이용
  int ncases , // 훈련 케이스 개수
  int n_inputs , // 입력 개수(complex)
  int ncols ,   // 데이터 행렬의 열 개수
  double *data , // 입력 데이터, ncases개의 행과 ncols개의 열, 첫 n_inputs개가 사용됨
  int ntarg , // 목표치(출력; 분류 클래스) 개수(complex)
```

```
    double *targets , // ncases x ntarg 크기의 목표치; 항상 실수(복소수 모델인 경우에
도)
    int max_batch , // 최대 배치 크기
    int n_layers ,  // 출력층 포함한 레이어들의 뉴런 개수
    int *nhid , // 각 은닉층의 뉴런 개수(complex)
    char *error_msg // 오류 발생 시 리턴할 문자열 포인터
)
```

다음은 디바이스로 중요한 상수 값들을 어떻게 전달하는지 보여주는 몇 가지 예제들을 다룬다. 곧 확인하겠지만, mult 변수는 복소수 정의역을 갖는 모델의 경우 2를, 실수 정의역을 갖는 모델의 경우 1을 설정하는 게 구현상 편리하다. 호출자가 목표치를 NULL로 설정해 모델 입력이 목표치가 됨을 나타낼 수 있으며, 이 경우 d_autoencode 플래그 변수가 참값을 갖는다. 마지막으로 행렬의 행들이 항상 128바이트의 배수에 해당하는 주소에서 시작할 수 있게 행의 마지막을 필요한 만큼 패딩 처리해 모든 가중치들을 메모리상에서 정렬한다. 이렇게 하면 가중치 데이터를 전역 메모리에서 캐시 메모리로 전달하는 속도를 크게 향상 시켜준다. 출력 가중치 행렬에 대한 행의 길이를 각 부분별로 어떻게 128바이트(32개의 4바이트 float 변수) 단위에 맞추는지 다음 코드를 통해 살펴보자.

```
mult = complex  ?  2 : 1 ;
cudaMemcpyToSymbol ( d_is_classifier , &classifier , sizeof(int) , 0 ,
                    cudaMemcpyHostToDevice ) ;

k = (targets == NULL)  ?  1 : 0 ;
cudaMemcpyToSymbol ( d_autoencode , &k , sizeof(int) , 0 ,
                    cudaMemcpyHostToDevice ) ;

ntarg_cols = mult * ((ntarg + 31) / 32 * 32) ;  // 가중치를 128바이트 단위로
맞춘다.
```

각 은닉층별로 뉴런 개수를 디바이스로 복사하고, 128바이트 단위로 맞 이 값들 역시 복사해 놓는다. CUDA 함수를 3번 호출해 디바이스로 저장하는 작업을 수행한다.

1) 뉴런 배열 개수만큼 디바이스 측 메모리를 할당한다.

2) 호스트에서 디바이스로 이 개수를 복사한다.

3) 이 배열의 디바이스 주소를 디바이스상의 심볼로 복사해, 커널 런치에서 파라
   미터로써 전달될 필요가 없도록 한다.

```
memsize = (n_layers-1) * sizeof(int) ;

total_memory += memsize ; // 단지 사용자 정보를 위한 코드
error_id = cudaMalloc ( (void **) &h_nhid , (size_t) memsize ) ;
error_id = cudaMemcpy ( h_nhid , nhid , (n_layers-1) * sizeof(int) ,
cudaMemcpyHostToDevice ) ;

error_id = cudaMemcpyToSymbol ( d_nhid , &h_nhid , sizeof(int *) , 0
, c udaMemcpyHostToDevice ) ;

for (i=0 ; i<n_layers-1 ; i++) // 은닉층 가중치 행렬의 행을 128바이트에 맞게 패딩
  nhid_cols[i] = mult * ((nhid[i] + 31) / 32 * 32) ;

memsize = (n_layers-1) * sizeof(int) ;
total_memory += memsize ;

error_id = cudaMalloc ( (void **) &h_nhid_cols , (size_t) memsize ) ;

error_id = cudaMemcpy ( h_nhid_cols , nhid_cols , (n_layers-1) *
sizeof(int) , cudaMemcpyHostToDevice ) ;

error_id = cudaMemcpyToSymbol ( d_nhid_cols , &h_nhid_cols ,
sizeof(int *) , 0 , cudaMemcpyHostToDevice ) ;
```

초기화 과정은 은닉층 가중치 행렬을 위한 메모리 공간을 할당하는 함수 호출로
마무리 짓는다. 아직 전체 초기화 과정의 10분의 1도 살펴보지 않았지만, 이러한
주제들을 이해하고 나면, 나머지는 쉽게 저절로 이해될 것이다. 첫 번째 단계는 저
장될 전체 가중치 개수를 계산하는 것이다. 반드시 128바이트 단위로 행의 길이
를 맞추도록 패딩을 포함시켜야 한다. 이 코드에서 +1을 해준 것은 바이어스 항을
포함시키기 위해서다. 복소수 정의역을 갖는 모델일 경우 +2를 해줘야 할 것이라

생각하기 쉽지만, nhid_cols가 이미 복소수 모델들일 경우에 대비해 2를 곱한 결과를 담고 있다는 점을 상기하자.

또한, 이 전체 카운트 값을 static 변수 n_hid_weights에 저장해, 호스트에서 디바이스로 가중치 값들을 복사하는 루틴에서 사용한다.

```
n_total = 0 ;
n_prior = n_inputs ;
for (i=0 ; i<n_layers-1 ; i++) {
  n_total += nhid_cols[i] * (n_prior + 1) ; // 현재 레이어에서의 행x열 크기
  n_prior = nhid[i] ; // nhid_cols에 mult(actual)가 포함됨
}


n_hid_weights = n_total ;  // cuda_cpx_weights_to_device()에 필요
```

디바이스에 두 개의 메모리 블록들을 할당해줘야 한다. 큰 블록에는 가중치 값을 저장하고(행 끝 부분 패딩 처리와 함께), 작은 블록에는 각 은닉층에 대한 첫 번째 가중치 행렬 블록 안에서의 주소들을 가리키는 포인터들을 저장한다. 이 포인터 배열의 주소를 디바이스의 상수로 복사해서, 커널이 실행될 때 파라미터로써 전달될 필요가 없도록 한다.

```
memsize = n_total * sizeof(float) ; // 가중치
total_memory += memsize ;
error_id = cudaMalloc ( (void **) &hidden_weights , (size_t) memsize
) ;

memsize = (n_layers-1) * sizeof(float *) ; // 각 레이어에 대한 가중치 행렬을 가리
킨다.
total_memory += memsize ;
error_id = cudaMalloc ( (void **) &h_whid , (size_t) memsize ) ;

cudaMemcpyToSymbol ( d_whid , &h_whid , sizeof(void *) , 0 ,
cudaMemcpyHostToDevice ) ;
```

마지막으로 각 레이어에 대한 가중치 행렬의 안에서 주소(디바이스상)를 계산한다. 이 포인터 배열을 디바이스로 복사한다.

```
float *fptr[MAX_layers] ;

n_total = 0 ;
n_prior = n_inputs ;
for (i=0 ; i<n_layers-1 ; i++) {
  fptr[i] = hidden_weights + n_total ;
  n_total += nhid_cols[i] * (n_prior + 1) ; // 현재 레이어에서의 열x행 크기
  n_prior = nhid[i] ;   // mult가 nhid_cols에 포함된다.
}

error_id = cudaMemcpy ( h_whid , &fptr[0] , (n_layers-1) * sizeof(float
*) , cudaMemcpyHostToDevice ) ;
```

## 호스트에서 디바이스로 가중치 복사

이전 절에서 간략히 설명했던 초기화 루틴은 한 번만 호출되므로, 초기화 과정에
서는 아무런 가중치도 복사하지 않는다. 실제 복사는 훈련 과정에서 이뤄지며, 매
번 가중치 값들이 훈련 알고리즘에 의해 갱신되므로, 복사 처리 과정은 자신만의
루틴으로 가지고 동작한다. 다음 코드와 함께 주석을 참조해보자.

```
int cuda_cpx_weights_to_device (
  int n_inputs ,  // 입력 개수, 복소수 가능
  int ntarg ,  // 출력 개수
  int n_layers ,  // 출력층 포함한 레이어 개수
  int *nhid ,  // 은닉층 개수
  double **hid_weights ,   // 은닉층 가중치 행렬
  double *final_layer_weights )   // 출력 가중치 행렬
{
  int n_prior, ilayer, ineuron, ivar, ntarg_cols_each, nhid_cols_each
;
  double *wptr ;
  float *fptr ;
  char msg[256] ;
  cudaError_t error_id ;

  fptr = fdata ;
  n_prior = n_inputs ;
```

```
for (ilayer=0 ; ilayer<n_layers-1 ; ilayer++) {
  wptr = hid_weights[ilayer] ;
  nhid_cols_each = (nhid[ilayer] + 31) / 32 * 32 ; // 128바이트에 맞게 패딩

for (ivar=0 ; ivar<=n_prior ; ivar++) {
  // 정의역을 갖는 모델에서 행의 처음 절반은 실수부다.
  for (ineuron=0 ; ineuron<nhid[ilay er] ; ineuron++)
    *fptr++ = (float) wptr[mult*(ineuron*(n_prior+1)+ivar)] ;

  while (ineuron++ < nhid_cols_each) // 128바이트에 맞춘 패딩을 데이터로 채운다.
    *fptr++ = 0.0f ;

  // 허수부는 행의 절반 이후 부분을 차지한다.
  if (is_complex) {
    for (ineuron=0 ; ineuron<nhid[ilay er] ; ineuron++)
      *fptr++ = (float) wptr[2*(ineuron*(n_prior+1)+iv ar)+1] ;

    while (ineuron++ < nhid_cols_each) // 패딩 영역을 채운다.
      *fptr++ = 0.0f ;
  }
}  // ivar 루프

n_prior = nhid[ilayer] ;
}

assert ( fptr == fdata + n_hid_weights ) ;

error_id = cudaMemcpy ( hidden_weights , fdata , n_hid_weights *
sizeof(float) , cudaMemcpyHostToDevice ) ;
```

위 코드에서 가중치 행렬을 전치$^{transpose}$시키는 점에 주목하자. 이 부분은 나중에 커널 함수 메모리 엑세스에 대해 논의할 때 명확하게 이해될 것이다. 또한, 호스트 측과 여기를 제외한 모든 부분에서 가중치 행렬을 제외한 복소수는 즉시 다음과 같이 허수부와 실수부가 함께 저장된다. 하지만 가중치 행렬의 경우, 각 행의 절반 앞부분에 실수부를, 절반 뒷부분에는 허수부를 저장해 놓는다. 각 절반에 해당하는 부분들은 128바이트 배수의 크기 단위로 패딩된다. 이 부분도 나중에 논의를 진행하면서 그 이유가 명확해질 것이다.

출력 가중치 행렬도 다음 페이지에 나와 있는 코드와 같이 유사하게 구현된다.

```
fptr = fdata ;
wptr = final_layer_weights ;
ntarg_cols_each = (ntarg + 31) / 32 * 32 ;   // 128바이트 단위로 맞춘다.

for (ivar=0 ; ivar<=n_prior ; ivar++) {   // 전치시켜서 저장한다.

   // 복소수 정의역을 갖는 모델의 경우 행의 절반 앞부분은 실수부로 채운다.
   for (ineuron=0 ; ineuron<ntarg ; ineuron++)
      *fptr++ = (float) wptr[mult*(ineuron*(n_prior+1)+ivar)] ;

   while (ineuron++ < ntarg_cols_each) // 128바이트에 맞춘 패딩을 데이터로 채운다.
      *fptr++ = 0.0f ;

   if (is_complex) {
      // 허수부
      for (ineuron=0 ; ineuron<ntarg ; ineuron++)
         *fptr++ = (float) wptr[2*(ineuron*(n_prior+1)+iv ar)+1] ;

      while (ineuron++ < ntarg_cols_each) // 패딩 영역을 채운다.
         *fptr++ = 0.0f ;
      }
   }

   assert ( fptr == fdata + n_out_weights ) ;

   error_id = cudaMemcpy ( h_wout , fdata , n_out_weights *
sizeof(float) , cudaMemcpyHostToDevice ) ;

   return 0 ;
}
```

## 활성화와 활성화 도함수

실수 및 복소수 정의역을 갖는 모델들에 대해 특화된 루틴들이 도함수가 있는 것과 없는 것으로 나뉘어 내 홈페이지에 올려진 코드에 구현돼 있다. 여기서는 복소수 정의역을 갖는 모델들에 대한 활성화뿐만 아니라 이의 도함수를 계산하는 부분까지, 가장 복잡한 버전을 다룰 것이다. 그러므로 다른 모든 버전들은 여기서 다루는 버전보다 쉽다.

먼저 호스트 측 알고리즘 처리 코드부터 살펴보자. 이 루틴은 훈련 루틴에서 호출되며, 차례로 CUDA 커널 루틴을 실행시킨다.

이 CUDA 루틴은 당연히 CUDA 지식이 필요하다. 1권에서는 독자가 CUDA에 대해서 모르고 있다고 가정해 매우 기초적인 내용을 위주로 하면서 주로 메모리 최적 액세스 방법에 초점을 두었다. 그러므로 CUDA를 잘 모르는 독자는 꼭 1권이나 CUDA 입문 서적 등을 숙지하고 진행하길 바란다.

레이어의 뉴런들을 스레드로 할당함으로써, 처리 작업을 분산시켜 수행할 것이다. 나는 신경망을 구현할 때, 습관적으로 블록 당 워프 수를 네 개까지로 상한선을 둔다. 양측 모두 광범위한 안전 영역을 갖도록 하기 위해 이 정도가 적절하다.

```
int cuda_cpx_hidden_activation (
  int istart ,   // 현재 배치상에서의 첫 번째 케이스
  int istop ,    // 마지막 케이스 직전의 케이스
  int nhid ,     // 현재 레이어의 은닉층 뉴런 개수
  int ilayer ,   // 처리할 레이어
  int need_deriv // 도함수 계산 필요성을 나타내는 플래그
)
{
  int warpsize, threads_per_block ;
  char msg[256] ;
  dim3 block_launch ;
  cudaError_t error_id ;
  warpsize = deviceProp.warpSize ;   // 워프당 스레드 수

  threads_per_block = (nhid + warpsize - 1) / warpsize * warpsize ;
  if (threads_per_block > 4 * warpsize)
    threads_per_block = 4 * warpsize ;
```

런치는 2차원으로, $x$ 좌표는 계산 중인 활성화를 도출하는 뉴런을 나타내고 $y$ 좌표는 처리 중인 케이스를 나타낸다. 실수 또는 복소수 정의역을 갖는 모델에 따라, 도함수의 필요 여부에 따라 세 개의 커널 중 하나를 선택해서 사용한다. 기울기 하

강 계산에는 도함수가 필요하지만 성능을 기반으로 하는 담금질 모사 알고리즘에는 도함수가 필요 없다. 도함수 계산이 상당히 고비용이기 때문에, 필요한 경우가 아니라면 계산 대상에서 제외시켜야 한다. 그리고 실수 정의역을 갖는 모델의 경우 도함수는 굳이 미리 계산해서 저장해놓을 필요가 없을 정도로 간단하다. 이 경우 보통 훈련 과정에서 필요하면 즉시 계산돼 사용된다.

```
block_launch.x = (nhid + threads_per_block - 1) / threads_per_block ;
block_launch.y = istop - istart ;
block_launch.z = 1 ;

if (is_complex  &&  need_deriv)
  device_cpx_hidden_activation_d <<< block_launch , threads_per_block
>>>
    ( istart , istop , ilayer ) ;

else if (is_complex)
  device_cpx_hidden_activation_c <<< block_launch , threads_per_block
>>>
    ( istart , istop , ilayer ) ;

else
  device_cpx_hidden_activation_r <<< block_launch , threads_per_block
>>>
    ( istart , istop , ilayer ) ;

  cudaDeviceSynchronize() ;
  error_id = cudaGetLastError () ;

  ... 오차 처리 부분 ...

  return 0 ;
}
```

커널 함수는 먼저 스레드의 ID(여기서는 은닉 뉴런)를 얻어오고, 그 값이 현재 레이어의 뉴런 개수보다 크면 즉시 리턴한다. nhid_cols 변수는 현재 레이어의 가중치 행렬의 열의 개수를 뜻한다. 이 열은 실수부와 하수부 행의 크기를 128바이트의 배수 단위에 맞아 떨어지도록 하기 위해 필요한 상당히 큰 패딩 영역도 포함한다. 캐시에서 한 번에 128바이트씩 메모리를 가져온다는 것과 항상 의 배수 단위에 해당하는 주소로 액세스를 시작한다는 점을 상기하자. 또한, 케이스의 인덱스도 가져온다.

```
__global__ void device_cpx_hidden_activation_d ( int istart , // 현재 배치상에서 첫 번째 케이스
  int istop , // 마지막 직전 케이스
  int ilayer  // 처리할 레이어
)
{
  int k, icase, ihid, i_input, n_inputs, nhid_cols ;
  float *f_inptr, *wptr ;
  double rsum, isum, *d_inptr, len_sq, raw_length, squashed_length, ratio ;
  double *actptr, *drrptr, *diiptr, *driptr, deriv, temp ;

  ihid = blockIdx.x * blockDim.x + threadIdx.x ;

  if (ihid >= d_nhid[ilayer])
    return ;

  nhid_cols = d_nhid_cols[ilayer] ;   // 128바이트(32개의 float)의 배수

  k = nhid_cols / 2 ;   // 가중치의 실수부와 허수부를 분리

  icase = blockIdx.y ;
```

wptr 변수로 현재 은닉층 뉴런에 대한 가중치 벡터의 첫 번째 요소를 가리킨다. 가중치 행렬을 상기하자. 호스트 측에 저장할 때 전치 연산이 이뤄지므로, 현재 레이어에서의 은닉층 뉴런이 가장 빠르게[3] 변화한다는 점을 떠올리자. 또한, 이 루틴에서 계산될 활성화 및 활성화의 미분 벡터를 가리키는 포인터를 얻어온다.

```
wptr = d_whid[ilayer] + ihid ;

actptr = d_act[ilayer] + 2 * (icase * d_nhid[ilayer] + ihid) ;
drrptr = d_drr[ilayer] ;
```

---

3  배열의 인덱스 변화를 말한다. – 옮긴이

```
diiptr = d_dii[ilayer] ;
driptr = d_dri[ilayer] ;
```

첫 번째 은닉층이냐(모델의 입력이 전달됨), 중간 은닉층(이전 은닉층의 활성화가 전달됨)이냐에 따라 두 개의 코드 블록 중 하나가 활성화 값을 계산한다. 모델의 입력 값들은 float 타입이지만, 활성화 값들은 double 타입이므로, 서로 다른 포인터로 가리켜야 한다. 뉴런에 전달되는 알짜 입력은 식 (5.5)로 계산한다.

가중치 행렬이 어떤 식으로 저장되는지 이제 명확하게 이해될 것이다. 이 고비용의 루프 처리 과정에서 입력 포인터는 계산 중인 은닉층 뉴런에 의존하지 않으므로, 이들은 임의의 워프상의 모든 스레드들이 같은 값을 유지한다. wptr만 스레드 ID에 의존한다. 이 변수의 첫 번째 값이 128바이트의 배수가 되도록 보장되고, 루프 안에서 nhid_cols 값을 더하기 때문에, 각 워프의 첫 번째 스레드는 이러한 첫 번째 메모리 주소로 액세스하고, 그다음 이어지는 스레드들은 그다음 연속되는 메모리 주소로 연이어 액세스한다. 허수부는 128바이트의 배수 단위로 오프셋되므로, 이들 역시 완벽하게 정렬된다.

```
rsum = isum = 0.0 ;
if (ilayer == 0) {   // 첫 번째 은닉층
  n_inputs = d_n_trn_inputs ;// 복소수 입력 개수
  f_inptr = d_trn_data + (icase+istart)*2*n_inputs ; // 입력 값 포인터
  for (i_input=0 ; i_input<n_inputs ; i_input++) {  // 모든 입력 값 처리
    rsum += *wptr * *f_inptr - *(wptr+k) * *(f_inptr+1) ; // 식 (5.5)
    isum += *wptr * *(f_inptr+1) + *(wptr+k) * *f_inptr ; // 상동
    wptr += nhid_cols ;// 다음 행 (입력)
    f_inptr += 2 ;   // 저장된 입력(실수부, 허수부)
  }
  rsum += *wptr ; // 바이어스
  isum += *(wptr+k) ;
}

else {    // 이어지는 은닉층
  n_inputs = d_nhid[ilayer-1] ; // 이전 레이어의 크기
  d_inptr = d_act[ilayer-1] + icase*2*n_inputs ;  // 이전 레이어의 활성화
  for (i_input=0 ; i_input<n_inputs ; i_input++) {   // 이전 레이어의 모든 뉴
런들을 루프
```

```
   rsum += *wptr * *d_inptr - *(wptr+k) * *(d_inptr+1) ; isum +=
*wptr * *(d_inptr+1) + *(wptr+k) * *d_inptr ; wptr += nhid_cols ;
   d_inptr += 2 ;
   }
  rsum += *wptr ; // 바이어스 isum += *(wptr+k) ;
}
```

메모리 정렬에 대해서는 좀 더 살펴보는 게 좋을 것 같다. 동작 중인 커널 프로그램이 무언가를 전역 메모리로부터 요청하면 하드웨어는 이를 128바이트 경계를 갖도록 정렬된 블록 단위로 데이터를 가져온다. 단 한 바이트만 요청해도 말이다. 이런 사실을 기반으로, 최대한 자원을 효율적으로 활용해야 한다!

가중치 행렬 d_whid[ilayer]는 128바이트 경계선에서부터 데이터를 갖도록 보장된다. 첫 번째 코드 블록에서 첫 번째 스레드 ihid=0이므로, 첫 번째 i_input 루프 순환 과정에서 32개의 float 데이터들(128바이트)을 읽어들이는데, 첫 번째 float 데이터는 첫 번째 스레드에서 사용한다. 두 번째 스레드는 ihid=1이므로, 두 번째 float 데이터를 사용하게 된다. 이런식으로 나머지도 동일하게 진행된다. 그러므로 단 한 번 128바이트 단위로 데이터를 읽어들이는 동작은, 워프 안의 32개의 모든 스레드에 대한 *wptr을 얻어온다! 그리고 *(wptr+k)는 128바이트의 배수로 오프셋되는 코드이므로, 같은 효과를 갖는다. 마지막으로 매번 루프를 순환하면서 wptr에 128바이트의 배수를 더하면서 기존의 완벽한 정렬 상태를 유지한다. 이제 식 (5.20)을 이용해서 활성화 값을 계산해보자.

```
len_sq = rsum * rsum + isum * isum + 1.e-60 ;
raw_length = sqrt ( len_sq ) ;
squashed_length = tanh ( 1.5 * raw_length ) ;
ratio = squashed_length / raw_length ;

*actptr = rsum * ratio ;
*(actptr+1) = isum * ratio ;
```

마지막으로 110페이지에서 설명했던 알고리즘을 사용해서 활성화 함수의 편미분 값을 계산한다. 언뜻 보기에는 코드 아래에 나와 있는 코드 라인과 이 절의 방정식들 간의 대응 관계가 명확하게 드러나지 않을 수도 있다. 이는 근사한 연산들을 속도와 정확도 측면에서 최적화시켰기 때문이다. 1~2분 정도 종이와 펜을 들고 연구해보면 이렇게 구현한 것이 올바르다는 것을 확신할 수 있을 것이다.

```
deriv = 1.5 * (1.0 - squashed_length * squashed_length) ;
temp = (deriv - ratio) / len_sq ;

k = icase * d_nhid[ilayer] + ihid ;
drrptr[k] = ratio + rsum * rsum * temp ;
diiptr[k] = ratio + isum * isum * temp ;
driptr[k] = rsum * isum * temp ;
}
```

## 출력 활성화

출력 활성화 계산은 활성화 함수가 선형이고, 이 함수의 편미분이 필요하지 않기 때문에 조금 전 다뤘던 은닉 활성화의 일부분에 해당한다. 일반적인 런치 코드는 생략하고 곧바로 커널 루틴으로 넘어가보자.

프로그램 설계에서 출력 값은 모든 케이스마다 저장되지만, 활성화나 미분, 계산된 그레디언트와 같은 중간 매개자 항목들은 하나의 배치 안에서의 케이스들에 대해서만 유지된다. 이렇게 배치 별로 다른 구조를 갖는 것은 소중한 디바이스 메모리를 상당히 절약해주면서도, 성능 측정의 완성 속도 계산에서 모든 출력 값들을 사용할 수 있다. 또한, 나중에 추가될 수도 있는 더욱 진보된 연산을 위한 밑거름이 돼준다. 그러므로 우리가 모든 출력들이 계산되면서 결과를 유지하고 있기 때문에, 커널에 현재 배치의 시작 케이스 인덱스인 istart 인자를 전달해줘야 한다.

작업 분배는 출력을 스레드에 매핑하면서 할당된다. 타깃이 얼마 없다면, 계속 실행되지 않고 있는 여러 개의 스레드들을 잠재적으로 담고 있는 워프들이 생기기 때문에, 이런 경우 효율성이 떨어진다. 하지만 출력을 계산하는 일이 전체 실행 시간에서 차지하는 비중은 언제나 매우 미미하기 때문에, 이와 같은 비효율성은 실질적으로 무시할만하다. 게다가, 오토인코딩 레이어들 또는 레이어 그룹을 훈련시킬 때, 엄청난 수의 목표치를 갖는데(실제로 거의 모든 실질적인 애플리케이션에서 이렇게 된다), 이는 목표치의 중요도가 높으면, 효율성으로 인해 고통 받는 일은 없을 것이라는 걸 의미한다.

```
__global__ void device_cpx_output_activation_c (
  int istart    // 현재 배치상에서 첫 번째 케이스
)
{
  int k, icase, iout, n_inputs, i_input, ilayer ;
  double rsum, isum, *inptr ;
  float *wptr ;

  iout = blockIdx.x * blockDim.x + threadIdx.x ;    // 스레드 인덱스로 출력 인
덱스를 찾는다.

  if (iout >= d_ntarg)    // 현재 스레드가 출력 인덱스를 넘어서는가?
    return ;
```

출력층과 연결된 마지막 은닉층의 인덱스와 크기를 구한다. 현재 구현 코드에서 은닉층이 없는 모델에 대해서는 CUDA 기반으로 구현하지 않았으므로, 비록 혹시 발생할 경우를 생각해서 어느 정도의 코드는 구현해놨지만, 입/출력 레이어만으로 구성된 경우에 대해서 고려할 필요는 없다. 또한, 블록 인덱스로부터 케이스 번호(전체 훈련 셋이 아닌, 현재 배치상에서의 번호)를 구한다. wptr 변수가 출력 뉴런에 대한 첫 번째 가중치의 주소를 가리키도록 한다. inptr 변수가 은닉층의 활성화 벡터에서 출력층으로 전달되는 케이스에 해당하는 값을 가리키도록 한다. k를 가중치 행렬의 각 행마다의 거리 값(가중치의 허수부를 실수부가 구분되는 지점)으로 설정한다.

```
ilayer = d_n_layers - 2 ;
n_inputs = d_nhid[ilayer] ;

icase = blockIdx.y ;
wptr = d_wout + iout ;

inptr = d_act[ilayer] + icase * 2 * n_inputs ;
rsum = isum = 0.0 ;
k = d_ntarg_cols / 2 ;  // 가중치의 실수부와 허수부 구분되는 지점
```

식 (5.5)를 직접적으로 적용해서 활성화를 계산한다. 은닉층 가중치를 정렬시켰던 방법으로 가중치 행렬을 완벽하게 메모리 정렬한다 계산된 출력값들의 경우, 완벽하게 메모리 정렬이 이뤄지지 않고, 2의 배수로 줄지어진다. 하지만 이 부분이 전체 시간에서 차지하는 비중은 미미하다.

```
for (i_input=0 ; i_input<n_inputs ; i_input++) { // wout는 호스트 측 행렬
을 전치시킨 결과
    rsum += *wptr * *inptr - *(wptr+k) * *(inptr+1) ;
    isum += *wptr * *(inptr+1) + *(wptr+k) * *inptr ;
    wptr += d_ntarg_cols ;
    inptr += 2 ;
}
rsum += *wptr ; // 바이어스
isum += *(wptr+k) ;

k = 2*((icase+istart)*d_ntarg+iout) ;
d_output[k] = rsum ;
d_output[k+1] = isum ;
}
```

## SoftMax 출력 변환

현재 모델이 분류기이고, 훈련 과정에서 오토인코딩을 하지 않는 경우, 반드시 식 (5.34)와 식 (5.35)로 출력을 변환시켜야 한다. 이 변환 과정에 출력 값들을 합산하는 부분이 있기 때문에, 반드시 출력이 아니라 케이스에 스레드를 할당해야 한다.

로짓을 300으로 제한해, 거의 일어나진 않지만 기하급수적으로 증가하는 오버플로우가 발생하는 경우를 대비한다. 출력 벡터 메모리 액세스는 스레드/케이스 인덱스가 액세스를 심각할 정도로 줄지어 일어나도록[stride]하기 때문에 매우 비효율적이다. 하지만 이 루틴의 실행 속도는 다른 커널에 비하면 극도로 빠르기 때문에, 이러한 비효율성이 문제가 되진 않을 뿐더러, 거듭제곱하는 것이 메모리 대기 시간이 미치는 영향을 잘 미화시켜준다.

```
__global__ void device_cpx_softmax (
  int istart , // 현재 배치상에서 첫 번째 케이스
  int istop // 마지막 직전 케이스
)
{
  int icase, iout ;
  double *outptr, sum ;

  icase = blockIdx.x * blockDim.x + threadIdx.x ;

  if (icase >= istop - istart)
    return ;

  outptr = d_output + (icase + istart) * d_mult * d_ntarg ; // 현재 케이
스에 대한 출력 벡터
  sum = 0.0 ;

  for (iout=0 ; iout<d_ntarg ; iout++) { // 허수부는 아무런 역할도 하지 않는다.
    if (outptr[d_mult*iout] < 300.0)
      outptr[d_mult*iout] = __expf ( outptr[d_mult*iout] ) ;
    else
      outptr[d_mult*iout] = __expf ( 300.0 ) ;
    sum += outptr[d_mult*iout] ;
  }
  for (iout=0 ; iout<d_ntarg ; iout++)
    outptr[d_mult*iout] /= sum;
}
```

## 출력 델타

출력 델타 계산은 (식 (5.32)를 단순화시킨 식 (5.33)을 참조) 아마도 오토인코딩이나
모델이 실수나 복소수 정의역을 가질 수 있다 때문에 약간 잡다해 보일 수 있다.
SoftMax 출력 델타는 다음 절에서 제시한다. 이번에도 스레드 인덱스로 출력 뉴
런을 구하고 블록 인덱스의 y 좌표 값으로 케이스를 구한다.

```
__global__ void device_cpx_output_delta (
  int istart , // 현재 배치상에서 첫 번째 케이스
  int istop ,  // 마지막 직전 케이스
```

```
    int ntarg // 목표치(출력) 개수
)
{
  int j, k, icase, iout ;

  iout = blockIdx.x * blockDim.x + threadIdx.x ;
  if (iout >= d_ntarg)
    return ;

  icase = blockIdx.y ;
```

오토인코딩의 경우, d_targets(초기화 과정에서 설정됨)은 입력을 가리키게 된다. 이 입력은 복소수 모델일 경우 완전한 복소수 값을 갖고, 실수 모델일 경우 목표치는 완전한 실수 값을 갖는다.

```
if (d_autoencode) {
  if (d_complex) {
    j = 2 * (icase * ntarg + iout ) ; // 델타는 배치별로 인덱싱된다.
    k = 2 * ((icase + istart) * ntarg + iout) ; // 출력과 목표치는 전체 데이터
를 기준으로 인덱싱된다.
    d_this_delta[j] = 2.0 * (d_targets[k] - d_output[k]) ;
    d_this_delta[j+1] = 2.0 * (d_targets[k+1] - d_output[k+1]) ;
  }
  else {
    k = (icase + istart) * ntarg + iout ;
    d_this_delta[icase*ntarg+iout] = 2.0 * (d_targets[k] - d_
output[k]) ;
  }
}
```

오토인코딩이 아닌 경우, d_targets는 완전 실수 값을 갖고 예측치의 허수부는 무시해버린다.

```
else {
  j = d_mult * (icase * ntarg + iout) ;  // 복소수 모델은 d_mult가 2, 실수
모델은 1
  k = (icase+istart)*ntarg+iout ;
  d_this_delta[j] = 2.0 * (d_targets[k] - d_output[d_mult*k]) ;
  if (d_complex)
```

```
    d_this_delta[j+1] = 0.0 ;   // 출력의 허수부 무시된다.
  }
}
```

## SoftMax 출력의 델타

현재 훈련 중인 모델이 오토인코더가 아니라는 걸 알기 때문에, SoftMax 출력의 델타를 계산하는 일은 더 쉽다. 즉, 우리는 목표 클래스를 예측해주는 완전한 모델을 훈련시키는 게 목적이다. 이러한 모델은 복소수 정의역을 갖는 모델일 수도 있으며, 이 경우 예측치의 허수부는 무시해버린다. 그래도 이와 무관하게, 식 (5.37)을 간단히 구현해야 할 필요가 있다.

```
__global__ void device_cpx_softmax_delta (
  int istart ,  // 현재 배치상에서 첫 번째 케이스
  int istop ,   // 마지막 직전 케이스
  int ntarg //  개수 목표치(outputs)
)
{
  int icase, iout ;

  iout = blockIdx.x * blockDim.x + threadIdx.x ;

  if (iout >= d_ntarg)
    return ;

  icase = blockIdx.y ;

  d_this_delta[d_mult*(icase*ntarg+iout)] = ( ((iout == d_
class[icase+istart]) ? 1.0 : 0.0)
    - d_output[d_m ult*((icase+istart)*ntarg+iout)]) ;

  if (d_complex)
    d_this_delta[2*(icase*ntarg+iout)+1] = 0.0 ;  // 출력의 허수부는 무시
}
```

## 출력 그레디언트

지금 신경망에서 마지막 레이어를 처리하고 있기 때문에, 출력 델타에서 출력 그레디언트로 가는 일은 상대적으로 간단하다; 오차의 영향이 전달되는 추가적인 레이어들이 없기 때문이다. 그저, 식 (5.31)을 이용해서 식 (5.29)를 계산하면 된다. 그레디언트는 출력 오차를 은닉층 뉴런으로부터 나와서 연결되는 가중치로 편미분한 결과로, 한 케이스에 대해 계산된다. 그러므로 런치는 3차원으로 구성돼야 한다. $x$ (스레드)는 은닉층 뉴런을 정의하고, $y$는 케이스를, $z$는 출력 뉴런을 정의한다. 이러한 세 가지 데이터와 더불어 은닉층의 크기도 구한다.

```
__global__ void device_cpx_output_gradient_c (
   int nc ,      // 배치상에서 케이스 개수
   int ilayer   // 출력층 이전의 은닉층
)
{
   int k, icase, iout, ihid, nhid ;
   float *gptr ;
   double r_delta, i_delta, r_prev, i_prev ;

   ihid = blockIdx.x * blockDim.x + threadIdx.x ;
   nhid = d_nhid[ilayer] ;  // 마지막 은닉층의 뉴런들
   icase = blockIdx.y ;
```

스레드가 은닉층 뉴런의 개수를 넘어서면 리턴한다. 일반적으로 스레드는 은닉층 뉴런을 찾는데, 이때 뉴런의 활성화를 구하게 된다. 그리고 딱 한 번 '활성화' 값은 바이어스에 해당하는 $1.0+0i$로 계산된다.

```
if (ihid > nhid)
   return ;
else if (ihid < nhid) { // 일반적인 상황: 현재 뉴런의 활성화를 구한다.
   k = 2 * (icase * nhid + ihid) ;
   r_prev = d_act[ilayer][k] ;
   i_prev = d_act[ilayer][k+1] ;
}
else {    // ihid == nhid일 때, 바이어스를 처리한다.
   r_prev = 1.0 ;  // 바이어스는 1.0 + 0 i
   i_prev = 0.0 ;
}
```

현재 출력에 대한 델타를 구하고 grand 그레디언트 벡터에 존재한 출력 그레디언트 값을 가리킨다. 그다음 기본적인 그레디언트 식을 계산한다. 델타와 그레디언트 메모리 액세스는 비효율적으로 단순 선형 증가로 이뤄지지만, 이 루틴은 전체 실행 시간에서 미미한 비중을 차지하므로, 결과적으로 큰 영향을 주지 않는다.

```
iout = blockIdx.z ;

k = 2 * (icase * d_ntarg + iout) ;
r_delta = d_this_delta[k] ;
i_delta = d_this_delta[k+1] ;

gptr = d_grad_ptr[ilayer+1] + icase * d_gradlen ; // 출력 레이어의 그레디언트

k = 2 * (iout * (nhid + 1) + ihid) ;
gptr[k] = r_delta * r_prev + i_delta * i_prev ; // 식 (5.29)로부터 도출
된 식 (5.31)
gptr[k+1] = -r_delta * i_prev + i_delta * r_prev ;
}
```

## 첫 번째 은닉층의 그레디언트

대부분의 애플리케이션을 보면, 입력층이 가장 크다. 게다가, 첫 번째 은닉층은 정의에 의해, 하나 이상의 레이어로 전달되며, 이는 식 (5.41)에 해당하는 합산을 반드시 수행해야 함을 의미한다(그림 5.10에 그려져 있다). 이러한 두 가지 사실들 사이에, 첫 번째 은닉층의 그레디언트를 계산하는 일은 거의 언제나 가장 많은 시간을 잡아먹는 원인이 된다. 여러 가지 NVIDIA 그래픽 카드가 설치돼 있는 나의 컴퓨터로 실험해보면, 연속된 은닉층들의 그레디언트를 계산하는 데 걸리는 시간은 보통 전체 계산 시간의 95퍼센트 이상 차지하는 경우가 허다했다. 그러므로 효율성을 최대한 끌어올리기 위해 이 계산 방식을 튜닝해줘야 한다. 출력 그레디언트와 비슷하게, 런치는 3차원으로 돼 있다($x$가 입력(feed), $y$는 케이스, $z$는 전달 대상 뉴런).

```
__global__ void device_cpx_first_hidden_gradient_c (
  int istart , // 현재 배치상에서 첫 번째 케이스
  int istop ,  // 마지막 직전 케이스
```

```
        int only_hidden // 유일한 은닉층인가?
    )
    {
      int j, k, icase, iin, ihid, nhid, n_next ;
      float *gptr, *next_weights ;
      double *delta_ptr, drr, dii, dri ;
      double r_delta, i_delta, r_prev, i_prev, rsum, isum ;

      iin = blockIdx.x * blockDim.x + threadIdx.x ;
      icase = blockIdx.y ;

      if (iin > d_n_trn_inputs)   // 스레드가 모든 입력을 넘어서면, 리턴한다.
        return ;
      else if (iin < d_n_trn_inputs) {   // 일반적인 상황에 해당, 입력(input)으로부
터 전달 입력(feed)을 구한다.
        j = 2 * ((icase + istart) * d_n_trn_inputs + iin) ;
        r_prev = d_trn_data[j] ;
        i_prev = d_trn_data[j+1] ;
      }
    else {    // 바이어스는 한 번만 처리해준다.
      r_prev = 1.0 ;
      i_prev = 0.0 ;
    }
```

관심 대상인 뉴런의 인덱스와 이 첫 번째 은닉층의 크기를 구한다. 이 레이어 다음
레이어 전체에 걸쳐서 식 (5.41)의 합산을 수행할 것이다. 모델에 은닉층이 하나
라면, 이 다음 레이어는 곧 출력 레이어가 된다. 아니라면 다음 은닉층이 뒤따라온
다. n_next로 다음 레이어의 뉴런 개수를 얻고, 현재 레이어에 대한 가중치 포인터
를 구한다. 마지막으로 k 값을 가중치의 실수부와 허수부를 구분하는 지점인, 행
길이의 절반으로 설정한다.

```
ihid = blockIdx.z ;
nhid = d_nhid[0] ;   // 현재 은닉층의 뉴런

if (only_hidden) {    // 다음 레이어가 출력층인 경우
  n_next = d_ntarg ;
  next_weights = d_wout + ihid * d_ntarg_cols ;
  k = d_ntarg_cols / 2 ;   // 실수부와 허수부가 나뉘는 위치
}
```

```
else {
  n_next = d_nhid[1] ;  // 다음 레이어의 뉴런 개수
  next_weights = d_whid[1] + ihid * d_nhid_cols[1] ;  // 첫 가중치가 위치한
지점
  k = d_nhid_cols[1] / 2 ;
}
```

현재 델타를 가리키는 포인터를 구하고 식 (5.41)에 따라 합산한다. 특히 오토인코
딩 모델이거나 여러 개의 커다란 은닉층을 갖는 신경망인 경우, 이 루프가 수행 시
간에 큰 비중을 차지한다고 간주된다. 이러한 메모리 읽어오기가 스레드 인덱스와
전혀 관련이 없어서 스케줄러가 한 워프 안의 스레드들 사이에서 읽어온 데이터를
광범위하게 공유할 수 있어야 한다는 점에 주목하자. 여기에는 규모가 큰 애플리케
이션에서 부동소수점 파이프라인이 제한 요소로 작용한다는 점이 내포돼 있다.

```
delta_ptr = d_this_delta + icase * 2 * n_next ;  // 현재 케이스에 대한 델타

rsum = isum = 0.0 ;
for (j=0 ; j<n_next ; j++) {  // 식 (5.41)
  rsum += delta_ptr[2*j] * next_weights[j] +
    delta_ptr[2*j+1] * next_weights[j+k] ;
  isum += -delta_ptr[2*j] * next_weights[j+k] +
    delta_ptr[2*j+1] * next_weights[j] ;
}
```

시간이 소요되는 부분이 끝났다. 식 (5.40)을 이용해서 델타를 계산하기 위해, 활
성화 함수의 편미분 값을 구한다. 어떤 프로그래머들은 임시 변수들을 사용하지
않고, 곧바로 하첨자로 표시한 수량을 끼워넣고 싶을 것이다. 하지만 CUDA 컴파
일러는 이들을 엄청난 속도를 자랑하는 레지스터에 위치시켜야 한다. 이는 속도
측면에는 아무런 패널티가 없으며, 이렇게 작성했을 때가 더 명확한 프로그램이
구현될 수 있다는 것이다.

```
j = icase * nhid + ihid ;
drr = d_drr[0][j] ;
dii = d_dii[0][j] ;
dri = d_dri[0][j] ;
```

```
r_delta = rsum * drr + isum * dri ;   // 식 (5.40)
i_delta = rsum * dri + isum * dii ;
```

마지막으로 식 (5.38)을 이용해서 그레디언트를 계산해 gptr에 저장하는 것은 비효율적으로 줄지어 액세스를 하게 되지만, 그 비용은 이전에 소개한 합산 수행 루프의 비용에 비하면 미미한 수준이다.

```
gptr = d_grad_ptr[0] + icase * d_gradlen ; // 첫 번째 은닉층의 그레디언트
j = 2 * (ihid * (d_n_trn_inputs + 1) + iin) ;
gptr[j] = r_delta * r_prev + i_delta * i_prev ;
gptr[j+1] = - r_delta * i_prev + i_delta * r_prev ;
}
```

## 중간 은닉층의 그레디언트

두 번째 이후의 은닉층에 대한 그레디언트는 실질적으로 앞서 살펴봤던 것과 동일하게 계산된다. 그러므로 여기서 코드를 수록할 필요는 없을 것 같다. 근소한 차이만 있으며, 레이어 번호를 직접 코드로 입력하기보다는(현재 은닉층은 0, 그다음 은닉층은 1), 레이어 번호를 런치 파라미터로 전달해야 한다. 또한, 반드시 prior_delta에 루틴의 마지막 부분에서 계산된 델타를 저장해야 다음 레이어의 그레디언트를 계산할 때 재사용될 수 있다. 이러한 연산을 구현한 전체 소스 코드는 내 홈페이지에서 무료로 다운로드할 수 있다.

## 평균 제곱 오차

모든 훈련 케이스에 대해 출력을 저장해뒀다는 점과 모든 케이스에 대한 목표치들을 갖는다는 점을 평균 제곱 오차를 계산하는 일은 상기하자. 이는 예측치와 목표치 간의 차이를 제곱해 합산하는 간단한 일이다. 가장 효율적인 방법은 절감reduction이라고 부르는 표준적으로 사용되는 병렬처리 알고리즘이다.

이번 시리즈의 1권에서 절감 알고리즘에 대해 상세하게 다뤘으며, 다른 책들도 이 알고리즘을 설명하는 경우가 있다. 또한, 이 알고리즘이 꽤 복잡하므로, 여기서 반복하진 않을 것이다. 절감 알고리즘이 생소한 독자들은 아마도 코드를 봤을

때 막막할 수도 있지만, 도움 없이 이 부분을 브레인 스토밍해보는 것이 변형 경험 transformative experience을 보장할 것이다.

단순히 전체 훈련 셋을 처리하기 때문에 호출 파라미터는 없다. d_ncases개의 훈련 케이스와 d_ntarg개의 출력이 존재한다. 복소수 정의역을 갖는 오토인코더 모델인 경우, 출력 및 목표치의 허수부는 오차 계산에 포함된다. 하지만 복소수 정의역을 갖는 모델의 감독 훈련 과정에서 허수부는 무시된다. 커널 함수는 나와 있는 다음 코드로 시작한다.

```
__global__ void device_cpx_mse ()
{
  __shared__ double partial_mse[REDUC_THREADS] ;
  int i, index ;
  unsigned int n ; double diff, sum_mse ;

  index = threadIdx.x ;
  n = d_ncases * d_ntarg ;
  sum_mse = 0.0 ;
```

오토인코딩인 경우, d_targets 변수는 입력을 가리키도록 설정되며, 이 데이터는 복소수 정의역을 갖는 모델일 경우 완전 복소수 기반이 된다. 실수 모델일 경우, 목표치 값은 완전 실수가 된다. 메모리 엑세스가 비효율적으로 줄지어져 연속되긴 하지만 이 알고리즘이 처리되는 시간이 전체 시간에서 보면 매우 미미하기 때문에 결과적으로 무시될 만하다는 사실에 주목하자.

```
if (d_autoencode) {
  if (d_complex) {
    for (i=blockIdx.x*blockDim.x+index ; i<n ; i+=blockDim.x*gridDim.x)
{
      diff = d_output[2*i] - d_targets[2*i] ;        // 실수부
      sum_mse += diff * diff ;
      diff = d_output[2*i+1] - d_targets [2*i+1] ;   // 허수부
      sum_mse += diff * diff ;
    }
  }       // 복소수 정의역을 갖는 모델
```

```
else {    // 실수 정의역을 갖는 모델
  for (i=blockIdx.x*blockDim.x+index ; i<n ; i+=blockDim.x*gridDim.x) {
    diff = d_output[i] - d_targets[i] ;
    sum_mse += diff * diff ;
  }
} // 실수 정의역을 갖는 모델
} // 오토인코딩인 경우
```

오토인코딩이 아니면, d_targets는 완전 실수 값을 기반으로 하며, 예측치의 허수부(복소수 모델인 경우)는 무시한다. 그래서 d_mult 값을 출력 변수 인덱싱에 사용하지만, 목표치 변수에는 아무런 곱셈 인자를 사용하지 않는다.

```
else {
  for (i=blockIdx.x*blockDim.x+index ; i<n ; i+=blockDim.x*gridDim.x) {
    diff = d_output[d_mult*i] - d_targets[i] ; // 허수부는 무시된다.
    sum_mse += diff * diff ;
  }
}
```

남은 절감 알고리즘 구현은 다음 페이지에서 이어진다.

```
partial_mse[index] = sum _mse ;
__syncthreads() ;

for (i=blockDim.x>>1 ; i ; i>>=1) {
  if (index < i)
    partial_mse[index] += partial_mse[index+i] ;
    __syncthreads() ;
  }

  if (index == 0)
    d_mse_out[blockIdx.x] = partial_mse[0] ;
}
```

마지막으로 이 암호 같은 알고리즘이 구현된 커널 함수를 실행시키는 코드는 다음과 같다.

```
int cuda_cpx_mse (
  int n ,    // 데이터 개수(ncases * ntarg)
  double *mse  // 계산된 mse 평가 기준
)
{
  int i, blocks_per_grid ;
  double sum ;
  char msg[256] ;
  cudaError_t error_id ;

  blocks_per_grid = (n + REDUC_THREADS - 1) / REDUC_THREADS ;
  if (blocks_per_grid > REDUC_BLOCKS)
    blocks_per_grid = REDUC_BLOCKS ;

  device_cpx_mse <<< blocks_per_grid , REDUC_THREADS >>> () ;
  cudaDeviceSynchronize() ;

  error_id = cudaMemcpy ( reduc_fdata , h_mse_out , blocks_per_grid *
sizeof(float) , cudaMemcpyDeviceToHost ) ;

  sum = 0.0 ;
  for (i=0 ; i<blocks_per_grid ; i++)
    sum += reduc_fdata[i] ;
  *mse = sum/ n ;
  return 0 ;
}
```

## 분류 작업에서 평가 기준으로 사용하는 로그 발생 가능 확률

SoftMax 클래스 확률 값을 출력하는 경우, 로그 발생 가능 확률 최적화 평가 기준
계산은 앞서 봤던 평균 제곱 오차 계산보다 쉽다. 이는 오토인코더 모델이 아니고,
복소수 정의역일 경우 허수부가 무시된다는 점을 알기 때문이다. 이제 앞서 봤던
내용을 간단히 구현한 코드이기 때문에 부가적인 설명을 넣진 않겠다. 식 (5.36)
으로 주어지는 평가 기준과 1.e-30 상수는 부동소수점 연산 시 발생할 수 있는 문
제를 방지한다.

```
__global__ void device_cpx_ll ()
{
    __shared__ double partial_ll[REDUC_THREADS] ;
    int i, n, ntarg, index ;
    double sum_ll ;
    index = threadIdx.x ;
    n = d_ncases ;
    ntarg = d_ntarg ;
    sum_ll = 0.0 ;
    for (i=blockIdx.x*blockDim.x+index ; i<n ; i+=blockDim.x*gridDim.x)
        sum_ll -= log ( d_output[d_mult*(i*ntarg+d_class[i])] + 1.e-30
) ;
    partial_ll[index] = sum_ll ;
    __syncthreads() ;
    for (i=blockDim.x>>1 ; i ; i>>=1) {
        if (index < i)
            partial_ll[index] += partial_ll[index+i] ;
        __syncthreads() ;
        }
    if (index == 0)
        d_mse_out[blockIdx.x] = partial_ll[0] ;
}
```

## 분석

실질적인 모든 애플리케이션에서 디바이스 계산 시간에서 가장 많은 비중을 차지
하는 것은 첫 번째 은닉층의 그레디언트를 계산하는 루틴이다. 여기서는 독자가
이미 CUDA 프로그래밍에 대해 친숙하다는 가정을 하고, 간략히 리소스 사용량
분석 사례를 다뤄보고자 한다. 이는 250개의 복소수 뉴런 오토인코더를 MNIST
데이터를 가지고 훈련하는 내용이다.

그림 5.11은 어떻게 처리 작업들이 멀티프로세서에 분산되는지 보여준다. 이 그림
을 보면, 작업 로드가 매우 훌륭하게 균형 잡혀서 처리됨을 볼 수 있다. 그림 5.12
는 산술arithmetic 파이프(왼쪽 그래프의 오른쪽 막대)가 거의 100퍼센트 수준으로 동작
하고 있어서 제한 요소임을 보여준다. 이것이 바로 커널이 비효율적인 메모리 전
송으로 인해 대기 시간을 낭비하지 않는다는 걸 보여주는 증거다.

180

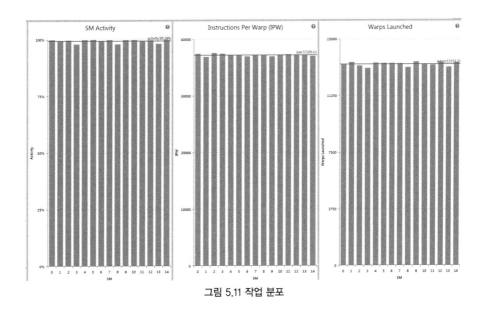

그림 5.11 작업 분포

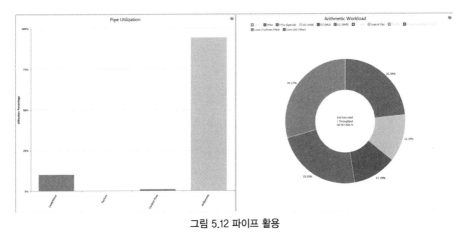

그림 5.12 파이프 활용

아마도 이 분석 결과에서 가장 흥미로운 부분은 다음 페이지의 그림 5.13에 나와 있는 소스 코드일 것이다(앞에서 살펴봤다). 두 번째 숫자 열 Thread Instructions Executed은 저수준 명령low-level instructions의 개수를 의미하며, 이 명령들은 각 스레드가 이 명령에 해당하는 코드 라인을 실행시키면서 동작된다. n_next 루프에서 약 2/3 정도 내려가 보면, rsum과 isum 연산이 이 루프에서 심오하게 커널에서의 실행을 대부분 차지하고 있어서, 이 부분의 효율성이 크게 중요하다는 걸 확인할 수 있다. L1 above ideal transactions count는 이상적인 크기를 초과한 메모리 크기를 갖는 메모리 전송 개수를 의미한다. 기본적으로, 그러한 연산은 커널이 필요로하는 것보다 더 많은 데이터를 L1 캐시와 주고받는다. 이러한 카운트가 실제로 음수라는 것을 보게 된다! 이는 워프 스케줄러가 이미 읽어들였던 여러 개의 스레드 데이터들을 위해 재사용할 수 있었다는 사실을 반영한다. 또한 L1 transfer overhead 열에 1이라는 '이상적인' 값보다 작은 0.7을 기록하고 있는 점으로 미루어 이러한 사실을 엿볼 수 있다. 더 값비싼 L2 오버헤드는 0.2로 심지어 더 낮다.

이 그림에서 최악의 메모리 엑세스는 마지막 두 줄을 보면, 계산된 그레디언트 값이 저장된 것을 볼 수 있다. 전송 오버헤드 값이 3.0인 것은 꽤 열악한 결과다. 이는 기인한 것이다. 그레디언트가 128바이트 주소 단위에 맞춰 정렬되지 않는다는 점뿐만 아니라, 스레드 인덱스인 iin에 의존한다는 점, 그리고 이 주소에 2가 곱해져서 그레디언트의 실수부와 허수부가 연속적이라는 사실을 보완한다는 점 등 때문이다. 이러한 곱셈 증가가 메모리 주소를 연속적으로 이어서 액세스하게 유도한다.

다음과 같은 두 가지 중요한 사실 없었다면, 이는 아마도 주요한 딜 킬러$^{\text{deal killer}}$가 될 것이다. 첫 번째는 이러한 비효율적인 저장 연산이 이뤄지는 횟수는 n_next 루프가 실행된 횟수가 보여주듯이, 작거나 종종 미미한$^{\text{minuscule}}$ 수준이다. 두 번째로 그림 5.12에서 이미 산술 파이프라인이 이러한 커널에서 제한 요소로 작용한다는 것을 확인했다. 워프 스케줄러는 명확하게 이를 병렬로 계산할 수 있게 실행시켜서 메모리 오버헤드를 숨겨주는 훌륭한 일을 해낼 수 있다.

| Source | Instructions Executed | Thread Instructions Executed | Thread Execu Effic | Memory Type | Memo Acce Type | Memory Access Size | L2 Transfer Overhead | L1 Above-Ideal Transactions | L1 Transfer Overhead |
|---|---|---|---|---|---|---|---|---|---|
| `else if (iin < d_n_trn_inputs) {` | 2600000 | 78987500 | 89.0 | Generic, Global | Load | Size32 | 0.3 | 0 | 1.1 |
| `    j = 2 * ((icase + istart) * d_n_trn_inputs + iin) ;` | 2437500 | 73875000 | 94.7 | Generic, Global | Load | | 0.3 | 0 | 1.1 |
| `    r_prev = d_trn_data[j] ;` | 3737500 | 113275000 | 94.7 | Generic, Global | Load | Size32, Size64 | 0.8 | 135250 | 1.3 |
| `    i_prev = d_trn_data[j+1] ;` | 4087500 | 123190000 | 94.7 | Generic, Global | Load | Size32, Size64 | 0.8 | 135250 | 1.3 |
| | | | | | | | | | |
| `else {` | | | | | | | | | |
| `    r_prev = 1.0 ;    // Bias` | 50000 | 50000 | 3.1 | | | | | | |
| `    i_prev = 0.0 ;` | 25000 | 25000 | 3.1 | | | | | | |
| | | | | | | | | | |
| `ihid = blockIdx.z ;` | 662500 | 19750000 | 93.2 | | | | | | |
| `nhid = d_nhid[0] ;    // Neurons in this hidden layer` | 2437500 | 74062500 | 95.0 | Generic, Global | Load | Size32, Size64 | 0.2 | -150000 | 0.7 |
| `if (only_hidden) {    // Next layer is output layer?` | 812500 | 24687500 | 76.0 | | | | | | |
| `    n_next = d_ntarg ;` | 1950000 | 59250000 | 95.0 | Generic, Global | Load | Size32 | 0.3 | 0 | 1.1 |
| `    next_weights = d_wout + ihid * d_ntarg_cols ;` | 5037500 | 153062500 | 95.0 | Generic, Global | Load | Size32, Size64 | 0.2 | -150000 | 0.7 |
| `    k = d_ntarg_cols / 2 ;    // Real and imaginary parts are separated...` | 9262500 | 281437500 | 95.0 | Generic, Global | Load | Size32 | 0.3 | 0 | 1.1 |
| `else {` | | | | | | | | | |
| `    n_next = d_nhid[1] ;    // This many neur...` | 0 | 0 | | Generic | Load | Size32, Size64 | | 0 | |
| `    next_weights = d_whid[1] + ihid * d_nhid_cols[1] ;    // Their weights...` | 0 | 0 | | Generic | Load | Size32, Size64 | | 0 | |
| `    k = d_nhid_cols[1] / 2 ;` | 0 | 0 | | Generic | Load | Size32, Size64 | | 0 | |
| | | | | | | | | | |
| `delta_ptr = d_this_delta + icase * 2 * n_next ;    // Delta for this...` | 3900000 | 118500000 | 95.0 | Generic, Global | Load | Size64 | 0.1 | -150000 | 0.5 |
| | | | | | | | | | |
| `rsum = isum = 0.0 ;` | 812500 | 24687500 | 95.0 | | | | | | |
| `for (j=0 ; j<n_next ; j++) {` | 3849062500 | 116000937500 | 79.2 | | | | | | |
| `    rsum += delta_ptr[2*j] * next_weights[j] +` | 3521375000 | 106999562500 | 95.0 | Generic, Global | Load | Size32, Size64 | 0.2 | -118200000 | 0.7 |
| `        delta_ptr[2*j+1] * next_weights[j+k] ;` | | | | Generic, Global | Load | Size32, Size64 | 0.2 | -118200000 | 0.7 |
| `    isum += -delta_ptr[2*j] * next_weights[j+k] +` | | | | | | | | | |
| `        delta_ptr[2*j+1] * next_weights[j*k] ;` | | | | | | | | | |
| | | | | | | | | | |
| `j = icase * nhid + ihid ;` | 325000 | 9875000 | 95.0 | Generic, Global | Load | Size64 | 0.1 | -450000 | 0.5 |
| `drr = d_drr[0][j] ;` | 4387500 | 133312500 | 95.0 | Generic, Global | Load | Size64 | 0.1 | -450000 | 0.5 |
| `dii = d_dii[0][j] ;` | 4387500 | 133312500 | 95.0 | Generic, Global | Load | Size64 | 0.1 | -450000 | 0.5 |
| `dri = d_dri[0][j] ;` | 4387500 | 133312500 | 95.0 | | | | | | |
| | | | | | | | | | |
| `r_delta = rsum * drr + isum * dri ;` | 487500 | 14812500 | 95.0 | Generic, Global | Load | Size32, Size64 | | | |
| `i_delta = rsum * dri + isum * dii ;` | 487500 | 14812500 | 95.0 | | | | | | |
| | | | | | | | | | |
| `gptr = d_grad_ptr[0] + icase * d_gradien ;    // Gradient of first hidden...` | 5525000 | 167875000 | 95.0 | Generic, Global | Load | Size32, Size64 | 0.2 | -300000 | 0.6 |
| `j = 2 * (ihid * (d_n_trn_inputs + 1) + iin) ;` | 2437500 | 74062500 | 95.0 | Generic, Global | Load | Size32 | 0.3 | 0 | 1.1 |
| `gptr[j] = r_delta * r_prev + i_delta * i_prev ;` | 2437500 | 74062500 | 95.0 | Generic, Global | Store | Size32 | 2.2 | 298369 | 3.0 |
| `gptr[j+1] = -r_delta * i_prev + i_delta * r_prev ;` | 2762500 | 83937500 | 95.0 | Generic, Global | Store | Size32 | 2.2 | 298369 | 3.0 |

그림 5.13 첫 번째 은닉 그레디언트를 계산하는 루틴의 소스 분석

# 6

## DEEP 사용 매뉴얼

이번 장은 개략적인 DEEP 2.0 프로그램의 사용 매뉴얼을 소개한다. 첫 번째 장에는 기능의 용도를 간략하게 서술해놓은 설명 및 이 설명이 불충분할 경우 좀 더 상세한 내용을 수록해 놓은 페이지 번호와 함께 모든 메뉴 옵션들을 나열해 놓았다

# 메뉴 옵션

## 파일 메뉴 옵션

### 데이터베이스 읽어들이기– 190페이지

표준 데이터베이스 포맷(예: 엑셀™ CSV)으로 된 텍스트 파일을 읽어들인다. 첫 번째 라인은 변수의 이름이 기록되며, 그다음 라인들은 실제 데이터 값들이 기록된다 (한 라인당 하나의 데이터가 기록됨). 공백 문자, 탭, 그리고 콤마 등은 식별자$^{delimiter}$로 쓰일 수 있다. 이후 진행되는 훈련 과정은 기본적으로 분류기가 아닌, 모델 예측 결과를 내놓는다.

### 시계열 데이터 읽어들이기(기본) – 191페이지

단일 변량$^{univariate}$ 데이터를 읽어들이고, 일련의 예측기 및 목표치 변수들을 시계열 값들을 기반으로 계산한다. 선택적으로 차이 값 계산이나 로그 변환 적용이 가능하다. 예측치와 분류기의 목표치 등이 생성된다.

### 시계열 데이터 읽어들이기(경로) – 194페이지

단일 변량 데이터를 읽어들이고, 일련의 예측기 및 목표치 변수들을 짧은 시간 구간 동안의 선형적인 변화가 일어나는 경로를 기반으로 계산한다. 예측치와 분류기의 목표치 등이 생성된다.

### 시계열 데이터 읽어들이기(푸리에) – 198페이지

단일 변량 데이터를 읽어들이고, 일련의 예측기 및 목표치 변수들을 이동 윈도우 안에서의 데이터의 푸리에 계수를 기반으로 계산한다. 예측치와 분류기의 목표치 등이 생성된다.

### 시계열 데이터 읽어들이기(Morlet) - 203페이지

단일 변량<sup>univariate</sup> 데이터를 읽어들이고, 일련의 예측기 및 목표치 변수들을 이동 윈도우에서의 몰렛 웨이블릿을 기반으로 계산한다. 예측치와 분류기의 목표치 등이 생성된다.

### MNIST 이미지 읽어들이기 - 207페이지

표준 MNIST-포맷의 이미지 파일을 읽어들인다. 반드시 이미지 파일을 읽어들인 이후에, 이에 해당하는 MNIST 레이블 파일들을 읽어들여야 한다. 이후에 진행되는 훈련을 통해 기본적으로 예측 모델(Predictive 모델)이 아니라 분류기에 해당하는 모델을 도출한다.

### MNIST 이미지 읽어들이기 (푸리에) - 208페이지

표준 MNIST-포맷의 이미지 파일을 읽어들이고, 2차원 푸리에 변환을 계산해서 예측기 변수들을 생성한다. 반드시 이미지 파일을 읽어들인 이후에, 이에 해당하는 MNIST 레이블 파일들을 읽어들여야 한다. 이후에 진행되는 훈련을 통해 기본적으로 예측 모델(Predictive 모델)이 아니라 분류기에 해당하는 모델을 도출한다

### MNIST 레이블 읽어들이기 - 209페이지

표준 MNIST-포맷의 레이블 파일을 읽어들인다. 반드시 레이블 파일을 읽어들인 이후에, 이에 해당하는 MNIST 레이블 파일들을 읽어들여야 한다.

### 활성화 파일에 쓰기- 209페이지

모든 훈련 데이터를 대상으로, 특정 뉴런의 활성화 값들을 포함하고 있는 텍스트 파일을 작성한다.

### 모든 데이터 삭제- 210페이지

모든 훈련 데이터를 삭제하지만, 훈련된 모델(존재한다면)은 그대로 유지된다. 이 명령어의 용도는 테스트 데이터들을 읽어들여서, 이러한 새로운 데이터들을 기반으로 훈련된 모델의 성능을 측정하기 위함이다.

### 인쇄

현재 선택된 출력 화면을 인쇄한다(Display 메뉴 아래에 생성됨). 어떤 윈도우도 선택되지 않았다면, Print는 비활성화된다.

### 종료

프로그램을 종료한다.

## 테스트 메뉴 옵션

### CUDA 활성화(Yes/No 전환)

이 옵션은 CUDA 지원 장치가 컴퓨터에 설치된 경우에만 활성화된다. 이 옵션 옆에 체크 표시가 나타나 있다면, CUDA 지원 장치를 사용해서 연산을 수행한다. 이 옵션을 클릭하면 체크 표시를 on/off로 바꿀 수 있다.

### 모델 아키텍처 – 210페이지

비감독 및 감독 레이어의 개수와 더불어 각 레이어상의 뉴런 개수 등을 지정한다. Read a database 명령어로 데이터를 읽었다면, 기본적으로 신경망 모델은 목표 변수(들)의 수치 데이터를 예측하는 모델이 될 것이다. MNIST 데이터를 읽었다면, 신경망 모델은 기본적으로 SoftMax 출력층을 이용해 레이블 파일에 기록돼 있는 레이블 값들에 따라 클래스를 나눈다.

### 데이터베이스 입력과 목표치 – 212페이지

사용자는 하나 이상의 예측기 변수와 하나 이상의 목표 변수를 지정한다. MNIST 데이터를 읽었다면, 예측기와 타깃 값들은 사전에 정의돼 있기 때문에, 사용자가 구지 지정할 필요가 없다. 하지만 사용자는 원한다면 이 명령어를 이용해서 이 값들을 변경시킬 수 있다. 모델을 훈련시키는 동안, 모든 훈련 데이터를 대상으로 일정한 상수 값을 갖는 예측기들은 신경망 모델에서 생략된다.

## 고급 옵션

고급 속성 변경 옵션으로, 일반적으로 사용자가 건들지 않는 부분들을 여기서 제어할 수 있다. DEEP 1.0에서는 비-CUDA 스레드 연산이 허용된 최대 스레드 개수가 이에 해당하는 옵션이다. 실제 애플리케이션에서 이 기본값은 되도록 커야 한다. 단, 윈도우 운영체제가 갖는 제약사항 때문에 64보다 크게 설정하진 못한다.

## RBM 훈련 파라미터 – 213페이지

비감독 RBM 훈련과 관련된 파라미터들을 설정할 수 있다.

## 감독 훈련 파라미터 – 218페이지

감독 훈련된 레이어들과 관련된 파라미터들을 설정할 수 있다.

## 오토인코딩 훈련 파라미터 – 220페이지

오토인코딩 훈련과 관련된 파라미터들이 설정될 수 있다

## 훈련 – 222페이지

현존하는 데이터들을 이용해서 모델 전체를 훈련시킨다

## 테스트 – 225페이지

훈련된 모델은 현존하는 데이터들을 이용해서 테스트될 수 있다.

## 교차 검증 – 226페이지

교차 검증을 이용해 모델을 평가한다.

## 분석 – 230페이지

훈련된 모델을 분석하는 두 가지 기본적인 방식들이 수행된다. 이는 입력의 평균 활성화 값을 재구화된 데이터들을 대상으로 한 활성화 값들과 비교하고 비감독 훈련된 마지막 레이어의 평균 활성화 값을 비교한다

### 화면 출력 메뉴 옵션

#### 수용 영역(Receptive field) – 231페이지

하나 이상의 은닉층 뉴런들에 대한 수용 영역(receptive fields-첫 번째/마지막 레이어의 가중치)의 그래프가 그려진다. 이렇게 출력된 화면은 File/Print 명령어로 프린트 가능하다.

#### 생성적 샘플(생성적 샘플) – 232페이지

하나 이상의 생성적 샘플(생성적 샘플들)의 그래프가 출력된다. 이렇게 출력된 화면은 File/Print 명령어로 프린트 가능하다.

## 데이터베이스 읽어들이기

표준 데이터베이스 포맷(예: 엑셀™ CSV)으로 된 텍스트 파일을 읽어들인다. 아니면 다른 일반적인 통계/데이터 분석 프로그램이 생성하는 데이터베이스 포맷도 읽어들인다. 첫 번째 라인은 반드시 데이터베이스에 존재하는 변수들의 이름이 명시돼 있어야 한다. 이 변수명으로 지정할 수 있는 최대 길이는 15글자다. 변수명은 반드시 문자로 시작해야하며, 문자와 숫자, 그리고 밑줄 등으로만 이뤄져 있어야 한다.

그 아래 줄들은 실제 데이터를 기록한 것으로, 한 줄당 하나의 데이터가 입력된다. 데이터가 중간에 빠져 있으면 안 된다.

변수 이름과 데이터를 식별하기 위해 공백 문자, 탭, 그리고 콤마 등을 쓸 수 있다.

다음은 전형적인 통계 데이터로부터 처음 몇 개의 라인을 발췌한 것으로, 6개의 변수가 존재하며, 각각 3개의 데이터를 기록하고 있다.

```
RAND0 RAND1 RAND2 RAND3 RAND4 RAND5
-0.82449359 0.25341070 0.30325535 -0.40908301 -0.10667177 0.73517430
-0.47731471 -0.13823473 -0.03947150 0.34984449 0.31303233 0.66533709
0.12963752 -0.42903802 0.71724504 0.97796118 -0.23133837 0.81885117
```

# 시계열 데이터 읽어들이기(기본)

이 옵션은 시계열 데이터를 읽어들여서 자동으로 예측기와 목표치 변수들을 생성해주는 가장 기본적인 옵션이다. 사용자가 윈도우 크기를 정의하면 이 윈도우는 시계열의 시간 범위에 걸쳐서 전개된다. 각 위치마다 윈도우 크기만큼의 예측기 변수들이 생성된다. 정확하게 세 개의 목표치 변수들이 생성된다. 첫 번째(예측 모델에 사용되는)는 간단하게 예측기의 그다음 값으로, 윈도우의 마지막 가장자리를 한 샘플만큼 넘어간 지점의 값에 해당한다. 다른 두 개의 변수들은 바이너리 형태의 클래스 변수들로, 첫 번째 목표치가 상대적으로 크거나 작은지를 반영한다. 사용자는 다음과 같은 파라미터를 정의해줄 수 있다.

**윈도우(window)** – 시계열 데이터상에 위치하는 윈도우의 크기를 정의한다. 이 크기만큼의 예측기 변수들이 생성된다.

**이동(shift)** – 각 케이스를 생성하기 위해 윈도우를 얼마나 많은 샘플 개수만큼 이동시킬지 정의한다. 이 옵션의 기본값은 1로, 케이스를 최대 개수로 생성한다. 2를 지정하면 2개의 샘플 포인트만큼 각 위치별로 이동돼, 생성된 케이스들의 수를 약 절반으로 줄인다.

**변수 속성 – 원본 데이터(raw data)** – 아무런 변환도 시계열 데이터에 적용되지 않는다. 예측기와 예측된 목표치 값들은 그저 시계열 원본 데이터 값과 같다. 이 옵션은 시계열 데이터 자체의 값들이 예측기이고 예측되는 대상이며, 시계열 데이터의 분포가 만드는 표준 편차가 적어도 거의 상수에 가까울 때 사용하는 것이 적절하다.

**변수 속성 – 원본 데이터의 로그** – 시계열 데이터상의 각 포인트마다 자연 로그를 취한다. 예측기와 예측된 목표치 값들이 이러한 로그 값들로 얻어진 결과다. 이 옵션은 시계열 데이터 자체의 값들을 예측하려 할 때 사용하는 것이 적절하다. 하지만 데이터는 배수적<sup>multiplicative</sup>이다(일정 구간 동안의 평균 표준 편차가 이 구간 동안의 시계열 데이터들의 평균값과 정비례한다는 의미다). 이런 상황에는 로그를 취해주는 것이 시간에 따른 데이터의 변화 추이를 안정화시켜줄 수 있다.

**변수 속성 - 변화량 -** 개개의 예측기와 예측 목표치를 서로 근접한 시계열 데이터들 간의 차이 값을 구해서 계산한다. 시계열 데이터상의 변화를 예측하려 하고, 이 차이 값들의 변이가 대략적으로 일정하다면 이 옵션이 적절하다.

**변수 속성 - 로그 변화량 -** 개개의 예측기와 예측 목표치를 서로 근접한 시계열 데이터에 자연 로그를 취한 결괏값들 간의 차이 값을 구해서 계산한다. 시계열 데이터상의 변화를 예측하려 하고, 데이터가 배수적이라 일정 구간 동안의 평균 표준 편차가 이 구간 동안의 시계열 데이터들의 평균값과 정비례하다면 이 옵션이 적절하다. 이런 상황에서는 로그를 취해주는 것이 시간에 따른 데이터의 변화 추이를 안정화시켜줄 수 있다. 이 변수를 사용하는 전형적인 대상이 바로 주가equity prices다. 주식의 실질 가격만으로는 아무런 예측 능력을 갖지 못한다. 그보다는 주가의 변동 데이터가 더 예측 능력이 높다. 게다가 높은 주가가 낮은 주가보다 더 큰 절대적 변이absolute variation를 보이는 경향이 있다.

**꼬리 자르기(Trim tails) -** 꼬리가 긴 시계열 데이터들이 많다. 이 데이터 값들은 이따금씩 주요 변화 양상으로부터 거리가 멀 때가 있다. 외톨이 항outlier은 예측기에 있든, 목표치에 있든, 모델 훈련 과정에서 훈련 알고리즘이 이러한 외톨이 항들까지 주요 데이터 값들에 포함돼서 일반적으로 심각한 문제를 일으킨다. 이 속성 값을 0보다 크게 설정하면 지정한 퍼센트만큼의 가장 큰 값과 가장 작은 값들을 데이터베이스에서 삭제한다. 입력된 시계열 데이터 자체에는 영향을 주지 않는다. 즉, 꼬리 자르기 동작은 생성되는 예측기와 목표치에만 적용된다.

**헤더 기록 생략(Skip header record) -** 이 박스를 체크하면 읽어들인 시계열 데이터 파일의 첫 번째 기록을 생략한다.

**모델 속성 - 예측 -** 모델 타입을 예측 모델로 설정한다(비록 이 속성은 사용자가 Supervised Training params 메뉴에서 덮어쓸 수 있다). 목표치 변수는 그저 윈도우 가장자리를 지난 그다음 '예측기' 값을 예측 목표치로써 설정된다. 두 개의 클래스 변수들은 예측 목표치의 부호에 의해 정의된다. 이 부호가 +면 클래스는 Lead_Pos가 되고, 0이나 -면 Lead_Neg이 클래스가 된다.

**모델 속성 – 부호에 따른 분류 –** 모델 타입은 분류기로 설정된다(이 속성은 Supervised Training params 메뉴로 사용자가 덮어쓸 수 있다). 목표치 변수들은 Lead_Pos와 Lead_Neg 등으로 설정된다. 이 부호가 +면 클래스는 Lead_Pos가 되고, 0이나 -면 Lead_Neg가 클래스가 된다.

**모델 속성 – 중앙값(median)에 따른 분류 –** 모델 타입은 분류기로 설정된다(이 속성은 Supervised Training params 메뉴로 사용자가 덮어쓸 수 있다). 목표치 변수들은 Lead_Pos와 Lead_Neg 등으로 설정된다. 이러한 두 가지 클래스 변수들은 중앙값에 상대적인 예측 목표치에 의해 정의되며, 예측 목표치가 중앙값을 넘어가면 Lead_Pos 클래스로, 예측 목표치가 중앙값과 같거나 작으면 Lead_Neg 클래스로 설정된다. 시계열 값을 읽을 때 훈련된 모델이 없으면, 훈련에 이 데이터 셋이 사용될 것이므로, 예측 목표치의 중앙값이 계산될 것이다. 시계열 값을 읽을 때 훈련된 모델이 있으면, 이러한 새로운 데이터 셋이 테스팅에 사용될(짐작건대) 것이며, 이미 가정된 훈련 데이터에 대해 계산된 중앙값을 사용해서 클래스 멤버를 정의할 것이다.

**목표치 곱셈기(Target multiplier) –** 목표치 변수에 곱해지는 값이다

언급했듯이 모델 타입(예측기나 분류기)은 사용자가 정의한 모델 타입에 따라 설정된다(이 속성은 Supervised Training params 메뉴로 사용자가 덮어쓸 수 있다). 유사하게, 목표치 변수는 예측 값으로 설정되거나 사용자 정의 모델 타입에 따라 두 가지 클래스 변수들로 설정된다. 이들도 역시 Database inputs and targets 메뉴로 변경될 수 있다. 하지만 이러한 기존의 설정을 건들지 않기를 강력히 권장한다. 그렇게 하는게 좋다고 말할 수 있는 근거가 것도 딱히 없으며, 프로그램에서 이 외에도 연관된 기본적인 거동들이 영향을 받아서 혼란스러운 결과를 만들 수 있다.

분류기 모델을 대상으로하고, 예측기가 아무런 예측 능력을 갖지 못할 경우, 훈련된 모델은 훈련 데이터상에서 더욱 만연해 있는 클래스로 케이스들을 분류하는 쪽으로 강력한 바이어스를 갖게 될 것이라는 점에 주목하자.

또한 **모델 속성 – 중앙값**(median)에 따른 분류 옵션이 선택되고, 훈련된 모델이 현재 없으면, 각 케이스의 클래스 맴버를 정의하기 위해 생성된 목표치 변수들의 중앙값을 계산하게 된다는 점에 주목하자. 훈련된 모델이 이미 존재한다면, 새로운 데이터 셋이 독립적인 테스트 셋의 역할을 할 것이라는 가정으로 인해 중앙값은 재계산되지 않을 것이다. 특히, 새롭게 읽어들인 데이터로 새로운 모델을 훈련한다고 해도 시계열 데이터를 읽어들일 때, 사용자의 마음을 읽어서, 새로운 모델을 훈련시키기 위해 새로운 데이터를 이용할 것이라는 걸 미리 알 수도 없는 일이므로, 중앙값이 재계산될 일은 없다라는 점을 기억하자!

## 시계열 데이터 읽어들이기(경로)

이는 시계열 데이터를 읽어들이고 자동으로 예측기 및 목표치 변수들을 생성하기 위해 사용할 수 있는 좀 더 진보된 옵션이다. 이 옵션의 사상philosophy은 이 책의 앞부분에서 논의했었다. 사용자가 윈도우의 크기를 정의하면 이 윈도우는 시계열의 시간 범위에 걸쳐서 전개된다. 각 위치마다 고정된 룩백lookback으로, 윈도우에서 개개의 관찰에 대한 선형적 추세trend를 계산한다. 이들은 각각 윈도우 크기만큼의 예측기 변수들이 생성된다. 선택적으로, 예측기 변수들을 생성을 위해 이러한 추세 값들 간의 차이도 계산된다.

명확한 이해를 위해, 윈도우 크기를 5로 잡고, lookback을 20으로 잡는다고 해보자. 시간이 0일 때를 생각해보면, 최소한 5개의 예측기들이 생성될 것이다. 이 예측기들은 시간 0에서 끝나는 시간 구간 동안의 20개의 관찰 데이터에 대한 선형적인 추세와 -1에서 끝나는 경우의 추세, -2에서 끝나는 경우의 추세, -3와 -4까지의 경우에 해당한다. 선택적으로 5개의 예측기를 더 만들 수 있다. 첫 번째는 시간 0에서 끝나는 선형 추세에서 시간 -1에서 끝나는 선형 추세를 뺀 것이다. 두 번째는 시간 -1에서 끝나는 선형 추세에서 시간 -2에서 끝나는 선형 추세를 뺀 것이다. 나머지 3개도 마찬가지다. 이러한 변화량을 시간의 흐름에 따른 추세 변화의 순간 속도라는 개념으로 간주할 수도 있겠다.

정확히 세 개의 목표치 변수들이 생성된다. 첫 번째(예측 모델에 사용된다)는 윈도우의 가장자리를 한 샘플 지난 관찰 데이터(원본 시계열 데이터)를 기반으로한다. 이는 실제 값 그 자체나 그 값에 로그를 취한 결과나, 윈도우 안에서의 마지막 관찰 데이터에서부터 그다음 관찰 데이터까지의 변화, 또는 이 변화에 로그를 취해서 뺀 값 등이 활용될 수 있다. 나머지 두 개의 목표치들은 첫 번째 목표치가 상대적으로 크거나 작은지 반영해주는 바이너리 형태의 클래스 변수들이다. 다시 말해서, 이러한 목표치들은 이전 절에서 설명했던 Simple Series에서의 목표치와 완전히 같다.

다음과 같은 파라미터들을 사용자가 정의해줄 수 있다.

**윈도우** – 시계열 데이터에 놓이는 윈도우의 크기다. 사용자 값만 계산하게 선택한 경우, 윈도우 크기만큼의 예측기 변수들이 생성된다. 사용자 선택적으로 속도까지 포함되도록 선택한 경우, 이 크기에 두 배만큼의 예측기가 생성된다.

**이동(Shift)** – 각 케이스를 생성하기 위해 윈도우를 얼마나 많은 샘플 개수만큼 이동시킬지 정의한다. 이 옵션의 기본값은 1로, 케이스를 최대 개수로 생성한다. 2를 지정하면 2개의 샘플 포인트만큼 각 위치별로 이동돼, 생성된 케이스들의 수를 약 절반으로 줄인다.

**목표치 속성 – 원본 데이터** – 그저 시계열 데이터의 다음 값이 예측된 목표치 값이다. 이 옵션은 시계열 데이터 자체의 값들이 예측기이고 예측되는 대상이며, 시계열 데이터의 분포가 만드는 표준 편차가 적어도 거의 상수에 가까울 때 사용하는 것이 적절하다. 예측기에 대한 추세는 원본 입력 시계열 데이터를 근간으로 한다.

**목표치 속성 – 원본 데이터의 로그** – 예측된 목표치 값들은 다음 시계열 값에 로그를 취한 결과다. 이 옵션은 시계열 데이터 자체의 값들을 예측하려 할 때 사용하는 것이 적절하다. 하지만 데이터는 배수적^multiplicative^이다(일정 구간 동안의 평균 표준 편차가 이 구간 동안의 시계열 데이터들의 평균값과 정비례한다는 의미다). 이런 상황에는 로그를 취해주는 것이 시간에 따른 데이터의 변화 추이를 안정화시켜줄 수 있다. 예측기에 대한 추세는 원본 입력 시계열 데이터를 근간으로 한다.

**목표치 속성 – 변화량 –** 윈도우를 막 지난 다음의 시계열 데이터와 윈도우의 마지막 데이터 간의 차이로 개개의 예측 목표치를 계산한다. 시계열 데이터상의 변화를 예측하려 하고, 이 차이 값들의 변이가 대략적으로 일정하다면 이 옵션이 적절하다. 예측기에 대한 추세는 원본 입력 시계열 데이터를 근간으로 한다.

**변수 속성 – 로그 변화량 –** 윈도우를 막 지난 다음의 시계열 데이터에 로그를 취한 값과 윈도우의 마지막 데이터에 로그를 취한 값 간의 차이로 개개의 예측 목표치를 계산한다. 시계열 데이터상의 변화를 예측하려 할 때, 이 옵션이 적절하지만, 데이터는 배수적multiplicative이다(일정 구간 동안의 평균 표준 편차가 이 구간 동안의 시계열 데이터들의 평균값과 정비례한다는 의미다). 이런 상황에는 로그를 취해주는 것이 시간에 따른 데이터의 변화 추이를 안정화시켜줄 수 있다. 이 변수를 사용하는 전형적인 대상이 바로 주가equity prices다. 우리가 정말로 예측하고 싶은 것은 오늘과 내일 사이의 가격 변동이다. 게다가, 높은 주가가 낮은 주가보다 더 큰 절대적 변이absolute variation를 보이는 경향이 있다. 예측기에 대한 추세는 원본 입력 시계열 데이터를 근간으로 한다.

**꼬리 자르기(Trim tails) –** 꼬리가 긴 시계열 데이터들이 많다. 이 데이터 값들은 이따금씩 주요 변화 양상으로부터 거리가 멀 때가 있다. 외톨이 항outlier은 예측기에 있든, 목표치에 있든, 모델 훈련 과정에서 훈련 알고리즘이 이러한 외톨이 항들까지 주요 데이터 값들에 포함돼서 일반적으로 심각한 문제를 일으킨다. 이 속성 값을 0보다 크게 설정하면 지정한 퍼센트만큼의 가장 큰 값과 가장 작은 값들을 데이터베이스에서 삭제한다. 입력된 시계열 데이터 자체나 예측기에는 영향을 주지 않는다. 꼬리 자르기는 목표치에만 적용된다.

**헤더 기록 생략(Skip header record) –** 이 박스를 체크하면 읽어들인 시계열 데이터 파일의 첫 번째 기록을 생략한다.

**모델 속성 – 예측 –** 목표치 변수는 그저 윈도우 가장자리를 지난 그다음 '예측기' 값을 예측 목표치로써 설정된다. 두 개의 클래스 변수들은 예측 목표치의 부호에 의해 정의된다. 이 부호가 +면 클래스는 Lead_Pos가 되고, 0이나 -면 Lead_Neg가 클래스가 된다.

**모델 속성 – 부호에 따른 분류 –** 모델 타입은 분류기로 설정된다(이 속성은 Supervised Training params 메뉴로 사용자가 덮어쓸 수 있다). 목표치 변수들은 Lead_Pos와 Lead_Neg 등으로 설정된다. 두 개의 클래스 변수들은 예측 목표치의 부호에 의해 정의된다. 이 부호가 +면 클래스는 Lead_Pos가 되고, 0이나 -면 Lead_Neg가 클래스가 된다.

**모델 속성 – 중앙값(median)에 따른 분류 –** 모델 타입은 분류기로 설정된다 (이 속성은 Supervised Training params 메뉴로 사용자가 덮어쓸 수 있다). 목표치 변수들은 Lead_Pos와 Lead_Neg 등으로 설정된다. 이러한 두 가지 클래스 변수들은 중앙 값에 상대적인 예측 목표치에 의해 정의되며, 예측 목표치가 중앙값을 넘어가면 Lead_Pos 클래스로, 예측 목표치가 중앙값과 같거나 작으면 Lead_Neg 클래스로 설정된다. 시계열 값을 읽을 때 훈련된 모델이 없으면, 훈련에 이 데이터 셋이 사 용될 것이므로, 예측 목표치의 중앙값이 계산될 것이다. 시계열 값을 읽을 때 훈 련된 모델이 있으면, 이러한 새로운 데이터 셋이 테스팅에 사용될(짐작건대) 것이 며, 이미 가정된 훈련 데이터에 대해 계산된 중앙값을 사용해서 클래스 멤버를 정의할 것이다.

**룩백(Lookback) –** 소스 시계열 데이터상에서의 관측 데이터의 개수로, 선형성을 띠는 변화 양상trend을 계산하기 위해 사용된다.

**속도(Velocity) –** 이 박스를 체크하면 선형 트렌드상에서 정의된 대로, 윈도우 예 측기와 함께 트렌드의 변화(순간 속도)도 예측기로 계산된다. 그러므로 예측기의 개 수는 윈도우 크기의 두 배가 된다. 일반적으로 트렌드/속도를 복소수 모델에 전달 되는 실수부/허수부로 짝을 이루는 한 쌍의 입력으로 간주하는 게 적절하다. 사인 파와 그 미분을 떠올려보면 이해가 될 것이다.

**목표치 곱셈기 –** 목표치 변수에 곱해지는 값이다 앞서 언급했듯이, 모델 타입(예측기나 분류기)은 사용자가 정의한 모델 타입에 따라 설정된다(이 속성은 Supervised Training params 메뉴로 사용자가 덮어쓸 수 있다). 유사하게, 목표치 변수는 예측 값으로 설정되거나 사용자 정의 모델 타입에 따라 두 가지 클래스 변수들로 설정된다. 이들도 역시 Database inputs and targets 메뉴로 변경될 수 있다. 하지만 이러한 기존의 설정을 건들지 않기를 강력히 권장한다. 그렇게 하는 게 좋다고 말할 수 있는 근거가 것도 딱히 없으며, 프로그램에서 이 외에도 연관된 기본적인 거동들이 영향을 받아서 혼란스러운 결과를 만들 수 있다.

분류기 모델을 대상으로 하고, 예측기가 아무런 예측 능력을 갖지 못할 경우, 훈련된 모델은 훈련 데이터상에서 더욱 만연해 있는 클래스로 케이스들을 분류하는 쪽으로 강력한 바이어스를 갖게 될 것이라는 점에 주목하자.

또한, **모델 속성 – 중앙값(median)**에 따른 분류 옵션이 선택되고, 훈련된 모델이 현재 없으면, 각 케이스의 클래스 맴버를 정의하기 위해 생성된 목표치 변수들의 중앙값을 계산하게 된다는 점에 주목하자. 훈련된 모델이 이미 존재한다면, 새로운 데이터 셋이 독립적인 테스트 셋의 역할을 할 것이라는 가정으로 인해 중앙값은 재계산되지 않을 것이다. 특히, 새롭게 읽어들인 데이터로 새로운 모델을 훈련한다고 해도 시계열 데이터를 읽어들일 때, 사용자의 마음을 읽어서, 새로운 모델을 훈련시키기 위해 새로운 데이터를 이용할 것이라는 걸 미리 알 수도 없는 일이므로, 중앙값이 재계산될 일은 없다라는 점을 기억하자!


## 시계열 데이터 읽어들이기(푸리에)

이 고급 옵션은 시계열 데이터를 읽어들여서 자동으로 예측기와 목표치 변수들을 생성한다. 이 옵션에 대한 배경 정보는 이 책의 앞부분에 나와 있다. 사용자가 윈도우 크기를 지정하면 현재 윈도우는 시계열의 시간 범위에 걸쳐서 이동한다. 이동한 개개의 위치마다, 윈도우 안에 존재하는 데이터에 대한 푸리에 계수 값들이 계산된다. 이 계수들은 일련의 예측기 변수들을 정의하게 된다.

정확하게 세 가지 목표치 변수들이 생성되는 데, 첫 번째 변수(예측 모델에 사용되는)는 윈도우 마지막을 지난 하나의 샘플에 대한 관찰(원본 입력 시계열 데이터)을 기반으로 한다. 이는 실제 데이터 값 자체가 될 수도 있고, 여기에 로그를 취한 결과가 될 수도 있으며, 윈도우 안에서의 마지막 관찰 값에서 그다음 관찰 값까지의 변화를 취할 수도 있고, 이 두 값에 각각 로그를 취한 뒤 빼서 구한 변화량이 될 수도 있고, 두 개의 목표치 값들이 첫 번째 목표 값이 상대적으로 큰지 작은지를 반영해주는 바이너리 형태의 클래스 변수가 될 수도 있다. 다시 말해서, 이러한 목표치들은 앞 절에서 설명했던 Simple Series와 정확히 일치한다.

사용자는 다음 파라미터들을 지정해준다.

**윈도우** – 연속적 데이터상에 위치하는 윈도우의 크기. 대략적으로 여기서 정의된 값만큼의 예측기 변수들이 생성된다.

**이동(Shift)** – 각 케이스를 생성하기 위해 얼만큼 윈도우를 이동시킬지 지정하기 위한 샘플들의 개수. 기본값인 1은 케이스의 개수를 최대로 생성되게 해준다. 그러므로 이 값을 2로 지정하면 윈도우는 각 위치는 두 개의 샘플 포인트씩 이동돼, 케이스의 절단$^{cutting}$ 개수는 대략적으로 절반으로 줄어드는 식이다.

**목표치 속성 – 원본 데이터** – 시계열 데이터의 다음 값이 곧 예측된 목표치 값이다. 이 옵션은 시계열 데이터 자체의 값들이 예측되는 대상이며, 시계열 데이터의 분포가 만드는 표준 편차가 적어도 거의 어떤 상수 값에 근사할 때 사용하는 게 적절하다. 예측기는 원본 입력 시계열 데이터를 근간으로 한다.

**목표치 속성 – 원본 데이터의 로그** – 예측된 목표치 값들은 현재 시계열을 지난 그다음 시계열 값에 로그를 취한 결과다. 이 옵션은 시계열 데이터 자체의 값들을 예측하려 할 때 사용하는 것이 적절하다. 하지만 데이터는 배수적$^{multiplicative}$이다(일정 구간 동안의 평균 표준 편차가 이 구간 동안의 시계열 데이터들의 평균값과 정비례한다는 의미다). 이런 상황에는 로그를 취해주는 것이 시간에 따른 데이터의 변화 추이를 안정화시켜줄 수 있다. 예측기에 대한 추세는 원본 입력 시계열 데이터를 근간으로 한다.

**목표치 속성 – 변화량 –** 윈도우를 막 지난 다음의 시계열 데이터와 윈도우의 마지막 데이터 간의 차이로 개개의 예측 목표치를 계산한다. 시계열 데이터상의 변화를 예측하려 하고, 이 차이 값들의 변이가 대략적으로 일정하다면 이 옵션이 적절하다. 예측기에 대한 추세는 원본 입력 시계열 데이터를 근간으로 한다.

**목표치 속성 – 로그 변화량 –** 윈도우를 막 지난 다음의 시계열 데이터에 로그를 취한 값과 윈도우의 마지막 데이터에 로그를 취한 값 간의 차이로 개개의 예측 목표치를 계산한다. 시계열 데이터상의 변화를 예측하려 할 때, 이 옵션이 적절하지만, 데이터는 배수적<sup>multiplicative</sup>이다(일정 구간 동안의 평균 표준 편차가 이 구간 동안의 시계열 데이터들의 평균값과 정비례한다는 의미다). 이런 상황에는 로그를 취해주는 것이 시간에 따른 데이터의 변화 추이를 안정화시켜줄 수 있다. 이 변수를 사용하는 전형적인 대상이 바로 주가<sup>equity prices</sup>다. 우리가 정말로 예측하고 싶은 것은 오늘과 내일 사이의 가격 변동이다. 게다가, 높은 주가가 낮은 주가보다 더 큰 절대적 변이<sup>absolute variation</sup>를 보이는 경향이 있다. 예측기에 대한 추세는 원본 입력 시계열 데이터를 근간으로 한다.

**꼬리 자르기(Trim tails) –** 꼬리가 긴 시계열 데이터들이 많다; 이 데이터 값들은 이따금씩 주요 변화 양상으로부터 거리가 멀 때가 있다. 외톨이 항<sup>outlier</sup>은 예측기에 있든, 목표치에 있든, 모델 훈련 과정에서 훈련 알고리즘이 이러한 외톨이 항들까지 주요 데이터 값들에 포함돼서 일반적으로 심각한 문제를 일으킨다. 이 속성 값을 0보다 크게 설정하면 지정한 퍼센트만큼의 가장 큰 값과 가장 작은 값들을 데이터베이스에서 삭제한다. 입력된 시계열 데이터 자체나 예측기에는 영향을 주지 않는다. 꼬리 자르기는 목표치에만 적용된다.

**헤더 기록 생략(Skip header record) –** 이 박스를 체크하면 읽어들인 시계열 데이터 파일의 첫 번째 기록을 생략한다.

**모델 속성 – 예측 –** 목표치 변수는 그저 윈도우 가장자리를 지난 그다음 '예측기' 값을 예측 목표치로써 설정된다. 두 개의 클래스 변수들은 예측 목표치의 부호에 의해 정의된다. 이 부호가 +면 클래스는 Lead_Pos가 되고, 0이나 -면 Lead_Neg가 클래스가 된다.

**모델 속성 – 부호에 따른 분류 –** 분류기로 모델 타입이 설정된다(사용자는 이 속성에 지정한 값을 Supervised Training params 메뉴에서 덮어쓸 수 있다). 목표치 변수들은 Lead_Pos와 Lead_Neg 등으로 설정된다. 두 개의 클래스 변수들은 예측 목표치의 부호에 의해 정의된다. 이 부호가 +면 클래스는 Lead_Pos가 되고, 0이나 -면 Lead_Neg가 클래스가 된다.

**모델 속성 – 중앙값(median)에 따른 분류 –** 모델 타입은 분류기로 설정된다 (이 속성은 Supervised Training params 메뉴로 사용자가 덮어쓸 수 있다). 목표치 변수들은 Lead_Pos와 Lead_Neg 등으로 설정된다. 이러한 두 가지 클래스 변수들은 중앙값에 상대적인 예측 목표치에 의해 정의되며, 예측 목표치가 중앙값을 넘어가면 Lead_Pos 클래스로 예측 목표치가 중앙값과 같거나 작으면 Lead_Neg 클래스로 설정된다. 시계열 값을 읽을 때 훈련된 모델이 없으면, 훈련에 이 데이터 셋이 사용될 것이므로, 예측 목표치의 중앙값이 계산될 것이다. 시계열 값을 읽을 때 훈련된 모델이 있으면, 이러한 새로운 데이터 셋이 테스팅에 사용될(짐작건대) 것이며, 이미 가정된 훈련 데이터에 대해 계산된 중앙값을 사용해서 클래스 멤버를 정의할 것이다.

**중심(Center) –** 이 박스를 체크하면 0을 평균 값으로 갖도록 데이터 분포의 중심이 이동한다. 이 옵션은 거의 언제나 최고의 선택으로 사용된다. 이 옵션을 체크하지 않고 윈도우상의 데이터가 0에서 크게 벗어난 경우, 의무적으로 적용되는 웰치 데이터 윈도우는 의심스러운 저주파 컴포넌트를 유도한다. 이 부분은 이 책의 앞에서 다뤘고, 다음 페이지에서 더욱 상세하게 다룬다.

**목표치 곱셈기 –** 목표치 변수에 곱해지는 값이다.

앞서 언급했듯이, 모델 타입(예측기나 분류기)은 사용자가 정의한 모델 타입에 따라 설정된다(이 속성은 Supervised Training params 메뉴로 사용자가 덮어쓸 수 있다). 유사하게, 목표치 변수는 예측 값으로 설정되거나 사용자 정의 모델 타입에 따라 두 가지 클래스 변수들로 설정된다. 이들도 역시 Database inputs and targets 메뉴로 변경될 수 있다. 하지만 이러한 기존의 설정을 건들지 않기를 강력히 권장한다. 그렇게 하는게 좋다고 말할 수 있는 근거가 것도 딱히 없으며, 프로그램에서 이 외에도 연관된 기본적인 거동들이 영향을 받아서 혼란스러운 결과를 만들 수 있다.

분류기 모델을 대상으로 하고, 예측기가 아무런 예측 능력을 갖지 못할 경우, 훈련된 모델은 훈련 데이터상에서 더욱 만연해 있는 클래스로 케이스들을 분류하는 쪽으로 강력한 바이어스를 갖게 될 것이라는 점에 주목하자.

또한, **모델 속성 – 중앙값**(median)에 따른 분류 옵션이 선택되고, 훈련된 모델이 현재 없으면, 각 케이스의 클래스 맴버를 정의하기 위해 생성된 목표치 변수들의 중앙값을 계산하게 된다는 점에 주목하자. 훈련된 모델이 이미 존재한다면, 새로운 데이터 셋이 독립적인 테스트 셋의 역할을 할 것이라는 가정으로 인해 중앙값은 재계산되지 않을 것이다. 특히, 새롭게 읽어들인 데이터로 새로운 모델을 훈련한다고 해도 시계열 데이터를 읽어들일 때, 사용자의 마음을 읽어서, 새로운 모델을 훈련시키기 위해 새로운 데이터를 이용할 것이라는 걸 미리 알 수도 없는 일이므로, 중앙값이 재계산될 일은 없다라는 점을 기억하자!

생성된 예측기들은 Real_k 및 Imag_k와 같은 형태의 이름을 갖게 되는 데, 여기서 $k$는 푸리에 계수의 인덱스를 뜻하고 $k$의 범위는 1부터 $n/2$까지다($n$ 이 홀수면 $n/2$는 $n$의 절반 값에서 소수점을 버린 값이 돼, 예를 들면, $15/2=7$이 된다). 데이터의 중심을 이동시키지 않으면, 오프셋이라고 부르는 추가적인 예측기가 생성될 것이다. 이 오프셋은 $Re(0)$이 되며, 이는 후-윈도우<sup>post-windowing</sup> 데이터 평균에 해당한다. $Im(0)$ 항상 0이므로, 이런 이름의 예측기는 생서되지 않는다는 점과 $n$이 짝수면, $Im(n/2)$은 항상 0이 되므로, 이 수량에 대한 허수부 예측기가 생성될 것이라는 점에 주목하자.

모델 입력 데이터가 사전에 설정돼 실수부/허수부 쌍으로 발생된다. 그러므로 오프셋은 사전 설정된 지시자<sup>indicator</sup>가 될 일은 없다. 또한, 나이퀴스트 쌍은 윈도우의 길이 값이 홀수일 경우에만 사전 설정되나. 당연히, 사용자는 수동으로 이 사전 설정된 값을 변경할 수 있다.

# 시계열 데이터 읽어들이기(Morlet)

이 고급 옵션은 시계열 데이터를 읽어들여서 자동으로 예측기와 목표치 변수들을 생성한다. 이 옵션에 대한 배경 정보는 이 책의 앞부분에 나와 있다. 사용자가 윈도우 크기를 지정하면 현재 윈도우는 시계열의 시간 범위에 걸쳐서 이동한다. 이동한 개개의 위치마다, 윈도우 안에 존재하는 데이터에 대한 푸리에 계수 값들이 계산된다. 이 계수들은 일련의 예측기 변수들을 정의하게 된다.

정확히 세 개의 목표치 변수들이 생성된다. 첫 번째(예측 모델에 사용된다)는 윈도우의 가장자리를 한 샘플 지난 관찰 데이터(원본 시계열 데이터)를 기반으로 한다. 이는 실제 값 그 자체나 그 값에 로그를 취한 결과나, 윈도우 안에서의 마지막 관찰 데이터에서부터 그다음 관찰 데이터까지의 변화, 또는 이 변화에 로그를 취해서 뺀 값 등이 활용될 수 있다. 나머지 두 개의 목표치들은 첫 번째 목표치가 상대적으로 크거나 작은지 반영해주는 바이너리 형태의 클래스 변수들이다. 다시 말해서, 이러한 목표치들은 이전 절에서 설명했던 Simple Series에서의 목표치와 완전히 같다.

다음과 같은 파라미터들을 사용자가 정의해줄 수 있다.

**윈도우** – 시계열 데이터에 놓이는 윈도우의 크기다. 이 크기에 두 배(윈도우상의 각 위치마다 구해지는 실수부와 허수부)만큼의 예측기가 생성된다.

**이동(Shift)** – 각 케이스를 생성하기 위해 윈도우를 얼마나 많은 샘플 개수만큼 이동시킬지 정의한다. 이 옵션의 기본값은 1로, 케이스를 최대 개수로 생성한다. 2를 지정하면 2개의 샘플 포인트만큼 각 위치별로 이동돼, 생성된 케이스들의 수를 약 절반으로 줄인다.

**주기(Period)** – 파형의 반복 주기를 정의한다. 이 값으로 지정될 수 있는 최솟값은 2다.

**너비(Width)** – 이는 필터의 시간 도메인 너비, 즉 중심 포인트의 각 측면상의 포인트들의 개수를 나타낸다. 어떤 측면에서 이러한 값을 절반 너비half-width라고 부른다. 단 하나의 Morlet 웨이블릿 변환 값을 계산하는 데 필요한 전체 포인트들의 개수는 2 * 너비 + 1과 같다. 이 값을 더 크게할수록 더욱 주파수-선택적인 필터를 생성하게 된다. 사용자의 보호를 위해, DEEP 프로그램은 너비 값이 최소한 period 값 이상이어야 한다는 제한(이론적으로는 필요하지 않지만)을 내포한다. 이 값을 period의 두 배로 설정하는 게 처음 실험하기에 좋을 것이다.

**지연(Lag)** – 필터의 중심이 놓이는 현재 샘플의 이전에 놓인 샘플들의 개수다. 이는 너비와 같은 값일 때 이상적인 경우이며, 이 너비를 절대로 넘어서면 안 된다. 기꺼이 위험한 경험을 해보려 한다면 너비의 절반 정도로 줄일 수도 있다. 이보다 더 줄여도(0에 근사할 정도로) 문제는 아니지만, 주파수 응답의 필터 왜곡 문제가 있어서 권장되진 않는다.

**목표치 속성 – 원본 데이터** – 그저 시계열 데이터의 다음 값이 예측된 목표치 값이다. 이 옵션은 시계열 데이터 자체의 값들이 예측기이고 예측되는 대상이며, 시계열 데이터의 분포가 만드는 표준 편차가 적어도 거의 상수에 가까울 때 사용하는 것이 적절하다. 예측기에 대한 추세는 원본 입력 시계열 데이터를 근간으로 한다.

**목표치 속성 – 원본 데이터의 로그** – 예측된 목표치 값들은 현재 시계열을 지난 그다음 시계열 값에 로그를 취한 결과다. 이 옵션은 시계열 데이터 자체의 값들을 예측하려 할 때 사용하는 것이 적절하다. 하지만 데이터는 배수적$^{multiplicative}$이다 (일정 구간 동안의 평균 표준 편차가 이 구간 동안의 시계열 데이터들의 평균값과 정비례한다는 의미다). 이런 상황에는 로그를 취해주는 것이 시간에 따른 데이터의 변화 추이를 안정화시켜줄 수 있다. 예측기에 대한 추세는 원본 입력 시계열 데이터를 근간으로 한다.

**목표치 속성 – 변화량** – 윈도우를 막 지난 다음의 시계열 데이터와 윈도우의 마지막 데이터 간의 차이로 개개의 예측 목표치를 계산한다. 시계열 데이터상의 변화를 예측하려 하고, 이 차이 값들의 변이가 대략적으로 일정하다면 이 옵션이 적절하다. 예측기에 대한 추세는 원본 입력 시계열 데이터를 근간으로 한다.

**목표치 속성 - 로그 변화량 -** 윈도우를 막 지난 다음의 시계열 데이터에 로그를 취한 값과 윈도우의 마지막 데이터에 로그를 취한 값 간의 차이로 개개의 예측 목표치를 계산한다. 시계열 데이터상의 변화를 예측하려 할 때, 이 옵션이 적절하지만, 데이터는 배수적multiplicative이다(일정 구간 동안의 평균 표준 편차가 이 구간 동안의 시계열 데이터들의 평균값과 정비례한다는 의미다). 이런 상황에는 로그를 취해주는 것이 시간에 따른 데이터의 변화 추이를 안정화시켜줄 수 있다. 이 변수를 사용하는 전형적인 대상이 바로 주가equity prices다. 우리가 정말로 예측하고 싶은 것은 오늘과 내일 사이의 가격 변동이다. 게다가, 높은 주가가 낮은 주가보다 더 큰 절대적 변이absolute variation를 보이는 경향이 있다. 예측기에 대한 추세는 원본 입력 시계열 데이터를 근간으로 한다.

**꼬리 자르기(Trim tails) -** 꼬리가 긴 시계열 데이터들이 많다. 이 데이터 값들은 이따금씩 주요 변화 양상으로부터 거리가 멀 때가 있다. 외톨이 항outlier은 예측기에 있는, 목표치에 있든, 모델 훈련 과정에서 훈련 알고리즘이 이러한 외톨이 항들까지 주요 데이터 값들에 포함돼서 일반적으로 심각한 문제를 일으킨다. 이 속성 값을 0보다 크게 설정하면 지정한 퍼센트만큼의 가장 큰 값과 가장 작은 값들을 데이터베이스에서 삭제한다. 입력된 시계열 데이터 자체나 예측기에는 영향을 주지 않는다. 꼬리 자르기는 목표치에만 적용된다.

**헤더 기록 생략(Skip header record) -** 이 박스를 체크하면 읽어들인 시계열 데이터 파일의 첫 번째 기록을 생략한다.

**모델 속성 - 예측 -** 목표치 변수는 그저 윈도우 가장자리를 지난 그 다음 '예측기' 값을 예측 목표치로써 설정된다. 두 개의 클래스 변수들은 예측 목표치의 부호에 의해 정의된다. 이 부호가 +면 클래스는 Lead_Pos가 되고, 0이나 -면 Lead_Neg가 클래스가 된다.

**모델 속성 - 부호에 따른 분류 -** 모델 타입은 분류기로 설정된다(이 속성은 Supervised Training params 메뉴로 사용자가 덮어쓸 수 있다). 목표치 변수들은 Lead_Pos와 Lead_Neg 등으로 설정된다. 두 개의 클래스 변수들은 예측 목표치의 부호에 의해 정의된다. 이 부호가 +면 클래스는 Lead_Pos가 되고, 0이나 -면 Lead_Neg가 클래스가 된다.

**모델 속성 – 중앙값(median)에 따른 분류 –** 모델 타입은 분류기로 설정된다 (이 속성은 Supervised Training params 메뉴로 사용자가 덮어쓸 수 있다). 목표치 변수들은 Lead_Pos와 Lead_Neg 등으로 설정된다. 이러한 두 가지 클래스 변수들은 중앙값에 상대적인 예측 목표치에 의해 정의되며, 예측 목표치가 중앙값을 넘어가면 Lead_Pos 클래스로, 예측 목표치가 중앙값과 같거나 작으면 Lead_Neg 클래스로 설정된다. 시계열 값을 읽을 때 훈련된 모델이 없으면, 훈련에 이 데이터 셋이 사용될 것이므로, 예측 목표치의 중앙값이 계산될 것이다. 시계열 값을 읽을 때 훈련된 모델이 있으면, 이러한 새로운 데이터 셋이 테스팅에 사용될(짐작건대) 것이며, 이미 가정된 훈련 데이터에 대해 계산된 중앙값을 사용해서 클래스 멤버를 정의할 것이다.

**목표치 곱셈기 –** 목표치 변수에 곱해지는 값이다

앞서 언급했듯이, 모델 타입(예측기나 분류기)은 사용자가 정의한 모델 타입에 따라 설정된다(이 속성은 Supervised Training params 메뉴로 사용자가 덮어쓸 수 있다). 유사하게, 목표치 변수는 예측 값으로 설정되거나 사용자 정의 모델 타입에 따라 두 가지 클래스 변수들로 설정된다. 이들도 역시 **Database inputs and targets** 메뉴로 변경될 수 있다. 하지만 이러한 기존의 설정을 건들지 않기를 강력히 권장한다. 그렇게 하는 게 좋다고 말할 수 있는 근거가 것도 딱히 없으며, 프로그램에서 이 외에도 연관된 기본적인 거동들이 영향을 받아서 혼란스러운 결과를 만들 수 있다.

분류기 모델을 대상으로 하고, 예측기가 아무런 예측 능력을 갖지 못할 경우, 훈련된 모델은 훈련 데이터상에서 더욱 만연해 있는 클래스로 케이스들을 분류하는 쪽으로 강력한 바이어스를 갖게 될 것이라는 점에 주목하자.

또한, **모델 속성 – 중앙값(median)에 따른 분류** 옵션이 선택되고, 훈련된 모델이 현재 없으면, 각 케이스의 클래스 멤버를 정의하기 위해 생성된 목표치 변수들의 중앙값을 계산하게 된다는 점에 주목하자. 훈련된 모델이 이미 존재한다면, 새로

운 데이터 셋이 독립적인 테스트 셋의 역할을 할 것이라는 가정으로 인해 중앙값은 재계산되지 않을 것이다. 특히, 새롭게 읽어들인 데이터로 새로운 모델을 훈련한다고 해도 시계열 데이터를 읽어들일 때, 사용자의 마음을 읽어서, 새로운 모델을 훈련시키기 위해 새로운 데이터를 이용할 것이라는 걸 미리 알 수도 없는 일이므로, 중앙값이 재계산될 일은 없다라는 점을 기억하자!

생성된 예측기들은 Real_k 및 Imag_k와 같은 형태의 이름을 갖게 되는 데, 여기서 k는 윈도우 안에서의 지연[lag]을 나타내며, k의 범위는 0(현재 포인트)부터 윈도우 길이-1까지다.

## MNIST 이미지 읽어들이기

표준 MNIST-포맷의 이미지 파일을 읽어들인다. 10개의 레이블이 있다고 가정한다. 행과 열의 개수를 파일에서 읽어들이며, 일반적인 파일은 28개의 행과 열로 이뤄져 있지만, 그렇다고 DEEP 프로그램에서 임의 파일이 담고 있는 행과 열이 정확히 몇 개일 것이라 가정하고 있진 않다. DEEP 1.0에서 행과 열의 개수를 곱한 값이 절대 4096-10=4086을 넘어선 안 된다. 이미지 개수에는 딱히 명시된 제약이 없다. 단지 메모리에서 얼마나 수용할 수 있는지가 관건이다.

DEEP 1.0 안에 있는 모델은 분류기이거나 예측 모델일 수 있다. 전자의 경우, 출력층은 SoftMax가 되고, 후자의 경우, 출력층은 범위 제한이 없는 선형적으로 변할 수 있는 수치 값을 결과로 도출한다. MNIST 데이터를 읽어들일 때, 기본적으로는 분류기 형태가 쓰인다. 데이터베이스에 대한 데이터의 경우 기본적으로 수치적 예측 값이 쓰인다. 두 경우 모두, 상용자는 기본 옵션을 변경해서 강제로 신경망 모델을 분류기로 만들거나 예측기로 만들 수 있다.

반드시 이미지 파일을 읽어들인 이후에, 이에 해당하는 MNIST 레이블 파일들을 읽어들여야 한다.

# MNIST 이미지 읽어들이기(푸리에)

표준 MNIST 이미지 파일을 읽어서 2차원 푸리에 변환을 계산해 예측기 변수들을 생성한다. 10개의 레이블이 존재한다고 가정한다. 행과 열의 개수는 파일로부터 읽어들이며, 일반적인 파일은 28개의 행과 열이 있지만, DEEP에서는 이런 가정을 하지 않는다. DEEP 2.0에서 행과 열의 개수를 곱한 결과가 절대 4096-10=4086을 넘으면 안 된다. 또한, DEEP 2.0에서 행과 열의 개수는 반드시 짝수이어야 한다. 이미지 개수에는 사용자가 지정하는 데 제한은 없다. 그저 수용 가능한 메모리 크기에 의존할 뿐이다.

DEEP 2.0에서의 모델들은 이미지 분류기가 될 수 있으며, 이 경우 출력 레이어는 SoftMax가 된다. 또는 예측기가 될 수도 있으며, 이 경우 출력 레이어는 범위 제한이 없는 선형 출력을 갖는 수치적 결과를 도출하는 레이어가 된다. MNIST 데이터를 읽어들이며, 기본적으로는 분류기 형태의 모델이 사용된다. 다른 종류의 데이터들은 기본적으로 수치적 예측 결과를 도출하는 모델이 사용된다. 두 가지 경우 모두, 사용자는 기본 설정을 바꿀 수 있다.

레이블 파일을 읽기 전에 반드시 MNIST 이미지 파일을 먼저 읽어야 한다.

변환 변수들의 이름은 실수부의 경우 R로, 허수부의 경우 I로 시작하며, 수평 방향의 주파수(항상 양수)가 뒤따르고 마지막으로 수직 방향의 주파수(역시 항상 양수)가 온다. 예를 들어 R_3_7이란 변수는 수평 방향 주파수를 나타내는 실수부 계수 3과 수직 방향 주파수를 나타내는 실수부 계수 7을 의미한다. 다음과 같은 속성들을 눈여겨 보자. 이 속성들은 수평 주파수에 상세히 다뤘다.

- 수평 주파수의 범위는 0부터 열$^{column}$ 개수 -1까지다.
- 수직 주파수의 범위는 0부터 행(나이퀴스트 주파수) 개수 -1까지다. 이는 그림 4.1이 보여주는 대칭성으로부터 유도된다.

- 수직 주파수가 0이 되는 곳과 수직 나이퀴스트 주파수 지점, 수평 주파수가 0인 곳의 계수들과 수평 나이퀴스트 주파수 지점들은 엄격히 실수부에 해당한다. 그러므로 이 네 가지 계수들에 대한 변수들로 도출되는 값에 실질적으로 허수부는 존재하지 않는다. 그러나 복소수 영역의 처리 과정에서 사용하기 위한 '복소수' 쌍들이 도출될 수 있게, 이러한 네 가지 변수들에 대해 DEEP은 변수명 앞에 Z가 오도록 했으며, 이 변수들은 이러한 네 가지 값들의 실수부에 해당하는 값들을 갖는다.
- 수직 주파수가 0인 지점과 수직 나이퀴스트 주파수 지점, 수평 방향으로의 계수들은 수평 나이퀴스트 주파수 주변에서 대칭적이다(켤레복소수). 그러므로 이 두 가지 행에 대해서는 오직 열 개수의 절반까지만 거쳐서 계수들이 생성된다.

## MNIST 레이블 읽어들이기

표준 MNIST-포맷의 레이블 파일을 읽어들인다. 10개의 레이블이 있다고 가정한다. 반드시 레이블 파일을 읽어들인 이후에, 이에 해당하는 MNIST 레이블 파일들을 읽어들여야 한다.

## 활성화된 파일에 쓰기

이 옵션은 모든 데이터들을 대상으로 하나의 뉴런이 도출하는 활성화 값을 포함하는 텍스트 파일을 작성하며, 이때 한 라인당 하나의 데이터가 기록된다. 사용자는 기록될 뉴런이 비감독 혹은 감독 섹션에 있는지, 어느 레이어가 어떤 섹션 안에 존재하는지(1이면 첫 번째 레이어를 뜻함), 그리고 레이어마다(이 역시 1이 첫 번째 뉴런을 나타냄) 뉴런의 개수는 몇 개인지 등을 정의해주게 된다.

몇몇 사용자들은 다른 프로그램에 활성화 파일을 전달하는 게 편하다고 생각할 수도 있겠지만, 활성화 파일은 주로 프로그램을 진단할 목적으로 사용한다.

## 모든 데이터 삭제

신경망 모델이 아직 학습하지 못한 데이터(이런 데이터를 '테스트 데이터' 혹은 'OOS^out-of-sample 데이터'라고 부른다)를 가지고 훈련된 모델을 테스트하길 원할 때도 있다. 훈련 데이터와 훈련 신경망 모델을 읽어들인 다음, Clear all data를 클릭해 테스트 데이터를 읽어들이고, 마지막으로 Test를 클릭해 이런 테스트를 수행할 수 있다.

훈련된 모델이 존재하고 데이터를 삭제한 상태라면, 그 이후에 읽어들인 데이터들은 반드시 같은 변수의 데이터여야 하고, 신경망 모델을 훈련시키기 위해 사용된 데이터와 같은 순서로 기록돼 있어야 한다.

## 모델 아키텍처

DEEP 2.0에서는 여러 가지 모델 아키텍처를 사용할 수 있다.

- **RBM / 감독 훈련(Supervised)** 모델들은 아예 없거나 하나 이상의 탐욕적 RBM 훈련으로 생성된 비감독 훈련된 레이어들과 여기서 마지막에 위치한 비감독 훈련된 레이어의 출력을(또는 비감독 훈련된 레이어가 없는 경우 데이터 원본을) 입력으로 받아들이고, 목표치를 출력으로 하는 하나 이상의 감독 훈련된 레이어들이 뒤따르는 구조를 갖는다.

- 내장된 모델은 여러 개의 레이어들을 쌓는 식으로(입력이나 가시층은 고려하지 않는다) 구성된다. 이러한 모델은 RBM 모델이 보통 그러하듯이, 탐욕적으로 훈련된다. 마지막(최상단) 레이어 직전의 레이어는 2장에서 논의했듯이 뉴런이 덧붙은 클래스 ID를 갖는다.

- **오토인코더 – 실수** 모델은 아예 없거나 하나 이상의 탐욕적 오토인코더 훈련으로 생성된 비감독 훈련된 레이어들과 여기서 마지막에 위치한 비감독 훈련된 레이어의 출력을(또는 비감독 훈련된 레이어가 없는 경우 데이터 원본을) 입력으로

받아들이고, 목표치를 출력으로 하는 하나 이상의 감독 훈련된 레이어들이 뒤따르는 구조를 갖는다. 이러한 신경망은 5장 도입부에서 깊이 있게 논의했다.

- **오토인코더** – 복소수 모델은 전체 모델이 복소수 정의역에서 동작한다는 점만 제외하면 앞의 모델과 같다. 마지막 레이어 출력에 대해, 허수부는 무시된다. 예측 및 분류 작업에는 실수부만 사용된다.

사용자는 다음과 같은 파라미터들을 지정해 아키텍처를 정의한다.

**비감독 훈련된 레이어 개수** – 비감독 훈련/감독 훈련 및 오토인코더 아키텍처에 대해서, 이 속성을 0으로 지정하면 완전히 감독 훈련된 모델을 생성한다. 내장된 아키텍처에서 이 파라미터는 반드시 1 이상이어야 한다.

**첫 번째로 비감독 훈련된 레이어상에 존재하는 은닉층 뉴런** – 이 속성은 원본 데이터를 입력으로 받아들이는 최하단 레이어를 대상으로 한다.

**마지막으로 비감독 훈련된 레이어상에 존재하는 은닉층 뉴런** – 이 속성은 최상단에 있는 RBM 레이어를 가리키며, 이 뉴런들의 출력이 감독 훈련된 영역으로 전달된다. 비감독 훈련된 레이어가 하나밖에 없으면, 이 속성 값은 반드시 첫 번째 비감독 훈련된 레이어의 은닉층 뉴런의 속성 값과 동일해야 한다. 다중 레이어가 존재한다면, 내부의 크기들은 선형적으로 추가된다<sup>interpolated</sup>.

**감독 훈련된 레이어의 개수** – 이 속성은 반드시 1(출력층에 해당)보다 커야 하며, 하나 이상의 비감독 훈련된 레이어가 존재할 경우 일반적으로 존재하는 데이터이지만, 비감독 훈련된 RBM 영역이 '전형적으로' 출력층 밑에 하나 이상의 은닉층을 갖는 감독 훈련된 모델에 전달되는 것이 적절하다. 엄격하게 감독 훈련된 모델일 경우, DEEP 1.0을 이용하는 것도 가능하다.

**첫 번째로 감독 훈련된 레이어상의 은닉층 뉴런** – 이 속성은 감독 훈련된 레이어의 개수가 1보다 클 때만 의미가 있으며, 비감독 훈련된 레이어가 존재하지 않는다면 원본 데이터를, 그 밖의 경우 비감독 훈련된 레이어의 출력가 마주치는 첫 번째 레이어상의 은닉층 뉴런 개수가 이 데이터 값이다.

**마지막으로 감독 훈련된 레이어상의 은닉층 뉴런 –** 이는 출력층 바로 아래에 위치하는 마지막 은닉층을 가리킨다. 감독 훈련된 레이어의 개수가 2개라면(하나는 은닉층, 하나는 출력층인 경우), 이 속성은 반드시 첫 번째 감독 훈련된 레이어의 은닉층 뉴런과 같은 값을 가져야 한다. 다중 은닉층(감독 훈련된 레이어의 개수가 2개보다 많을 때)이 존재한다면, 내부 크기는 선형적으로 추가된다.

## 데이터베이스 입력과 목표치

이 옵션은 신경망 모델(예측기)에 입력으로 사용될 변수(들)과 예측 대상이 되는(목표치) 변수(들)를 지정하기 위해 사용된다. 예측 혹은 목표치로 잡을 하나 이상의 각 변수들은 마우스를 드래그해서 일정 범위의 변수들을 선택하거나, 첫 번째 변수를 클릭하고 시프트 키를 누른 상태로 마지막 변수를 클릭해서 일정 영역 안에 들어오는 변수들을 선택하거나, 컨트롤 키를 눌러서 원하는 변수들을 개별적으로 선택하는 등 표준 윈도우 메서드를 이용해서 하나 이상의 데이터를 선택할 수 있다.

데이터베이스 읽어들이기 옵션을 사용해서 훈련 데이터를 읽어왔었다면, 사용자는 반드시 입력(들)과 목표치(들)을 지정해줘야 한다. 하지만 데이터가 어떤 MNIST 파일에 들어 있는 값들일 경우, 입력과 목표치는 자동으로 사전 설정된다. 그렇다고 해도, 사용자는 마음껏 이 메뉴 옵션을 이용해서 사전 선택된 내용을 변경시킬 수 있다.

모든 MNIST 입력 변수들은 입력 격자 안의 각 픽셀들의 위치를 찾을 수 있게 P_row_column이라는 명명법을 따른다. 개념상 원점에 위치한 픽셀은 첫 번째 행과 열의 좌표 값이 둘 다 0이므로, 가장 왼쪽 상단에 위치한 픽셀의 이름은 P_0_0이다.

MNIST 목표 변수들의 이름은 Label_digit으로 명명함으로써, 이름에 적힌 숫자를 통해 이와 연관된 클래스가 무엇인지 확인할 수 있다. 그러므로 목표 변수의 이름은 Label_0부터 Label_9 사이가 될 것이다.

MNIST 데이터에 대해, 신경망 모델은 기본적으로 SoftMax 출력을 갖는 분류기가 된다. 데이터베이스로부터 읽어들인 훈련 데이터에 대해 신경망 모델은 기본적으로 예측 모델이 되며, 이 모델은 각 목표치의 수치 값을 예측하려고 한다. 하지만 감독 훈련된 훈련 옵션(나중에 설명할 것이다)은 사용자로 하여금, 강제로 신경망 모델을 분류기 혹은 예측기로 만들 수 있게 허용해준다. 강제로 선택된 분류기의 경우, 사용자는 반드시 데이터 입력과 목표치Data inputs and target 메뉴 옵션을 이용해서 적어도 두 개 이상의 목표치를 지정해줘야 한다. 그리고 각 데이터(case)에 대해서는 최댓값을 갖는 목표치가 곧 그 데이터의 클래스가 무엇인지 판별해주는 기준이라고 가정한다.

푸리에 변환 변수들이나 효과적인 실수부/허수부 쌍을 계산하는 모든 입력 선택들(속도를 포함하는 시계열 변화 경로와 같은)은 복소수 쌍을 얻어내는 방식으로 입력을 사전 선택한다. 이는 복소수 정의역을 갖는 모델들을 즉시 사용하는 데 있어 존재하는 이점을 이용한다. 당연히 사용자는 이 옵션을 활용해 이렇게 미리 정의된 값을 바꿀 수 있다.


## RBM 훈련 파라미터

이 메뉴 옵션은 RBM 훈련과 관련된 파라미터들을 설정한다. 모든 파라미터들은 수많은 혹은 대부분의 애플리케이션에 적절히 적용해볼 수 있는 합리적인 기본값으로 사전 정의돼 있다. 다음과 같은 파라미터들이 일반으로 사용되는 항목들이다.

**랜덤 초기화 반복 순환 –** 통계적 그레디언트 기울기 하강 알고리즘 훈련을 위한 좋은 시작 지점을 찾기 위해 테스트된 시도용 가중치 데이터의 개수를 의미한다. 이후에 진행할 훈련 작업을 재구조화 오차 값으로 시작할 수 있게 적어도 수 십번은 분명히 반복 시도해볼만한 가치가 있다. 수백 번 이상 반복하는 건 과한 것일 수도 있다.

**배치 개수 –** 이 속성 값으로 지정된 배치 개수만큼으로 훈련 데이터를 개별 집단으로 나눠서(필요할 경우 DEEP 프로그램이 정확한 개수를 조절할 수도 있지만) 통계적 그레디언트 기울기 하강 알고리즘에 적용한다. 1권에서 이 개수를 선택할 때 필수적으로 알아야할 개념들을 논의했다. 기본적인 원칙들을 다시 소개하면 다음과 같다.

- 앞서 논의했던 내용을 상기해보면, '배치당 시간$^{time-per-batch}$' 대 '수렴을 위한 배치$^{batches-for-convergence}$'의 트레이드 오프 관계는 여러 개의 작은 배치들을 이용하는 쪽으로 선호하게 된다는 사실을 상기해보자.

- 윈도우 스레드 실행 중에 소모되는 오버헤드가 미미하다고 해도, 커널을 실행할 때의 오버헤드는 상당히 클 수 있다. 그러므로 CUDA 프로세싱을 이용한다면, 되도록 적은 수의 배치를 이용할 수 있게 노력해야 한다.

- 앞서 소개했던 학습률과 모멘텀의 자동 조절은 상대적으로 큰 배치들을 대상으로 최상의 성능을 발휘한다. 이는 배치를 되도록 조금만 사용하는 걸 선호하게끔 만든다.

- 실질적으로 이 부분이 가장 중요한 이슈다. 대부분의 윈도우 실행 프로그램들은, 처음 실행 후 CUDA 커널 사용 시간이 2초로 제한돼 있다. 커널 시간은 거의 선형적으로 배치 크기에 비례한 관계를 갖기 때문에, 사용자의 화면이 깜빡거리다가 드라이버가 리셋됐다는 메시지가 뜬다면, 배치 개수를 늘려보도록 하자. CUDA.LOG 파일에는 커널 시간 데이터가 기록되므로, 이 정보를 참조해서 최대한 임계치에 다다를 때까지 배치 개수를 조절해볼 수 있다

**마르코프 체인 길이(CD-k) 시작 –** 통계적 그레디언트 기울기 하강 알고리즘 프로세스가 시작할 때, 이 파라미터 값만큼 Contrastive Divergence 알고리즘을 수행하면서 마르코프 체인을 반복 계산한다. 이 그레디언트 추정치의 정확도는 반복 횟수를 늘림에 따라 올라가고, 그러면서 더 적은 에포크 동안 수렴하게 되는 결과를 얻게 된다. 하지만 이러한 샘플들을 얻기는 매우 큰 비용이 든다. 훈련 과정의 초기 단계에서는 그다지 정확한 그레디언트 추정치를 구해낼 필요도 없다. 대략적

인 근사치만으로도 충분하다. 이 파라미터는 거의 언제나 기본값인 1로 남아 있어야 한다.

**마르코프 체인 길이(CD-k) 끝** – 학습이 진행되면서 취해지는 반복 순환 횟수다. 점차 수렴 상태에 도달하면서, 연산 시간을 늘려 좀 더 정확한 그레디언트 추정치를 얻는 것도 해볼만한 일이다. 기본값인 4는 거의 모든 애플리케이션에서 적절하게 적용될 수 있는 수치다. 사용자가 참 최대 발생 가능 확률 파라미터 추정치를 구하고 싶은 경우(실질적으로는 이렇게 해봤자 대개 큰 의미를 얻지 못한다), 이 파라미터를 매우 큰 값으로 지정할 수 있다.

**마르코프 체인 길이(CD-k) 증가율** – 체인 길이가 초기 길이에서 마지막 길이까지 증가하는 속도를 의미한다. 표준 기하급수적 완화 기법을 적용해 마지막 체인 길이가 연속되는 길이 값들을 따라 '새로운 값'으로 추가된다.

**학습률** – 초기 학습률을 정의한다. 이 값은 작게 지정돼야 하며, 아마도 다른 프로그램에서 학습률을 지정할 때 익숙하게 적용했던 작은 값들보다 더 작아야 할 것이다. 그 이유는 자동 조절 알고리즘이 빠르게 학습률을 최적 값으로 변화시키기 때문이다.

**모멘텀 시작** – 초기 모멘텀을 정의한다. 이 값은 작게 지정돼야 하며, 아마도 다른 프로그램에서 학습률을 지정할 때 익숙하게 적용했던 작은 값들보다 더 작아야 할 것이다. 학습률과 마찬가지로, 자동 조절 알고리즘이 빠르게 학습률을 최적 값으로 변화시키기 때문이다.

**모멘텀 끝** – 훈련이 진행되면서 조절 알고리즘이 모멘텀을 작은 값으로 조절되도록 바로 잡아주지 않는 한, 그레디언트 기울기 하강 알고리즘이 갖는 불안정성으로 인해, 모멘텀 값이 점차 이 파라미터 값에 근사해지도록 변화할 것이다. 이 파라미터의 기본값 자체만으로도 충분히 큰 값이기 때문에, 이보다 더 크게 주는 건 위험하다.

**가중치 페널티** – 큰 가중치 값들에 얼만큼의 페널티를 적용할지를 나타내는 속성. 가중치가 최적값에 근사할 수 있게 허용하려면 이 속성 값은 반드시 작아야 하나, 그렇다고 0이 되면 안 된다. 가중치 페널티가 적용되지 않는다면, 일반적이진 않지만 성가실 정도로 좋지 않은 상황에서는 하나 이상의 가중치 값들이 매우 크게 증가해버릴 수도 있다.

**희소 페널티** – 다음 파라미터로 지정된 희소 목표치에 은닉층 뉴런 활성화 속도가 접근할 수 있게 조절하는 파라미터다. 이 속성이 큰 비중을 갖는 것은 아니며, 원한다면 0으로 정해도 좋다. 하지만 대부분의 데이터에서는 작은 은닉층 뉴런 활성화 값을 결과로 도출하는 가중치 값을 지향하게 상냥하게 가중치 0.1과 같은 값을 시도해보는 것이 좋다. 무엇보다도, 이 속성은 가중치를 더욱 해석 가능하게 만들어줌으로써, 특정 은닉층 뉴런의 활성화 값과 관련된 패턴이 무엇인지에 대해 연구할 수 있다. 만약 모든 은닉층 뉴런들이 절반의 시간만에 활성화된다면, 활성화가 더욱 희소해지는 경우보다 그러한 해석이 좀 더 힘들어질 것이다.

**희소 목표치** – 희소 페널티에 의해 시도된 은닉층 뉴런 활성화 비율을 목표로 하는 파라미터다. 일반적으로 0.1 정도의 값을 사용한다. 이 파라미터는 희소 페널티가 0일 경우 무시된다.

**증분 수렴 판단 기준** – 이 파라미터는 부가적으로 사용될 수 있는 수렴 판단 기준이다. 한 에포크 동안 가장 크게 조절된 가중치와, 가장 큰 가중치의 크기와의 비율이 이 파라미터로 지정된 임계치보다 아래로 떨어지면, 수렴을 완료하게 명해진다. 훈련 알고리즘의 초기 단계에서 종료되는 일이 없도록 이 파라미터 값은 아주 작게 지정해야 한다.

**개선 되지 않는 최대 에포크** – 이 파라미터는 주요 수렴 판단 기준으로 사용된다. 한 에포크 동안 가장 크게 조절된 가중치와, 가장 큰 가중치의 크기와의 비율은 최소화되고 있는 음의 로그 발생 가능 확률 기준의 국부적 최솟값에 얼마나 가까이 와 있는지 나타내주는 좋은 측정치다(비록 완벽하진 못하더라도 말이다). 현재까지 구한 최소 비율보다 작은 이 파라미터 값 없이 지정된 개수의 에포크 동안 진행된다면, 수렴에 도달했다고 말할 수 있다.

**최대 에포크** – 이 파라미터는 일종의 백네트<sup>backstop</sup> 같은 역할을 해서, 무한 루프에 빠지지 않도록 한다. 이 파라미터는 실질적인 수렴 값에 대해선 고려하지 않고, 그저 강제로 루프를 막아버리는 역할만 하기 때문에, 이 값을 실제 수렴 판단 기준으로 쓰면 절대 안 된다. 이 파라미터 값을 크게 적용하고, 매우 보기드문 불안한 (경로ological) 상황을 제외한다면, 이러한 주요 수렴 판단 기준들 중 하나로 현재의 상황을 잘 처리할 수 있다고 믿고 두고보는 것이다.

**가시층 평균 필드(vs 확률적(stochastic))** – 이 박스를 체크하면 가시층의 재구조화가 평균 필드 근사치<sup>approximation</sup>를 이용할 것이다. 체크하지 않으면, 재구조화는 샘플링을 취한다. 평균 필드 근사치가 일반적으로 인정되면서 쓰이는 건 아니지만, 가장 좋은 선택이 될 가능성이 있다. 실질적인 차이는 미미하다.

**탐욕적인 평균 필드** – 이 박스를 체크하면 탐욕적인 훈련을 위한 초기 단계의 레이어를 거치는 입력 데이터는 엄격하게 평균 필드 근사치를 이용한다. 이 박스를 체크하지 않으면, 훈련되고 있는 레이어에 전달되는 입력에 대해 샘플링이 수행된다(샘플링 대상이 아닌 첫 번째 레이어는 제외된다).

**바이너리 분리(split)** – 이 박스를 체크하면 평균보다 큰 변수들은 1로, 평균 이하인 변수들은 0으로 설정해서 엄격하게 원본 입력 데이터를 바이너리 형태로 변화시킨다. 이 박스를 체크하지 않으면, 원본 입력 데이터는 0과 1 사이의 범위로, 선형적으로 스케일링된다.

**세밀하게 튜닝된 완전한 모델** – 이 박스를 체크하면 전체 Deep Belief Net을 구성한 이후에(즉, 모든 RBM들을 탐욕적으로 훈련시키고 나서, 이후에 이어지는 모든 레이어들을 감독 훈련시킨 신경망을 완성한 다음에), 감독 훈련 기법을 이용해서 RBM 레이어들을 포함한 전체 모델을 변경한다. 이렇게 하면 항상 모집단 기반의 성능을 개선시키며, 종종 표본 집단의 성능도 개선시킨다. 하지만 재구조화 샘플들을 화면에 출력하는 것은 무의미한 존재가 되버린다.

# 감독 훈련 파라미터

이 메뉴 옵션은 다음과 같은 RBM 레이어(들)의 감독 기반 훈련과 더불어, 완전한 Deep Belief Net의 선택적인 정밀 튜닝과도 연관된 파라미터를 설정한다. 모든 파라미터들은 대부분의 모든 애플리케이션에 합리적으로 적용될 수 있을 만한 기본값으로 미리 설정돼 있다. 다음과 같은 파라미터들이 설정된다.

**CUDA 타임아웃 방지를 위한 서브 셋 –** 이 파라미터는 신경망 모델상에 무엇이 생산되든지, 아무런 영향을 미치지 않는다. 이 파라미터는 단지 어느 정도로 연산을 나눌지에만 영향을 미친다. 즉, 연산 결과는 변하지 않는다. 이는 RBM 훈련 과정에서 배치를 나누는 것과는 다른 개념이다. RBM 배치를 나누는 것은 각 에포크 동안 가중치들이 갱신되기 때문에, 신경망 모델과 수렴의 본질에 영향을 미친다. 감독 훈련된 경우, 모든 배치들은 에포크마다 한 번의 가중치 갱신을 수행한다(전체 훈련 데이터를 거치면서). 커널 실행에 소모되는 오버헤드를 줄이기 위해, 서브 셋의 개수를 가능한 낮게 정해줘야한다. 하지만 계속해서 CUDA 로그 파일에 기록되는 CUDA 시간 결과 정리 정보를 주시하면서 커널당 시간 데이터가 하나라도 2초라는 윈도우 운영체제의 제약 시간을 초과할 경우, 더 많은 서브 셋을 사용할 준비를 해야 한다.

**감독 훈련 기반의 담금질 반복 순환 –** 담금질 모사 알고리즘의 수행 횟수로, 훈련을 시작하기에 좋은 가중치 값을 찾는 데 사용된다. 이 주제에 대해서는 1권에서 상세히 다루고 있다. 이 값은 일반적으로 상당히 연산 비용이 적으며, 처음 수백번 정도의 반복 수행만으로 좋은 결과를 얻는다. 빠르게 감소하는 반환값으로 인해 반복 수행 횟수가 수천번에 달하는 것은 아마도 지나치게 많은 반복 횟수가 될 것이다.

**초기 랜덤 범위 –** 가중치가 진동하는 평균 범위를 의미하는 파라미터로, 담금질 모사 알고리즘에 사용된다. 프로그램이 주기적으로 사용자가 지정한 값 주위를 오르락내리락하면서 이 파라미터의 비중을 줄여버린다. 이런 이유로, 오차가 진행되는 그래프를 보면, 확연하게 주기적으로 변한다는 걸 확인할 수 있다. 이는 일반적인 연산 결과일 뿐이다. 담금질 모사 알고리즘의 진동을 지배하는 정확한 알고리즘에 대해서는 1권에서 상세히 다루고있다.

**감독 훈련된 최대 반복 횟수 –** RBM 훈련이 완료된 다음에는 RBM 레이어(들) 이후의 감독 훈련된 레이어가 훈련된다. 이 파라미터는 너무 오랜 시간 실행되지 않도록 하기 위해 에포크의 개수를 제한하며, 매우 큰 값으로 설정돼야 하고 단지 보험용으로만 사용해야지, 일반적인 수렴을 결정할 판단 기준$^{convergence\ determiner}$으로써 쓰면 안 된다.

**감독 훈련된 수렴 공차 범위(tolerance) –** 이 파라미터는 감독 훈련된 레이어(들)의 훈련 수렴 여부를 결정하기 위한 주요 판단 기준이다. 한 에포크에서 그다음 에포크로 진행되면서 상대적인 변화량이 이 파라미터 값보다 작아지면 훈련을 중단한다. DEEP에서 사용된 감독 훈련된 훈련 알고리즘은 결정적$^{deterministic}$이기 때문에, 이 파라미터는 아주 작은 값으로 설정해도(대부분의 개선은 훈련 초기 과정에서 일어나기 때문에 이렇게 한다고 딱히 좋을 것도 없지만) 안전하다.

**완전한 최대 반복 순환 –** 이 파라미터는 완전한 (비감독 훈련된 RBM과 더불어 이후에 이어지는 감독 훈련된 레이어 등으로 구성되는) Deep Belief Net을 선택적으로 세밀하게 튜닝하는 작업에 적용된다는 점만 제외하면 감독 훈련된 최대 반복 횟수 파라미터와 같다.

**완전한 수렴 공차 –** 이 파라미터는 완전한 (비감독 훈련된 RBM과 더불어 이후에 이어지는 감독 훈련된 레이어 등으로 구성되는) Deep Belief Net을 선택적으로 세밀하게 튜닝하는 작업에 적용된다는 점만 제외하면 감독 훈련된 수렴 공차 범위 파라미터와 같다.

**가중치 페널티 –** 이 페널티는 감독 훈련 과정에서 큰 가중치를 줄이는 역할을 한다. 이 파라미터는 거의 항상, '최상의' 가중치를 학습하는 데 전반적으로 강한 영향을 미치지 않을 정도로 충분히 매우 작은 값으로 설정돼야 한다. 하지만 감독 훈련된 영역에 전달된 입력들이 서로 강하게 상관$^{correlated}$될 때 특히 더 발생할 가능성이 높은, 일반적으로 발생하지 않는 불안한 상황에서 생길 수 있는 큰 가중치를 방지할 수 있을 정도로는 커야 한다. 이 주제에 대해서는 1권에서 상세히 다루고 있다.

**모델이 분류기인가** - 기본적으로 MNIST 데이터는 분류기 모델을 도출하며, 데이터베이스 데이터는 예측 모델을 도출한다. 이 옵션은 기본값을 사용자가 조정할 수 있게 해준다. 데이터베이스 데이터를 읽어들여서 사용자가 강제로 신경망 모델이 분류기가 되도록 설정한다면, 적어도 두 개의 목표치는 반드시 선택돼야 하며, 각 데이터에 대해서, 최댓값을 갖는 목표치가 올바른 데이터라고 가정한다.

**특이값 분해(singular value decomposition) 금지** - 예측 모델을 위해 명시적으로 최적의 출력 가중치를 계산하고 분류기의 반복적 훈련을 위한 시작 가중치에 쓸 수 있는 탁월한 값을 찾아내기 위해서, 극도로 효율적인 특이값 분해(SVD) 알고리즘을 어떻게 사용할 수 있는지에 대해서 1권에서 상세히 다루고있다. 하지만 어마어마한 문제 상황이나, 그리고 몇몇 불안정한 상황에서는 SVD도, (극히 드물지만) NaN^not a number 이라는 결과를 내놓으면서도 실패할 수 있다. 이런 이유로 출력 층에 전달되는 입력이 400개 이상일 경우, SVD는 비활성화된다. 게다가, 사용자는 SVD를 비활성화하게 선택할 수도 있을 것이다. SVD가 빠르고 높은 수준의 수렴을 구하는 데 있어 엄청나게 큰 도움이 되기 때문에, 가능하다면 항상 활성화해야 한다.


# 오토인코딩 훈련 파라미터

**지속적 세밀 튜닝(Continually fine tune)** - 이 옵션을 체크하지 않으면, 개개의 비감독 훈련된 오토인코딩 레이어들은 개별적이고 독립적으로 훈련된다. 이 박스를 체크하면 두 개의 레이어들이 훈련된 다음(각각 따로 훈련), 이 두 레이어들을 풀링한 뒤 두 개의 레이어로 된 신경망이 입력을 오토인코딩하게 훈련된다. 세 번째 레이어가 그다음에 추가되면(독립적으로 훈련시켜서), 이 레이어는 풀링 되도록 추가되고 이 세 개의 레이어로 이뤄진 신경망은 입력 오토인코더로 훈련되는 식이다.

이러한 알고리즘은 5장 앞부분에서 상세하게 설명한다.

**완전한 모델 세밀 튜닝(Fine tune complete model)** - 이 박스를 체크하면 전체 Deep Belief Net이 형성된(모든 오토인코딩 레이어들이 탐욕적으로 훈련된 이후에, 그 뒤에 오는 모든 레이어들은 감독 훈련시킴으로써) 다음에, 비감독 훈련된 레이어들을 포함한 전체 모델을 변경하게 감독 훈련 기법을 이용한다. 이렇게 하면 항상 모집단 성능을 향상시키게 되고, 종종 표본 집단 성능도 향상시켜준다.

**어닐링(Annealing) 반복** - 오토인코딩 레이어를 탐욕적 훈련 시키기에 적절한 첫 가중치 셋을 찾기 위한 담금질 모사$^{\text{simulated annealing}}$ 반복 횟수를 정한다. 일반적으로 처음 몇 백번 정도 반복해주면 상당히 값싼 동작 비용으로 좋은 결과물을 얻을 수 있다. 몇 천 번도 더 반복하는 것은 결과가 너무 빠르게 감소할 수 있으므로 너무 많은 횟수가 될 것이다.

**어닐링(Annealing) 범위** - 위 옵션에서 설명한 담금질 모사로 얻어내는 가중치들의 평균 변화 범위를 말한다. 이 프로그램은 주기적으로 사용자가 정의한 값을 높이거나 낮추어서 이 파라미터의 미치는 영향을 줄인다. 이러한 이유로, 오차 진행 그래프를 보면 명확하게 주기적인 변화가 나타나는 걸 확인할 수 있다. 이는 일반적인 동작이다. 담금질 모사 변화를 지배하는 정확한 알고리즘은 1권에서 소개한다.

**그레디언트 반복** - 이 파라미터는 각 오토인코딩 레이어들의 그레디언트 하강 최적화뿐만 아니라 지속적 세밀 튜닝 등에 적용된다. 이 파라미터는 실행 시간이 너무 과도하게 길어지는 걸 막기 위해 에포크 수를 제한한다. 이 파라미터는 매우 큰 값으로 설정돼야 하며, 일반적인 수렴 판단 기준이 아니라 오로지 보험으로써 사용돼야 한다.

**그레디언트 수렴** - 이 파라미터는 각 오토인코딩 레이어들의 그레디언트 하강 최적화뿐만 아니라 지속적 세밀 튜닝 등에 적용된다. 주로 이 파라미터를 이용해 오토인코딩 레이어의 훈련이 수렴하는지 여부를 결정한다. 한 에포크에서 발생한 오차와 그다음 에포크에서 발생한 오차의 상대적 변화량이 이 파라미터보다 낮아지면 훈련을 중단시킨다. DEEP에서 사용되는 훈련 알고리즘이 결정적$^{deterministic}$이기 때문에, 이 값은 매우 작게 지정해도 안전하다(대부분의 개선은 훈련 초기 과정에서 일어나기 때문에 이렇게 한다고 해서 큰 이점이 있는 건 아니다).

## 훈련

훈련 단계는 전체 Deep Belief Net을 훈련시킨다. 우선, 모든 RBM 레이어들을 비감독 기반의 탐욕적인 훈련 방식으로 훈련시킨다. 그다음, 이후에 이어지는 모든 레이어들(전형적인 상황에서는 하나의 레이어, 즉 출력층만 해당함)을 감독 훈련 방식으로 훈련시킨다. 마지막으로 그리고 선택적으로 전체 Deep Belief Net을 감독 기반으로 세밀하게 튜닝시킨다. 완전한 훈련 과정을 위한 단계들이 화면 왼쪽에 나온다. 현재 구성에서 쓰이지 않는 단계들은 음영처리돼 있다. 화살표 모양의 마커는 현재 실행 중인 단계를 나타내며, 특별히 속도가 느린 연산은 퍼센트로 진행률을 나타낸다.

RBM 훈련에서의 첫 번째 단계는 랜덤하게 가중치들을 생성해서 초기 가중치 값들을 구하고, 최소 재구조화 오차를 갖는 가중치는 찾아낸다. 그림 5.1에서 이러한 연산의 진행 과정의 예시를 확인해볼 수 있다. 왼쪽 패널의 첫 번째 항목은 RBM 레이어 1을 훈련 중임을 나타낸다. 그다음은 초기 가중치 계산이 55퍼센트까지 진행 중임을 나타낸다. 오른쪽의 그래프는 RMS 재구조화 오차를 그린 그래프로, 파란색 선은 개개의 시도 결과를 보이고 있으며, 굵은 선은 현재까지 발견한 최고(최저)의 재구조화 오차를 나타낸다.

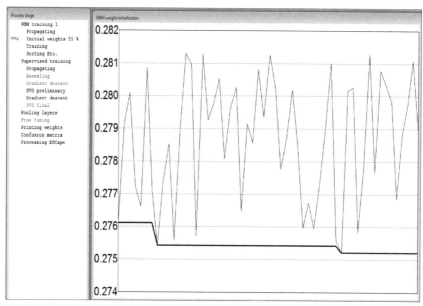

그림 6.1 RBM 훈련을 위한 초기 가중치 탐색 과정

초기 가중치 탐색 단계가 완료되면, 프로그램은 통계적 그레디언트 기울기 하강 알고리즘을 이용해서 RBM을 훈련시킨다. 이 단계의 조작 화면이 그림 5.2에 나와 있다.

왼쪽 패널에서 현재 훈련 계산이 1퍼센트 진행 중임을 볼 수 있다. 이 수치는 앞에서 언급했던, 보험용<sup>backstop</sup>으로써 사용할 목적으로, 전체적으로 큰 값으로 설정되는 최대 에포크 파라미터에 대한 상대적인 비율을 나타낸 값이다. 그러므로 이 퍼센티지 값은 거의 항상 매우 보수적인 관점에서<sup>pessimistic</sup> 실제 진행 상황에 상대적인 값이 된다.

오른쪽의 큰 윈도우에는 세 가지 값들(현재 값, 최솟값, 최댓값)이 그래프 중앙 상단에 나와 있다. 재구조화 오차는 빨간색이며, 일반적으로 빠르게 줄어들면서 수평선에 가깝게 일정하게 유지된다. 증분 비율(최대 증분 값을 최대 가중치로 나눈 값)은 보통 거의 선형적으로 변화하다가 한 번 꺾이고 나서 조금 오르락내리락하면서 수평하게 진행된다. RMS 그레디언트는 종종 특별한 거동을 보여주는데, 매우 큰 기울기로 증가하다가 다시 급격하게 감소하다가 거의 0이 되면 다시 한 블록 크기로 증가해 좀 더 유용한 값으로 유지된다.

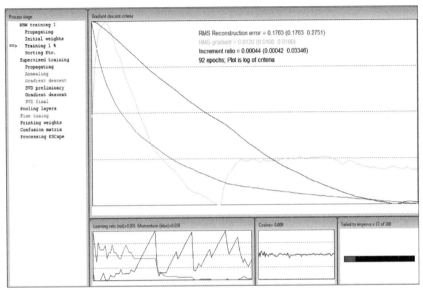

그림 6.2 RBM 훈련

이 그래프가 로그 스케일로 그려진다는 점에 주목하자! 또한, 각 그래프마다 스케일링돼 파라미터의 전체 변화 범위는 그래프의 수직축 범위를 정확하게 모두 포괄한다. 알짜 효과는 사실, 훈련이 진행되면서 그래프 값이 작아지면, 실제 값이 아주 작은 크기로 변화해도, 이 그래프상에서는 큰 변화로 확대돼 표현된다는 것이다. 이러한 확대 효과는 실제로 일어나는 일이 무엇인지 매우 상세하게 확인해볼 수 있다는 점에서 아주 유용하다. 안타깝게도 이 효과는 사용자로 하여금, 사실은 실제 값의 변화가 매우 미미할 때, 격렬한 요동violent gyrations 현상이 발생한다고 착각하게 만들 수 있다.

아래 왼쪽에 있는 그래프는 동적으로 조절된 학습률과 모멘텀을 보여주며, 또한, 로그 스케일링돼 값의 변화가 정확하게 수직축 범위 안에 들어올 수 있게 돼 있다. 전형적으로, 학습률은 처음엔 요동치다가 수십 번 정도 루프를 반복한 이후부터는 아주 작은 값으로 떨어지는 알짜 감소$^{net\ decrease}$를 보여준다. 모멘텀은 아주 드물게 안정화되며, 과도한 수준이 되기 전까지는 꾸준히 증가하다가 오버슈트를 유발해, 백트래킹$^{backtracking}$되도록 한다. 이 시점에서 조절 알고리즘은 잠시동안 모멘텀을 다시 마구 감소시킨다.

아래 쪽 중앙에 나와 있는 그래프는 연속적으로 진행되는 그레디언트들 사이의 코사인 각을 계산해 -1과 1 사이의 범위로 스케일링한 그래프다. 이 값은 항상 중앙선 근처에 와야 하며, 이는 가중치 증분 값이 언더슈트나 오버슈트가 일어나지 않음을 뜻한다.

아래 왼쪽에 나와 있는 막대그래프는 연속된 증분값을 사용자가 지정한 제한 값에 비교한 비율이 감소하지 못한 실패 횟수를 나타낸다. 붉은 막대가 꽉차면, 훈련이 종료될 것이다. 이것이 수렴을 판단하는 주요 기준이다.

이후에 이어지는 RBM 레이어들의 감독 훈련과 더불어, 선택적인 상세 튜닝 모두 훈련이 진행되면서 오차 그래프가 그려지도록 한다. 이 부분은 이미 설명한 내용들이므로 상세한 논의는 생략하겠다.

오토인코딩 모델인 경우, 더욱 출력이 단순해진다. 단일 레이어의 탐욕적 훈련과 선택적인 탐욕적 정밀 튜닝 정보만이, 직관적으로 이해되는 형태로 출력된다.


## 테스트

테스트 단계에서는 현재의 데이터들을 기반으로, 훈련이 끝난 모델을 테스트해본다. 훈련은 관심 대상이 아니며, 이 테스트 작업이 훈련이 완료됐을 때 주어지는 결과와 같은 결과를 재현하기 때문에, 즉시 모델을 테스트한다. 하지만 이 선택은 새로운 데이터를 기반으로 신경망 모델을 테스트하는 걸 용이하게 해준다.

일반적인 훈련 절차와 모델을 테스팅하는 절차는 다음과 같다.

- 훈련 데이터 읽기

- 아키텍처 정의

- 예측기 및 목표 변수 선택

- 기본값 이외의 다른 무언가를 원하는 경우, 훈련 파라미터 설정

- 훈련 수행

- 모든 데이터 삭제

- 테스트 데이터 읽기

- 테스트 수행

테스트 데이터 셋에는 반드시 같은 변수들이 훈련 데이터 셋과 같은 순서로 존재해야 한다. 사용자는 절대로 아키텍처나 예측기/목표 변수들을 변경시키면 안 된다.

> 테스트 옵션은 CUDA 프로세싱을 이용하지 않는다. 신경망 모델을 CUDA 병렬 처리로 훈련시켰었다면, 살짝 다른 방식의 부동소수점 연산을 CUDA를 기반으로 하는 것과 하지 않는 경우에 따라, 약간 다른 테스트 결과를 도출할 수도 있다. 차이가 나도 그리 크지는 않을 것이다.

## 교차 검증

모델의 수용 능력은 교차 검증을 통해 평가된다. 이 평가 과정에서 전체 데이터 셋은 사용자가 정의한 개수만큼의 가능한 같은 크기를 갖도록 해, 서브 데이터 셋들로 분할된다. 한 번에 하나의 검증용 서브 셋을 선택하고, 나머지 서브 셋들을 하나의 훈련 셋으로 병합해 모델을 훈련시킨 다음에는 앞서 선택한 각 서브 셋을 테스트 셋으로 이용한다. 이런 식으로 각 서브 셋을 처리한 이후에(이를 하나의 폴드(fold)라고 부른다), 모든 폴드들로 수행한 테스트 셋 결과들을 하나의 거대한 성능 측정 수단으로 끌어모은다. 이 방법은 데이터 셋의 일부분은 하나의 일회용 훈련 셋으로 지정하고 다른 일부분은 하나의 일회용 테스트 셋으로 지정해 버리므로 데이터를 소진해버릴 필요가 없어진다는 장점을 갖는다. 데이터 셋의 각 케이스는

정확히 한 번만 하나의 테스트 케이스로써 역할을 하며, 이는 데이터를 극도로 효율적으로 사용하는 것이다! 게다가, 매번 방대한 양의 훈련 케이스를 이용해서 모델을 훈련시킬 때, 안정성을 보장해준다. 끌어모은 테스트 결과들 속에 바이어스가 끼어있지 않다는 사실은 거의 기적에 가까운 일이다. 물론, 각 폴드마다 모델을 반드시 유지시키기 위해서는 비용은 지불되며, 몇몇 애플리케이션에서는 이 비용이 매우 비싸진다. 세상에 공짜란 없다.

사용자는 다음과 같은 여러 가지 옵션들을 지정한다.

**폴드(fold) 횟수** - 전체 데이터 셋을 가능한 같은 개수를 유지시키면서 이 파라미터 값으로 나눈 만큼의 서브 데이터 셋들로 나눈다. 개개의 서브 셋은 독립적인 테스트 셋으로 정확히 한 번씩 이용되며, 동시에 나머지 서브 셋들은 훈련 셋으로 이용된다.

**로그 출력(Printing to DEEP.LOG)** - 이 옵션은 아래 속성값들을 통해 얼마나 많은 정보를 DEEP.LOG 로그 파일에 기록할지 지정한다.

- ○ 모든 정보 출력(Print all information) - 각 폴드마다 훈련된 가중치를 포함한 모든 훈련 정보와 테스트 정보를 출력하므로 양이 방대해진다.

- ○ IS 및 OOS 성능 출력(Print IS and OOS performance) - 각 폴드마다 모집단(훈련셋)과 표본 집단(테스트 셋) 성능 수치를 출력한다(가중치 제외).

- ○ OOS 성능 출력 (Print OOS performance) - 각 폴드마다 표본집단(테스트 셋) 성능만 출력한다.

- ○ 폴드마다 아무것도 출력 안 함(Print nothing for folds) - 개개의 폴드마다 아무런 정보도 출력되지 않는다. 종합된 성능 리포트만 기록된다.

**뒤섞기(Shuffle)** - 이 박스를 체크하면 폴드가 할당되기 전에 데이터 셋을 뒤섞어 놓는다. 어떤 식으로든(내재적 계열 상관(inherent serial correlation)에 의해서든, 아니면 실험적 설계에 의해서든) 데이터를 '그룹화'한 경우, 이 옵션은 의무 사항이다. 예를 들어 세 가지 실험적 조건들을 통합해, 각 조건별로 그룹을 지어서 교차 검증을 위해 세 개의 폴드를 이용하게 설계했다고 해보자. 데이터를 뒤섞어 놓지 않았다면, 각 폴드마다 이 폴드에 대해 훈련 셋에서는 나타나지 않았던 조건으로부터 데이터를 테스팅하게 될 것이다!

**버퍼 영역(Buffer zone)** – 하나 이상의 예측기가 계열 상관을 갖고 하나 이상의 목표치가 계열 상관을 갖는 경우 이 옵션이 필요하다. 이런 상황에서는 지정된 개수만큼의 케이스들이 일시적으로 훈련 셋상의 상단과 하단 경계를 기준으로 제거된다. 테스트 셋은 그대로 남아 있다. 이를 그림으로 나타내면 그림 6.3과 같다. 이 그림에는 다섯 개의 폴드가 존재하며, 막대 표시$^{tick\ marks}$로 그려놓았다. 중앙에 놓인 폴드는 하나의 테스트 셋을 갖게 됐다. 경계를 기준으로, 양측에 놓인 훈련 셋의 일부분들이 어떻게 제거되는지 눈여겨보자. 적절한 버퍼 영역 크기를 결정하기 위해, 예측기들 사이에서 계열 상관의 최대 거리와 목표치 간의 최대 거리를 찾는다. 이렇게 구한 두 가지 숫자 값들 중 작은 값을 취해서 최적의 버퍼 영역을 구한다.

예를 들어 예측가 최대 5개의 케이스라는 상관 거리와 3이라는 목표치 거리를 갖는다고 해보자. 그러면 최적의 버퍼 크기는 Min(5,3)=3이 된다. 이제 왼쪽 경계를 고려해보자. 테스트 셋의 첫 번째 케이스를 '시간 0'으로 정의한다. 그리고 나서 다음 논의 내용에 대해 숙고해보자.

이번에는 보호 버퍼 영역을 적용하지 않았다고 가정해보자. 왼쪽 경계상의 마지막 훈련 케이스는 '시간 -1'에 놓인다. 이 경우 목표치는 '시간 2'의 케이스까지 상관$^{correlated}$될 수 있다.

이들은 개개의 폴드를 하나씩, 총 다섯 개의 테스트 셋들을 표시한다.

그림 6.3 보호 버퍼를 이용한 교차 검증

첫 번째 테스트 케이스는 '시간 -5'로 되돌아가서 상관된correlated 예측기를 가질 수 있다. 이 경우에 예측기는 훈련 셋상의 여러 가지 케이스들과 유사해질 수 있다. 이것만으로는 아무런 결과물을 얻을 수 없다. 하지만 마지막 훈련 케이스의 목표치가 '시간 2'의 케이스까지의 그것들과 유사할 수 있다는 점을 상기하자. 그러므로 이 첫 번째 테스트 케이스는 훈련 셋의 이들과 유사한 목표치를 가질 수 있다. 훈련 셋상에서 상당히 인위적인 것처럼 표현되는 '독립적'인 테스트 케이스를 갖는 것은 바이어스를 유도하게 된다.

여기서 문제를 제대로 인식해야 한다. 이들의 예측기 자체에서 계열 상관을 갖는 경우나(매우 일반적인 상황임) 목표치 자체에서 갖는 경우(특수한 상황임)에는 아무런 문제가 없다. 문제는 두 요소 모두가 계열 상관을 가질 때 발생한다. 이 경우, 경계 근처의 훈련 케이스는 앞과 같은 경계 근처의 테스트 케이스와 상당히 유사해질 수 있다. 훈련 셋과는 독립적이어야 하는 테스트 셋은 계열 상관으로 인해 경계 근처의 독립성이 무너지기 때문에 실제로는 완전히 독립적이지 못하다.

이제 세 개의 보호 영역에 있는 훈련 케이스들을 제거했다고 가정해보자. 이 경계에 놓인 마지막 훈련 셋 케이스는 '시간 -4'가 놓인다. 이 경우에 목표치는 '시간 -1'에 거쳐서 케이스들의 그것과 상관돼 있다. 하지만 첫 번째 테스트 케이스에 도달할 때는 목표치의 상관correlation도 사라진다. 우리는 안전 지대에 있는 것이다.

오른쪽 경계에서도 비슷한 효과가 나타난다. 상단 섹션에서의 첫 번째 훈련 케이스가 '시간 0'에 위치한다고 해보자. 그러면 그 아래에 있는 마지막 테스트 케이스는 '시간 -1'에 놓이게 되고, 목표치는 '시간 2'에 놓인 케이스에 걸쳐 목표치와 상관될 수 있다. 하지만 보호 영역을 제거한 이후에, 첫 번째로 사용되는 훈련 케이스는 '시간 3'에 놓이게 될 것이다.

예측기에 대한 상관 거리를 3으로 하고 목표치의 경우 5로 잡아서 상관 패턴을 뒤바꿀 수 있다. 보호 영역guard zone은 여전히 3개의 케이스다. 왼쪽 경계에서 첫 번째 테스트 케이스가 '시간 0'에 위치한다고 해보자. 예측기는 '시간 -3'으로 되돌아간 위치의 케이스의 그것들과 상관될 수 있다. 마지막 '원본' 훈련 케이스는 '시간 –1'에 위치하지만, 보호 영역을 제거한 뒤에는 실제로 사용된 마지막 훈련 케이스는 '시간 –4'에 위치한다. 이러한 과정을 오른쪽 경계를 대상으로 독자가 직접 시도해보길 바란다.

## 분석

이 단계는 연산 수행 후 DEEP.LOG 파일에 두 가지 데이터 테이블을 출력해준다. 첫 번째 테이블은 비교 테이블로, 개개의 입력 변수별로 훈련 데이터 셋상에서 활성화될 확률 값과, 재구조화된 입력층상에서 활성화될 확률 값들을 함께 나열하고 이다. 다음은 일부 예시를 보여준다.

```
Variable Visible  Reconstructed
P_8_10   0.616 0.617
P_8_11   0.551 0.547
P_8_12   0.522 0.519
P_8_13   0.516 0.513
P_8_14   0.517 0.511
P_8_15   0.520 0.514
P_8_16   0.517 0.513
P_8_17   0.514 0.510
P_8_18   0.539 0.536
P_8_19   0.606 0.603
P_8_20   0.706 0.706
P_8_21   0.806 0.810
P_8_22   0.887 0.891
P_8_23   0.942 0.943
```

또 다른 출력 테이블은 개개의 마지막 (최상위) 레이어 은닉층 뉴런이 활성화될 확률을 (모든 훈련 데이터 셋에 걸쳐서) 나열한 것이다. 다음은 그 예시를 보여준다.

```
Hidden   Activation
1  0.837
2  0.449
3  0.723
4  0.596
5  0.578
6  0.501
7  0.501
8  0.418
```

## 수용 영역

RBM상에서 은닉층 뉴런의 수용 영역Receptive Field은 (느슨하게) 입력층을 은닉층 뉴런과 연결해주는 가중치들의 패턴으로 정의된다. 이미지 데이터를 입력하게 된다면(예를 들어 MNIST 이미지 데이터 등) 입력 이미지와 같은 크기로 이러한 가중치를 출력하는 게 가능하다. 다음 그림 5.3은 MNIST 데이터로 훈련된 12개의 뉴런들의 수용 영역을 보여준다. 크기가 큰 양의 가중치는 흰색이고, 크기가 큰 음의 가중치는 검은색이며, 중간 정도 크기의 가중치들은 크기에 따라 다양한 회색으로 표현된다. 색상별로 표현하는 것도 하나의 옵션으로, 양의 가중치를 청록색으로, 음의 가중치를 붉은 색으로, 밝기는 가중치의 크기에 대응해 나타낼 수 있다. 각 이미지마다 가장자리 영역을 보면 회색으로 처리돼 있는데, 이것은 모든 데이터를 대상으로 일정한 상수 값을 갖는 픽셀들이며, 그러므로 신경망 모델에서는 생략돼 있다.

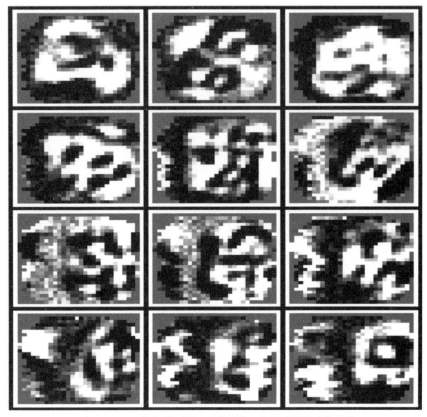

그림 6.4 MNIST 데이터를 기반으로 훈련된 12가지 뉴런들의 수용 영역

## 생성적 샘플

훈련된 RBM이나 일련의 RBM 레이어들은 이들을 학습시키는 데 기반이 됐던 분포
(분포)로부터 랜덤하게 샘플을 추출해낼 수 있게 만들어질 수 있다는 점을 1권에서
확인했다. 이렇게 랜덤하게 추출된 샘플의 검사<sup>examination</sup>하는 일은 신경망 모델이
학습한 주요 패턴들의 예시들을 보여주기 때문에 흥미로운 일이 될 수 있다.

수용 영역이 출력하는 것과 마찬가지로, 이 옵션은 MNIST 이미지와 간단한 시리즈 simple series 데이터를 대상으로 할 경우에만 유용하다(적어도 DEEP 버전 1.0에선 말이다). 또다시, 사용자는 반드시 출력할 행과 열의 수를 지정해줘야 한다. nrows*ncolumns개의 이미지들은 각각 별개의 샘플이다.

1권에서 논의했듯이, 마르코프 체인의 마지막 값이 계산된 샘플이 되는 체인 연산을 시작할 두 가지 방법이 존재한다. 하나는 훈련 데이터 셋의 일부로 시작하는 것이다. 이렇게 하기 위해, 첫 번째 데이터 영역과 첫 번째 샘플로 사용될 훈련 데이터의 일련의 번호를 양수로 설정한다. 그 이후의 샘플들은 이어지는 훈련 데이터들로 시작할 것이다. 마지막 재구조화 결과가 시작 패턴과 닮은 정도는 훈련의 수준과 효과적인 혼합이 마르코프 체인에서 이뤄지고 있는지 보여주는 지표가 된다.

다음에 나와 있는 그림 6.5를 보면, 첫 12개의 데이터는 1만여 개의 MNIST 테스트 셋으로부터 추출한 것이다. 그림 6.5는 1만 번의 반복을 거쳐서 이러한 데이터로부터 얻어낸 생성적 샘플의 결과를 보여준다. 이를 흥미롭게 만드는 부분은, 단 15개의 은닉층 뉴런으로만 구성된 하나의 RBM 레이어에서 유도된 결과라는 점이다! 이렇게 작은 모델이 훈련 셋의 패턴을 놀라운 수준으로 함축하고 있다.

대신 최상위에 있는 은닉층 뉴런 레이어를 임의의 값으로 설정할 수 있다. 이렇게 함으로써, 계산된 샘플들을 훈련 데이터로부터 독립시킬 수 있다. 이는 신경망 모델이 인지하고 있는 실제의 주요 패턴들을 볼 수 있게 해준다. 그림 5.6은 100개의 은닉층 뉴런을 갖고 있는 RBM으로부터 50,000번의 반복 루프를 거쳐 얻어낸 108개의 랜덤 샘플을 보여준다. 주목할 만한 점은 향후 버전에 추가될 수도 있는 옵션으로, 표현된 숫자가 무엇인지 확인하기 위해 10개의 가시층 뉴런을 입력층에 더 추가하고, 이 10개의 뉴런을 '올바른' 값으로 고정해두면, 실제 숫자 값의 표현 결과를 확인할 수 있을 것이다. 여기서는 이런 작업이 이뤄지지 않으므로, 숫자를 보는 것보다는 신경망 모델이 학습한 숫자 이미지들의 컴포넌트를 확인한다.

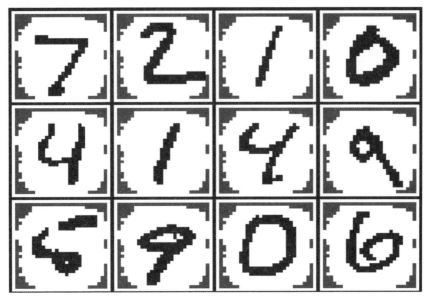

그림 6.5 MNIST 테스트 셋 중 첫 12개의 데이터

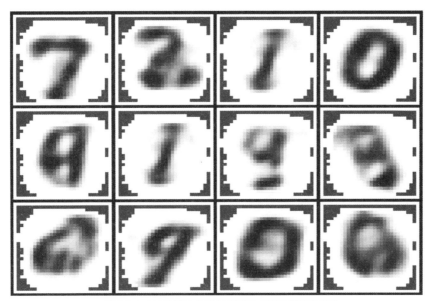

그림 6.6 10,000번 반복 수행 후 얻어낸 생성적 샘플의 형태

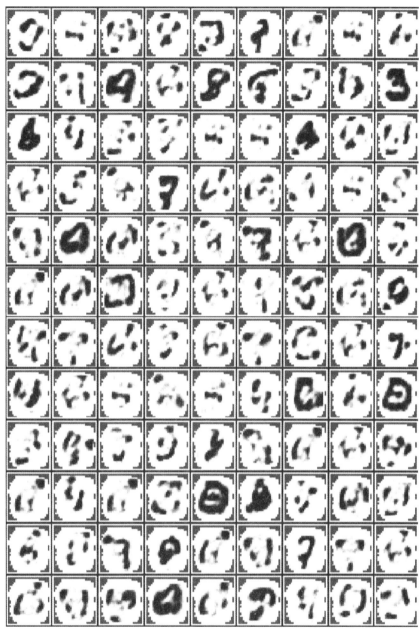

그림 6.7 랜덤하게 설정된 100개의 은닉층 뉴런을 이용한 샘플들

## 내장된 모델에서 추출한 샘플

이 책의 앞부분에서 최상단에 위치한 RBM의 가시층에 클래스 레이블들을 내장시킴으로써, 개개의 클래스들로부터 따로 생성적 샘플링을 수행할 수 있다는 사실을 봤었다. 내장된 모델이 훈련될 때, 사용자는 두 개의 추가적인 선택을 할 수도 있다.

첫 번째 선택은 Clamp class label 체크 박스다. 이는 거의 항상 기본값인 선택된 상태로 남겨질 것이다. 클래스-조건적 샘플링을 강제하기 위해 클래스 레이블을 클램핑하는 것이 일반적으로 내장된 모델을 이용하는 주요 포인트이기 때문이다(적어도 나에겐 말이다!). 이 박스를 체크하지 않으면 클래스 레이블들에 상관없이 자유롭게 생성 작업이 수행된다. 그러므로 전체 데이터로부터 샘플들을 제공한다.

다른 선택안은 Class for Clamped Random이다. 이 선택은 사용자가 첫 번째 클래스 레이블을 0으로 지정한 경우에만 관련된다. 0으로 지정하면 마르코프 체인은 랜덤값으로 초기화되서, 프로그램에게 어떤 클래스를 샘플할지 전달해주기 위해 Class for Clamped Random을 명시해줄 필요가 있다. 첫 번째 클래스 레이블이 양수면 초기화에 사용된 각 훈련 케이스들의 클래스는 클램프된다.

그림 6.8은 MNIST '0' 클래스에서 생성된 몇 가지 샘플들을 보여주며, 그림 6.9는 '1' 클래스로부터 생성된 샘플들을 보여준다.

사용자가 지정한 경우, 바이너리 형태의 임계치가 RBM 훈련(217페이지의 바이너리 형태의 분할 참조)에서 수행되면, 생성된 샘플들 또한 바이너리 값으로 수량된다. 그림 6.10과 6.11은 MNIST '0'과 '1' 각각의 클래스로부터 바이너리 형태로 생성된 샘플들을 보여준다. 상당한 양의 완전하거나 근사하게 중복되는 데이터가 있다는 점에 주목하자. 이는 RBM이 몇 가지 '가장 좋아하는' 패턴들을 학습해서 이 데이터에 강하게 수렴한다는 걸 의미한다.

데이터 입력이 단순한 시계열인 경우(3장 도입부), 사용자는 반드시 행 해상도$^{Row}$ $^{resolution}$를 지정해줘야 한다. 이는 출력해줄 수직 해상도로 신호가 수량화된 행의 개수다. 기본값인 20은 대부분의 상황에서 적절하지만, 행 해상도를 윈도우 길이에 근사하게 설정하는 것도 좋은 선택이라는 의견이 많이 나오고 있다. 그림 3.1은 간단한 시계열의 생성적 샘플들을 예제로 보여준다.

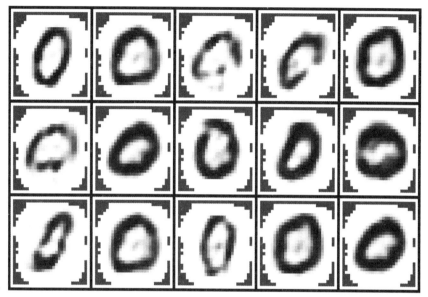

그림 6.8 생성적 샘플들 from MNIST '0' 클래스

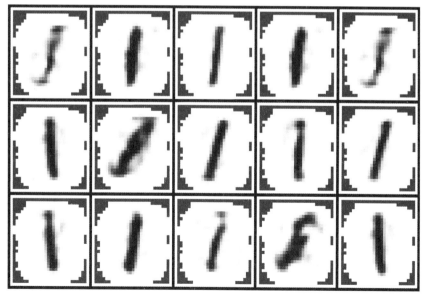

그림 6.9 생성적 샘플들 from MNIST '1' 클래스

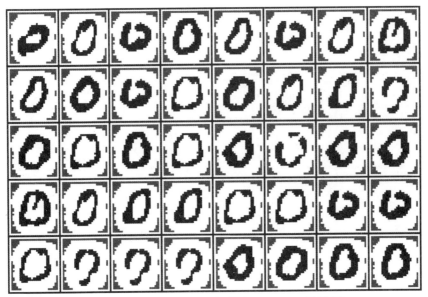

그림 6.10 바이너리 형태의 생성적 샘플들 from MNIST '0' 클래스

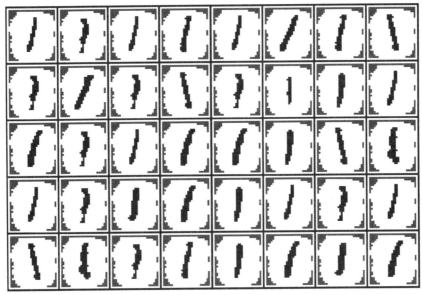

그림 6.11 바이너리 형태의 생성적 샘플들 from MNIST '1' 클래스

## 경로 시계열 데이터로에서 추출한 샘플

'경로' 시리즈 타입은 47페이지에서 논의했으며, 194페이지에서 경로 시리즈를 생성하기 위한 가이드를 제시하고 있다. 다음 그림 6.12는 OEX 마켓 인덱스를 모델링하는 경로 시리즈로부터 얻어낸 생성적 샘플들의 몇 가지 예제를 보여준다. 트렌드 값들은 파란색으로, 속도 값들은 빨간색으로 표시된다. 예상했듯이 높은 속도에서는 증가 추이를 보이고 있으며, 속도가 낮을 때 감소 추이를 보인다는 점을 눈여겨보자.

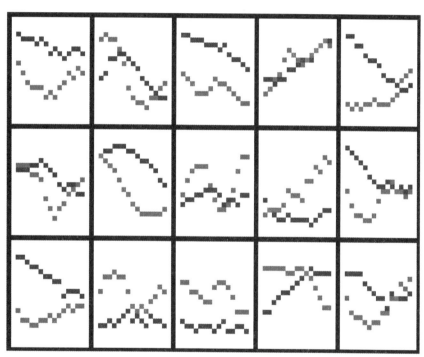

그림 6.12 경로 시계열 데이터로부터 얻은 생성적 샘플들

# DEEP.LOG 파일

데이터베이스 또는 MNIST 파일을 읽어들이면, DEEP 프로그램은 이렇게 읽어들인 데이터 파일과 같은 위치에 DEEP.LOG라는 새로운 파일을 생성한다. 이 이름과 같은 이름의 파일이 이미 존재한다면, 그 파일을 제거하고 새로 생성한다. 이 로그 파일이 생성된 디렉터리와 로깅 날짜, 시간 등을 보여주는 것으로 로깅 작업이 시작된다. 그런 다음, 읽어들인 각 변수별로 평균과 표준 편차를 나열한다. 다음은 한 예시를 보여준다.

```
Deep (D:\DEEP\TEST\DEEP.LOG)  1/26/15  15:42:16

Found 23 variables in input file D:\DEEP\TEST\SYNTH.TXT

6304 cases read

Means and standard deviations...

Variable Mean  StdDev

RAND0 0.00711  0.57541
RAND1 0.01422  0.58043
RAND2 0.01027  0.57694
RAND3 -0.00765 0.58143
RAND4 0.00713  0.57911
RAND5 -0.01166 0.57263
RAND6 -0.00648 0.57742
RAND7 -0.01424 0.58015
RAND8 0.00659  0.57533
RAND9 -0.00366 0.57733
```

그다음엔 신경망 모델의 아키텍처를 비감독 훈련 단계와 감독 훈련 단계 등을 포함해 보여준다.

다음과 같은 아키텍처로 모델을 훈련시키기 시작한다.

```
Beginning training a model with the following architecture:
    There are 1 unsupervised layers, not including input
        Hidden layer has 5 neurons
    There are 1 supervised layers, including output
```

적어도 한 개의 RBM 레이어는 존재하기 때문에, 이 레이어에 대한 훈련 파라미터
들이 나열된다.

```
Restricted Boltzmann Machine training parameters...
    Initial random iterations for starting weights = 50
    Number of batches = 24
    Markov chain length start = 1
    Markov chain length end = 4
    Markov chain length rate = 0.0050
    Learning rate = 0.05000
    Starting momentum = 0.10000
    Ending momentum = 0.90000
    Weight penalty = 0.00010
    Sparsity penalty = 0.00100
    Sparsity target = 0.10000
    Increment convergence criterion = 0.00001
    Max epochs with no improvement = 500
    Max epochs = 10000
    Visible layer using mean field, not stochastic
    Inputs will be rescaled to cover a range of 0-1
    Unsupervised section weights will be fine tuned by supervised
training
```

감독 훈련 단계에서 사용되는 훈련 파라미터들도 다음과 같이 나열된다.

```
Supervised layer(s) training parameters...
    Initial annealing iterations for starting weights = 100
    Initial random range for starting weights = 1.00000
    Supervised optimization max iterations = 1000
    Supervised optimization convergence tolerance = 0.0000500
    Complete model optimization max iterations = 2000
    Complete model optimization convergence tolerance = 0.0000100
    Weight penalty = 0.00100
```

비감독 훈련된 레이어의 훈련 결과를 먼저 출력한다.

```
Training unsupervised layer 1
  Initial weight search RMS reconstruction error = 0.27098
  Unsupervised training complete; RMS reconstruction error = 0.31654
```

이 결과에 한 가지 의문이 드는 점이 있다. 초기 가중치 탐색 결과, 재구조화 오차는 0.27098이었지만, 실제 훈련을 완료한 다음 얻어낸 재구조화 오차는 0.31654로 증가했다. 어떻게 이런 일이 생겼을까?

사실, 이런 일은 입력 변수들이 RBM이 학습할 수 있는 패턴을 가지고 있지 않거나 있어도 별로 없을 때만 발생하는 보기 드문 경우다. 이 예제에서 입력은 모두 다 랜덤한 숫자이므로, 확실히 아무런 패턴도 있을 수 없다. 가중치 초기화 과정과 훈련 과정에서의 재구조화 오차가 서로 약간 다르게 측정된다는 사실을 반드시 기억하자. 123페이지에서 초기 재구조화 오차 탐색은 mean field 근사치를 양방향으로 이용하는 결정적인<sup>deterministic</sup> 방식으로 계산된다고 했었다. 하지만 131페이지에서 논의했듯이, 학습 과정에서 재구조화 오차를 위해 은닉층 뉴런 활성화의 랜덤 샘플링 값을 이용한다. 이는 오차를 다소 승가시키는 경향이 있다. RBM이 실제 패턴을 학습할 수 있다면, 재구조화 오차 연산 과정에서 임의적이라는 특성으로 인해 발생하는 차이는 신경망 모델이 진정한 패턴을 재구조화할 능력에 의해 궁지에 빠지게<sup>swamped out</sup> 된다. 하지만 재구조화할 패턴이 없는 경우, 우리는 그저 랜덤성에 의한 효과가 반영된 결과를 얻게 된다.

비감독 훈련 방식의 탐욕적인 훈련 과정이 완료된 다음에는 비감독 훈련 단계 다음에 이어지는 감독 훈련 단계가 진행된다. 세밀한 튜닝을 적용하게 선택했었으므로, 마지막 단계는 전체 모델을 수정하는 것으로, 비감독 훈련에 감독 훈련을 더하는 단계다. 여기서 우리는 세밀한 튜닝 작업을 진행한 결과, 분류 모델을 압박했기 때문에 이 예제에서는 음의 로그 발생 가능성이 평가 기준으로써 사용되었고, 이 기준 값이 크게 개선된다.

감독 훈련 단계의 최적화하는 것은 음의 로그 발생 가능 확률 값 = 0.12270으로 완료된다. 전체 모델을 세밀하게 튜닝하는 것은 음의 로그 발생 가능 확률 값 = 0.02327로 완료된다.

목표치들이 나열돼 있으며, 입력 값들을 0~1 사이 범위에 들어오도록 스케일링해서 곧 출력될 가중치들은 이렇게 스케일링된 값들을 가리키게 된다.

```
Trained weights for this model, predicting the following target(s)...
    RAND1
    RAND2
    RAND3
Each raw input has been rescaled 0-1 to cover the min/max range.
Thus, all weights refer to the rescaled value, not the raw value.
```

단일 비감독 훈련된 레이어에 대한 가중치값들이 이제 출력된다. 레이어의 개수가 여러 개라면, 각 가중치 데이터가 여러 개의 데이터 셋으로 나타날 것이다. 이러한 가중치 값들은 세밀하게 튜닝된 이후의 결과다.

```
Weights for unsupervised hidden layer 1
                       1         2         3         4         5
       Q mean     0.4522    0.4796    0.4556    0.4138    0.4717
     skewness     0.1310    0.0700    0.1271    0.2440    0.0618
        RAND1    -7.0347   -4.5028    0.9392   -2.5469    1.4879
        RAND2     4.7047   -1.7225   -0.5104    7.0462    2.0824
        RAND3     2.8726    6.0903    1.6480   -4.7952   -2.6467
        RAND4    -0.0131    0.1551   -1.6304   -0.2535    0.3858
        RAND5    -0.0032   -0.3523   -0.0453    0.1271   -0.8947
        RAND6    -0.0619   -0.1453   -1.8291   -0.1889   -0.2881
         BIAS     0.7231   -0.5790    0.8983   -0.6242    0.4237
```

신경망 모델이 5개의 은닉층 뉴런으로 구성되도록 지정했으므로, 테이블도 하나의 열이 하나의 뉴런에 대응돼, 총 5개의 열로 구성돼 있다. 최대 10개의 열까지 출력된다. 각 비감독 훈련된 레이어들을 훈련시키고 난 다음에, 은닉층 뉴런의 가중치 값들을 정렬해서 절대 값의 최대 합산 값을 갖는 은닉층 뉴런이 첫 번째 은닉층 뉴런이 되는 식으로 나아간다. 이 방식은 가중치를 검토해 검출된 특성의 해석에 대한 힌트를 얻게 해주므로, 우리는 초기 열 부분들에 집중해볼 수 있다. 하지만 세밀 튜닝을 진행한다면, 이번 예제에서의 데이터처럼 이러한 정렬은 순서가 뒤집힐 수 있다. 세밀 튜닝 작업 결과가 거의 항상 거대하거나 전체적으로 RBM에서 발견된 가중치 패턴들의 해석 능력을 파괴해버리기 때문에, 이는 실질적인 문제는 아니다.

Q mean 행은 각 은닉층 뉴런의 평균 활성화 값을 의미하며, skewness 행은 이 활성화 값의 통계적 뒤틀어짐을 의미한다. 일반적으로, 양$^{positive}$의 뒤틀어짐 평균 skewness mean은 뉴런이 일반적으로 비활성화돼 있거나, 그 반대의 상태로 돼 있다는 걸 의미한다. 이러한 두 가지 값들은 감독 훈련된 세밀 튜닝을 하기 전에 계산된 것들이다; 이 값들은 훈련된 RBM의 가중치들이 감독 훈련된 세밀 튜닝으로 조절되기 전에, 훈련된 RBM의 행동$^{action}$을 가리킨다.

이제 (마지막이자 유일한) 비감독 훈련된 레이어를 (첫 번째이자 유일한) 감독 훈련된 레이어와 연결해주는 가중치에 대해 살펴보자. 또한, 앞에서 다뤘었던 최적화 평가 기준의 마지막 값이 반복된다.

```
Weights for final (output) layer
Target 1 of 3: RAND1
        -9.158017  Unsupervised output 1
        -6.844571  Unsupervised output 2
         0.781757  Unsupervised output 3
        -2.436789  Unsupervised output 4
         2.660202  Unsupervised output 5
         6.449515  CONSTANT
Target 2 of 3: RAND2
         5.160418  Unsupervised output 1
        -1.469535  Unsupervised output 2
        -0.629605  Unsupervised output 3
         9.063721  Unsupervised output 4
         2.708100  Unsupervised output 5
        -8.018184  CONSTANT
Target 3 of 3: RAND3
         3.467198  Unsupervised output 1
         8.798016  Unsupervised output 2
         1.170767  Unsupervised output 3
        -8.699801  Unsupervised output 4
```

```
            -3.433103   Unsupervised output 5
            -2.159271   CONSTANT
Negative log likelihood = 0.02327
```

모든 혼돈 행렬의 마지막 부분이 나와 있다. 일반적으로 분류기를 훈련시킬 때 각 데이터에 대한 목표치 벡터는 올바른 클래스에 해당하는 위치에서 1.0이란 값을, 다른 모든 위치에서는 0.0이란 값으로 이뤄진다. 하지만 이는 단지 보편적으로 통용되는 규약이며, DEEP 프로그램이 이를 꼭 따를 필요는 없다. 대신 어떤 목표치든 최댓값을 갖는다면 참 클래스로 정의되도록 했다. 그래서 이번 예제에서 다뤄지는 상황처럼, 연속적인 목표치들을 갖는 모델을 강제적으로 분류기가 되게끔 했다. 특히, 이번 예제에서는 세 개의 모든 목표치들도 입력으로써 존재하기 때문에 좋은 분류 결과가 나올 것으로 예상한다! 사실, 실제로 그렇게 되는 걸 보고 있다.

```
Confusion matrix... Row is true class, column is predicted class
   In each set of three rows for a true class, the first row is the
count,
   the second row is the percent for that row (true class)
   and the third row is the percent of the entire dataset.
            1          2          3
  1      2128          3          8
          99.49      0.14       0.37
          33.76      0.05       0.13
  2         9       2088         15
           0.43     98.86       0.71
           0.14     33.12       0.24
  3         8          7       2038
           0.39      0.34      99.27
           0.13      0.11      32.33
Total misclassification = 0.7931 percent
```

DEEP 2.0에서는 더 많은 혼동 행렬을 출력해 정확도가 변화하는 모델에 대한 케이스들만 분류해내도록 임계치를 이용하는 효과를 보여준다. 여러 가지 훈련 셋들의 일부분을 유지하기 위한 임계치 테이블도 출력된다.

## 예측 성능 측정

조금 전 나왔던 출력 예제는 분류 작업 모델에 대한 것이다. 이제 예측 모델과 함께 볼 수도 있었던 성능 측정에 대해 논의해볼 것이다. 첫 번째 그리고 대부분의 기본적인 통계치 종류로는 평균 제곱 오차와, 평균 제곱근 오차, 결정 계수 (R-squared) 등이 있다. 이들을 출력해보면 다음과 같이 나타난다.

```
Mean squared error and R-squared of target(s)...
    MSE of Lead_1 = 0.00007   RMS = 0.00860   RSQ = 0.00396
```

여러 개의 목표치가 있는 경우, 이러한 수량들은 종합된 값(모든 목표치들)에 의해 각기 별도로 출력될 것이다. 이러한 값들이 DEEP 2.x 버전에서는 DEEP 1.x과는 매우 다른 식으로 계산된다는 점에 주목해야 한다. 버전 1에서는 MSE가 표준화된 수량을 참조하게, 훈련 셋에서의 표준 편차에 따라 모든 목표치들을 다시 스케일링됐고, 이와 같은 스케일링 인자들이 어떤 테스트 셋에도 사용됐다. 사용자들 사이에서 커다란 혼란을 야기할 수도 있지만, 특히 결정 계수 값이 나타난 값보다 더 클 때 이러한 방식이 갖는 장점은 더욱 다양하게 존재한다! 이러한 이유로 버전 2에서는 목표치를 어떤 값으로든 스케일링하지 않도록 회피하는 '전통적인' 접근 방식을 이용하며, 테스트 셋에 대한 결정 계수는 이제 훈련 셋에서의 분산과 무관하게 해당 테스트 셋에서의 분산을 기반으로 한다. 물론, 반-예측 모델일 때, 음의 결정 계수 값들이 여전히 가능하다(그저 평균을 추측하는 것보다도 못하게 거동한다). 이는 이러한 테스트 통계치의 근간이 된다.

다음 테스트 통계치들은 일반적으로 금융 시장에서의 거래 시스템을 평가할 때 사용되는 성능 수치를 기반으로 한다. 하지만 이런 방식은 정확한 목표치를 예측하기 보다는 목표치가 양수인지 음수인지 예측하기 위한 목표를 갖는 애플리케이션은 무엇이든 광범위하게 적용할 수 있다(실제로 매우 유용하게 쓰인다). 게다가, 결코 판단을 내려야 하는 이러한 애플리케이션은 해당되지 않는다. 사용자는 예측 값을 검사하고 이 예측치에 대한 실행을 할지 선택한다. 의도적으로 예측치를 무시하는 일에는 패널티가 적거나 없다.

예를 들어 우리의 모델이 다가올 미래의 마켓의 가격 변동을 예측한다고 가정해보자. 예측치를 기반으로 거래 명령을 내릴지 말지 결정할 수 있다. 아마도 시장이 1퍼센트 상승할 것이라고 예측하면 많은 주식을 사들일 수도 있을 것이다.

이제 4퍼센트만큼의 변동이 생기는 예측 결과가 있다고 가정해보자. 아마도 실제 시장가는 5퍼센트만큼 상승할 수도 있고, 아니면 아마도 3퍼센트만큼 하락할 수 있을 것이다. 이 두 가지 경우 모두 같은 오차를 갖는다. 하지만 첫 번째 오차는 전혀 문제가 아니며(!), 반면에 두 번째 오차가 바로 문제가 된다. 그러므로 우리의 '성능 패널티'는 반드시 유사하게 비대칭적이다. 게다가, 마켓이 0.0001퍼센트 상승한다는 예측이 나오면, 거래를 안 하겠지만, 8퍼센트가 오른다고 하면 분명 거래를 할 것이다. 이러한 성능 평가 기준은 반드시 이런 부분을 고려해야 한다.

예측 임계치를 정의한다고 가정해보자. 이러한 임계치가 주어지면, 예측 값이 임계치에 도달하거나 초과했을 때, 목표치의 참값이 양수이거나, 예측 값이 임계치보다 작을 때 목표치의 참값이 음수이면 이득win이라고 정의한다. 비슷하게, 예측 값이 임계치와 같거나 클 때, 목표치의 참 값이 음수이거나 예측 값이 임계치보다 작을 때 목표치의 참값이 양수일 때를 손실loss로 정의한다.

임계치와 같거나 크다는 예측 조건을 long이라고 부르고, 임계치 미만인 예측 조건을 short이라고 부른다. 이 역시 시장 거래에서 발생하는 관련 이슈들로부터 도출된 것이다. 자동화 트레이딩 시스템은 예측 값이 클 때 주식을 매입long할 것이고, 예측 값이 작을 때(매우 부정적인 경우) 매도short할 것이다.

다음 페이지에 나온 것와 유사한 테이블이 출력된다. 그전에 long ratio는 모든 양의 목표치들을 합산해 (절댓값) 모든 음의 목표치들을 합산한 결과로 나눈 결과다. net은 모든 목표치들의 합산으로, 이는 당연히 모든 양의 목표치들의 합에서 (절댓값) 모든 음의 목표치들을 합산한 결과를 차감시킨 결과와 같다. 이에 해당하는 short 값들은 서로 상호적(reciprocal)이라 음의 long 값을 갖는다. 이는 비교를 위한 베이스라인 역할을 한다.

Total Win vs. Total Loss above and below various fractions
  (For all tested cases, long ratio = 1.1218 (net=3195.592) and short ratio = 0.8914
(net=-3195.592)

| Threshold | Frac Gtr/Eq | Ratio | Net | Frac Less | Ratio | Net |
|---|---|---|---|---|---|---|
| -0.901 | 0.990 | 1.1261 | 3265.0136 | 0.010 | 1.2484 | 69.4217 |
| -0.481 | 0.950 | 1.1376 | 3387.0308 | 0.050 | 1.1331 | 191.4389 |
| -0.279 | 0.900 | 1.1489 | 3455.2076 | 0.100 | 1.0937 | 259.6157 |
| -0.042 | 0.800 | 1.1687 | 3495.6538 | 0.200 | 1.0574 | 300.0619 |
| 0.120 | 0.700 | 1.1829 | 3371.6175 | 0.300 | 1.0231 | 176.0256 |
| 0.253 | 0.600 | 1.1971 | 3160.0880 | 0.400 | 0.9965 | -35.5039 |
| 0.374 | 0.500 | 1.2478 | 3340.0525 | 0.500 | 1.0114 | 144.4606 |
| 0.500 | 0.400 | 1.2727 | 3008.0249 | 0.600 | 0.9878 | -187.5670 |
| 0.642 | 0.300 | 1.3077 | 2608.6799 | 0.700 | 0.9680 | -586.9120 |
| 0.819 | 0.200 | 1.3017 | 1828.5688 | 0.800 | 0.9366 | -1367.0231 |
| 1.072 | 0.100 | 1.3382 | 1106.7696 | 0.900 | 0.9166 | -2088.8223 |
| 1.307 | 0.050 | 1.4954 | 831.8562 | 0.950 | 0.9122 | -2363.7357 |
| 1.789 | 0.010 | 1.7472 | 273.0242 | 0.990 | 0.8985 | -2922.5677 |

비록 여러 가지 예측 값들이 같은 값을 갖는 경우 결과가 뒤바뀔 있지만, 적어도 근사적으로 데이터 분포의 사전 설정된 셋을 포괄하기 위해 계산된 값들이다. 가장 왼쪽 열은 미리 설정된 데이터 분포 값들에 대응하는 임계치들이다. 두 번째 열은 이 임계치를 초과하거나 같은 예측치를 갖는 경우들을 보여준다. 다섯 번째 열은 임계치보다 작은 예측을 갖는 경우들이다.

세 번째와 네 번째 열은 임계치와 같거나 초과하는 상황과 연관된다. Ratio는 이득에 해당하는 (양의 목표치) 값들의 합을, 손실 합(음의 목표치)으로 나눈 절대 값이다. Net은 예측치가 임계치와 갖거나 초과한 경우에 대한 모든 목표치 값들의 합이다.

여섯 번째와 일곱 번째 열은 예측치가 임계치보다 작은 경우들에 대한 결과다. 이러한 ratio에 대해, 이득(분자) 값들은 음의 목표치를 갖고 손실은 양의 목표치를 갖는다.

앞의 테이블에서 큰 ratio(모든 양의 목표치들의 합을 모든 음의 목표치들의 합에 절댓값으로 나눈 결과)가 1.1218임을 확인할 수 있다. 그러므로 세 번째 열의 첫 번째 행의 값이 1.1261로 매우 근사한 값을 갖는 것은, 이 서브 셋이 모든 케이스들의 99퍼센트를 차지하기 때문이다. 아래 행으로 내려갈수록 임계치가 증가하며, 손실/이득 비율이 점차 커지다가 끝에는 1퍼센트라는 가장 높은 예측치만을 검사하는 경우에 도달해, 비율 값이 최고치인 1.7472에 다다른다. Net값은 합산에 적용되는 케이스들이 점차 줄어드기 때문에 함께 감소한다.

임계치보다 작은 경우에는 ratio 열에서 반대 현상이 나타난다. 마지막 행(전체의 99퍼센트에 해당하는)에서 ratio 값은 전체 데이터 셋의 ratio인 0.8914와 근사한 0.8985다. 하지만 위로 올라가면 이러한 작은 예측치 값을 갖는 겨우 1퍼센트만이, 이득/손실률이 1.2484에 다다른다.

여기엔 나와 있지 않지만, 사실 이 모델은 음의 결정 계수 $R^{-squared}$를 갖게 된다! 이는 매우 큰 노이즈를 갖는 경우에 생기는 일반적인 현상이다. 이런 경우, 가장 자리쪽의 미미한 부분을 제외한 거의 대부분의 데이터 분포에 걸쳐서 아무런 예측을 할 수 없을 것이다. 그래서 여기에 나와 있는 차트는 매우 귀중한 결과다.

위에 나와 있는 차트는 항상 테스트되고 있는 데이터 셋상의 분포를 기반으로 계산된다. 이는 일반적으로 대부분의 정보를 드러나게 한다. 하지만 표본 집단 테스팅에 있어서, 이 방법은 금융 시장 거래와 같은 실시간 성을 요구하는 애플리케이션 분야에는 이와 같은 임계치를 미리 알지 못한다는 단점을 갖는다. 모든 OOS 케이스들을 모아서 도출한 차트는 임계치값에 의존한다. 그런데 전체 OOS를 처리할 때까진 실시간으로 명백히 그 값을 알지 못한다. 이러면 결국 필수적으로 어떤 좋은 쪽이든 나쁜 쪽이든 바이어스가 끼어들어서 방해가 된다.

이런 상황을 처리하기 위해 테스트와 교차 검증<sup>Test and Cross validate</sup> 함수로 추가로 한 가지 통계치를 더 출력해줄 수 있다. 세 가지 마지막 임계치들(0.01, 0.05, 0.10)은 long과 short에 모두 포함되며, 훈련 셋에 대해 유지된다. 그러면 이렇게 같은 부류의 임계치들을 이용해서 그다음에 나오는 테스트 셋에 대한 이득/손실 비율과 알짜 합을 계산한다. 다음 페이지에서 전형적인 통계 집계 예제를 보여주고 있다. 이 예제에서는 이전 테이블에서의 통계 결과와 비교할 수 있게 일부러 테스트 셋을 훈련 데이터로 사용했다(꼭 비교해보길 바란다). 일반적으로 다른 데이터 셋을 사용할 때, 임계치보다 크거나 작은 케이스들의 퍼센트는 보통 사전 설정된 값들과는 다르게 변화한다. 여기서는 같은 데이터 셋을 이용해서 훈련 및 테스트를 진행하기 때문에 실질적으로 퍼센트가 같다고 볼 수 있다.

```
Out-of-sample performance at tails, based on training-set thresholds
Target variable Lead_1
0.01        Long n=83 (1.01 Pct) Ratio=1.747  Net=273.024
Short n=81 (0.99 Pct) Ratio=1.248  Net=69.422
0.05        Long n=411 (5.01 Pct) Ratio=1.495  Net=831.856
Short n=409 (4.99 Pct) Ratio=1.133  Net=191.439
0.10        Long n=821 (10.01 Pct) Ratio=1.338  Net=1106.770
Short n=819 (9.99 Pct) Ratio=1.094  Net=259.616
```

# 찾아보기

에이콘출판의 기틀을 마련하신 故 정완재 선생님 (1935-2004)

# C++와 CUDA C로 구현하는 딥러닝 알고리즘 Vol.2
복소수 영역에서의 오토인코더 이해와 구현

발  행 | 2017년 8월 11일

지은이 | 티모시 마스터즈
옮긴이 | 이 승 현

펴낸이 | 권 성 준
편집장 | 황 영 주
편  집 | 이 지 은
디자인 | 박 주 란

에이콘출판주식회사
서울특별시 양천구 국회대로 287 (목동)
전화 02-2653-7600, 팩스 02-2653-0433
www.acornpub.co.kr / editor@acornpub.co.kr

한국어판 ⓒ 에이콘출판주식회사, 2016, Printed in Korea.
ISBN  979-11-6175-031-6
ISBN  978-89-6077-446-9 (세트)
http://www.acornpub.co.kr/book/dbn-cuda-vol2

이 도서의 국립중앙도서관 출판시도서목록(CIP)은 서지정보유통지원시스템 홈페이지(http://seoji.nl.go.kr)와
국가자료공동목록시스템(http://www.nl.go.kr/kolisnet)에서 이용하실 수 있습니다.(CIP제어번호: CIP2017018358)

책값은 뒤표지에 있습니다.